标杆精益系列图书

精益改善周实战指南

余伟辉 著

机械工业出版社

本书是一本全面介绍改善周组织原理和实施方法的著作。书中精选了作者 15 年来 300 个改善周的经验和实战总结，全面介绍了改善周的组织原理和实施方法，为改善周活动的前期准备、活动过程及活动后期提供了实操指导，包括相关检查表与实施建议。本书在展示改善周组织模式强大的突破性改善威力的同时，系统讲解了改善周的运作、组织过程和成功技巧，提出了改善周实施过程中潜在的陷阱和相关的解决方案，可作为企业实施改善周的标准流程和指南。

本书可作为企业的决策者、企业中从事改善活动的倡导者、组织者、协调者、改善推进负责人、项目组长，在精益规划、执行及跟进中的实操指南，也可作为从事精益生产或 IE（工业工程）现场改善的咨询顾问学习改善周和现场辅导的工作指南，还可作为高等院校工业工程师生的实践教材。

本书是精益与 IE 领域的人士值得拥有的实战宝典。

图书在版编目（CIP）数据

精益改善周实战指南/余伟辉著．—北京：机械工业出版社，2019.11（2024.9 重印）
（标杆精益系列图书）
ISBN 978-7-111-64134-6

Ⅰ．①精… Ⅱ．①余… Ⅲ．①企业管理-精益生产 Ⅳ．①F273

中国版本图书馆 CIP 数据核字（2019）第 257333 号

机械工业出版社（北京市百万庄大街 22 号　邮政编码 100037）
策划编辑：孔　劲　责任编辑：孔　劲　王春雨
责任校对：王　欣　封面设计：马精明
责任印制：常天培
北京机工印刷厂有限公司印刷
2024 年 9 月第 1 版第 5 次印刷
169mm×239mm・20.5 印张・379 千字
标准书号：ISBN 978-7-111-64134-6
定价：89.00 元

电话服务　　　　　　　　　网络服务
客服电话：010-88361066　　机 工 官 网：www.cmpbook.com
　　　　　010-88379833　　机 工 官 博：weibo.com/cmp1952
　　　　　010-68326294　　金 书 网：www.golden-book.com
封底无防伪标均为盗版　　　机工教育服务网：www.cmpedu.com

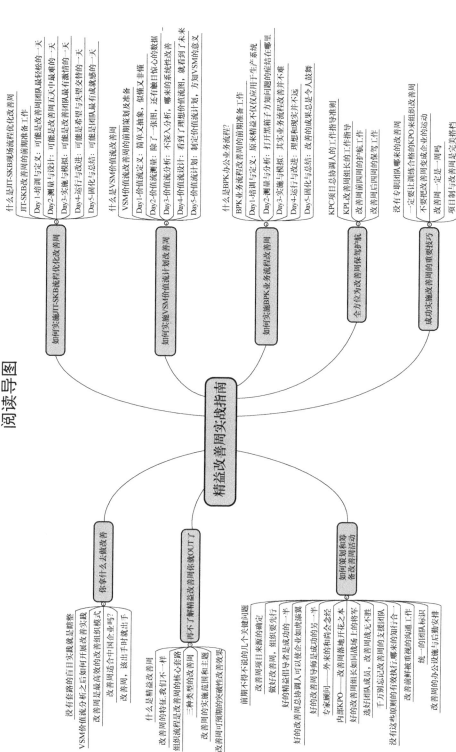

序一

精益改善周
实战指南

器以攻坚，术以成势

齐二石

天津大学管理创新研究院院长，中国机械工程学会工程工业分会主任委员，原天津大学管理学院院长、教授，博士生导师，原教育部工业工程类专业教指委主任委员，国家第五届"863"专家

《中国制造2025》提出，坚持"创新驱动、质量为先、绿色发展、结构优化、人才为本"的基本方针，坚持"市场主导、引导，立足当前、着眼长远，整体推进、重点突破，自主发展、开放合作"的基本原则，通过"三步走"实现制造强国的战略目标：第一步，到2025年迈入制造强国行列；第二步，到2035年中国制造业整体达到世界制造强国阵营中等水平；第三步，到新中国成立100年时，综合实力进入世界制造强国前列。

中国在从农耕文明到工业文明的制造强国发展过程中，工业工程（IE）与精益生产（LPS）既是管理转型和运营改善的基础，又是必由之路。IE是精益的基础，精益是IE的发展和延伸。源于美国的工业工程，与人类社会工业化进程一起，已经走过了一百多年的历史，对人类社会，尤其是对西方的工业、经济和社会发展产生了巨大的推动作用。在IE基础上发展起来的精益生产方式，是继单件生产方式、大量生产方式之后的第三种先进生产方式，进一步推动了工业和经济近半个世纪的高速发展，在此基础上才有了西方的工业4.0。

制造业作为国民经济的主体，是立国之本、兴国之器、强国之基。目前我国各种工业水平并存，很少有企业真正接近工业4.0，绝大多数企业还在工业1.0与工业3.0之间徘徊。对于制造企业，在发展中要追求技术能力与管理能力的平衡与匹配，即使有的企业具有工业4.0的技术与装备能力，但如果其管理能力还达不到工业2.0水平，按照"木桶理论"，该企业充其量就是工业2.0整体水平。所以，对于大多数徘徊在工业1.0与3.0之间的企

业来讲，练好"内功"才是目前最需要做的。精益生产和工业工程的理念、工具和方法，正是中国企业当下和未来面向中国制造2025和工业4.0最有效的途径。

中国的工业基础是相对薄弱的，特别是制造业的管理基础相比于工业发达国家具有较为明显的差距。工业工程是伴随着精益生产（早期的精益生产还只是在JIT生产方式阶段）在20世纪80年代初引入后才逐渐为中国的企业所认知和实践的。精益和IE真正的推广和应用是在改革开放以后，特别是20世纪90年代中国机械工程学会工业工程分会的诞生翻开了中国工业工程发展的新篇章。中国最早于1992年在天津大学和西安交通大学招收工业工程专业的本科生，目前已有200余所院校设有工业工程系或专业。在这期间，中国的社会、经济活动发生了巨大的变化，各类管理学科快速发展，企业也在尝试着借鉴东、西方不同的学术理论、科学工具进行实践，也取得了不错的成效。

然而总体上来讲，精益生产和工业工程的方法体系在中国的应用并不那么顺利。20世纪80年代初期我国企业开始接触精益生产，近十年来，更有大量的中国企业在尝试着导入精益生产模式，应用工业工程的理念、工具和方法来协助企业实现管理转型和运营改善。但现实中，虽然很多企业不乏精益热情，学习并掌握了精益和IE的各种工具方法，也在企业中尝试各种点上的改善活动，但却始终没有形成一种可以复制的系统化的组织模式和标准化工作流程，从而无法形成企业内部可以固化的打法套路，并沉淀为企业的文化，也不能有效促进精益改善的人才培育。

在我看来，企业改善与创新的变革实践要从"道""法""术""器""势"五个层面来建立系统解决方案。"道"是指精益的理念、思想与规划，引导改善的方向和意志；"法"是指精益的主线、机制与规范，是理念的体现，又规定了"术"与"器"的内容与形式；"术"是指精益的模式、套路、打法，把"法"的要素具体落实到改善活动中，规范"器"的边界与功能；"器"是精益的工具、方法与手段；"势"是指精益的行为、人才与文化。在实践精益生产的过程中，既要注重IE和精益改善工具之"器"，也要结合国情辅之以"术"，形成一种系统的工作方法。无器不足以攻坚，无术不足以成势。IE与精益生产发展至今，基础工具大部分企业都在运用，高校也有IE专业课程，专业人才并不缺少，但企业在推行精益和IE改善的过程中，往往难以成势而传承，如何让改善的星星之火得以燎原，是精益与IE改善从业者必须突破的课题。

本书作者余伟辉先生实践的改善周模式，综合应用精益生产和工业工程的改善技术，用五天的时间，对选定的对象或任务创建并实施快速、可行的方案以达成改善目标，通过改善周活动快速创建一种成功的模式，再由点到面推广应用。改善周是一种逻辑化的方法集成，它把众多看似零散的 IE 和精益工具方法以一种目标导向的逻辑关系串联起来，形成一种科学、逻辑化的方法集成；改善周是一种结构化的工作流程，它合理地把改善的任务和工具方法分配到一周中每一天的工作任务中，形成一种清晰的结构化工作流程；改善周是一种严谨的组织活动，一个理想的改善周全过程是 PDCA 大循环、PDCA 小循环、PDCA 微循环和 SDCA 微循环的完美结合。改善周将组织的资源与改善的工具进行了有效的结合，谓之术！再借企业变革之东风，可成势！这是一种全新的、创新性的突破性改善，它有效地避免了传统改善模式中因周期长、方案难产、配合效率低下而陷入温水煮青蛙式的困境，是一种高效的改善组织模式，是精益破冰的成功起点。

器以攻坚，术以成势。本书独辟蹊径，从"器"到"术"的层面阐释了企业推进精益改善的组织方法。本书作者余伟辉先生总结了 300 个改善周的实战经验，系统阐述了实践精益生产和工业工程快速突破改善的方法，全面深入地描述了精益改善周活动从策划、执行到跟进的全流程系统工作方法和相关事项，科学地将"道""法""术""器""势"有机结合，让精益和 IE 的实践本土化，构建了企业的精益变革之势。

书中朴实的行文风格及对实践的专注，为企业实践 IE 和精益改善提供了全面的行动指南，为企业管理转型和运营改善提供助力，为《中国制造 2025》夯实基础提供了实践性的操作指南，这是本书的价值所在。

序二

精益改善周
实战指南

精益为纲，精益驱动

王向红

格力电器（武汉）有限公司总经理

党的十八大以来，以习近平总书记为核心的党中央提出了"创新、协调、绿色、开放、共享"的新发展理念。党的十九大又进一步指出我国经济发展正由追求发展速度阶段向高质量发展阶段转变。

新理念和高质量发展阶段，对各类经济组织尤其是制造型企业的经营管理提出了更新、更高的目标和要求。既包括转型升级的战略性要求，也包括深化管理的基础性要求，以便以更快的节奏、更高的效率、更优的质量和更好的服务，实现企业高质量的可持续发展。"两化融合"和"卓越绩效模式"是制造业实现产业升级的有效保障，而精益管理是对"两化融合""卓越绩效模式"系统性、专业性支持的全方位落地体系。最终形成"两化融合＋卓越绩效模式＋精益管理"三轮驱动的格局，驱动企业战略目标的实现。

企业要做强，需要支撑企业经营的各个要素都能获得高质量发展，精益管理为各要素合理排布提供了系统理论，改善周为系统理论落地提供了一种高效的方法。精益管理体系博大精深，经过日本、美国等的研究与发展，在各个行业传播与应用，不断演化、升级迭代，出现了百花齐放的局面。因此，企业选择与自身特点相匹配且行之有效的精益改善形式尤为关键。本书介绍了直接切中企业运营痛点的改善体系，对痛点问题诊断、攻关，并延伸到运营价值链的全流程，上触战略驱动，下达业务短板。

格力电器（武汉）有限公司有幸在本书出版之前，即通过余伟辉先生等精益专家，将本书中的思想和方法论运用到公司提产增效、降本控员等核心经营指标的改善中。通过"VSM 价值流改善周""JIT 流程优化改善周""KPO 改善周""标杆现场改善周""工厂物流与配送改善周"等数十次的改善周的引进及实践，使线体提效、车间提产、降本控员等各项指标得以大幅提升。通过固化成果、建立标准及横向复制推广，使改善周成果得以有效放大，同时储备了保障后续精益改善工作持续发展的精益改善执行官（KPO）。大大提升了精益管理对经营战略、经营指标的支撑度及关联度，使公司精益体系站在了全新的高度上，呈现出星火燎原之势。

通过对精益改善周体系的理论学习、实战运用，总结精益改善周的优势有以下七点：

第一，适用范围广。可以说，企业的所有管理改善活动都可以通过改善周的形式来组织进行。无论企业规模大小，产品品类多少，都可以从中找到切入点，收获好结果，以精益为纲驱动全流程业务提档升级。

第二，组织形式灵活。改善周聚焦企业核心问题或短板，确定改善目标，依据业务流程组建改善团队和后备支持团队，团队在改善周期间（一般是一周）全脱产，后备支援团队根据改善需要灵活调整。灵活的组织形式能够最大化地平衡常规业务与焦点问题的资源冲突。

第三，达标速度加快。在目标驱动下，快速集结人力、物力资源攻克难点，分解任务，高效落地。做出样板工程，同步沉淀、固化标准，用于其他类似区域的快速复制。目标的快速实现可以使改善团队形成自我激励机制，使精益改善工作进入良性循环。

第四，理论落地有方。改善周采取理论学习与现场实战相融合的方式，用理论学习支撑实战，用现场实战验证理论。确保目标的实现有专业深度和专业素养做保障，保证"技艺兼得"，为精益改善系统化、可复制打下坚实的基础。

第五，人才成长迅速。推进精益改善周的学员，除了要落地改善任务外，更要经过系统的改善周实战和严格的KPO训练，考核合格方可获得结业证书。作为精益改善的种子选手，共同促进精益人才培养，保障精益改善工作有持续不断的源头活水。

第六，变革效果显著。改善周的组织形式可以打破部门壁垒，克服本位主义。可以在短时间内集结力量办大事，完成常态下无法完成的任务，从而促进企业内部的职能融合和组织绩效变革。

第七，自主能力提升。在改善周开展过程中，可以同步总结改善周体系的思想和方法论，并形成标准，不仅授人以鱼，更能授人以渔。最终企业能够自主开展改善周来实现精益为纲下的精益驱动。

本书堪称工业工程和精益管理领域的武功秘籍，可以最大化地平衡短期利益和长期利益，平衡主要财务领先指标和落后指标；既不失战略驱动的高度，又可兼顾业务驱动补短板的时效性；既能高效应对阶段性痛点问题，又能实现人才培养及储备的长远目标；既能取得短平快的效果，又能从长远角度稳固成绩。值得所有致力于通过精益改善驱动企业发展的职场专业人士仔细研读,并付诸实践。借此穿上精益铠甲,助推制造业企业转型升级。

自序

精益改善周
实战指南

专注产生爆发力

自 2004 年实践改善周至今，转眼 15 载。

15 年来，我经历了近百家企业 300 个改善周的实践。回顾自己过去 20 多年的职业生涯，其中有 15 年是与改善周一起度过的。回首之间，感慨万千。

改善周，改变的不仅仅是流程，也改变了我自己。

改善周，不仅是一次突破性改善，也是企业精益的节律。

改善周，不仅仅惠及工厂及企业，也成就了自己的职业和事业。

改善周，不仅成为企业的一种改善文化，也在无形中练就了自己的思维模式。

改善周，不仅仅是部分企业部分人在折腾，也逐渐成为精益-IE 界的共同语言和广场舞。

专注产生爆发力！在"精益生产"这几个字还在被中国企业家们当作新闻的时候，我就非常有幸地学习到改善周模式，并有机会一直在所工作的企业和辅导的众多企业中持续地倡导和实践。改善周，已经成为了我特有的职业标签，也是我一生将为之不断实践和奋斗的事业！业界常常称我为中国改善周的领军人物和实践大师，本人受宠若惊的同时也不忘时刻鞭策自己。

在启蒙老师 Marial 先生面前，我始终是一位学生！

在中国企业迫切的改善需求面前，我做得还远远不够！

在众多精益界与 IE 界人士渴望学习成长的期盼中，我深感责任重大，愿与大家分享和共勉！

我希望把改善周实践好，推广开去，帮助到越来越多的中国企业，让改善的力量给企业注入新的活力！

这份压力和责任，成为了我编写本书的初心。

这份初心，鞭策着我产生一种热血和激情。2019 年伊始，我放下手中的其他工作，一头扎入了本书的写作之中，从白天到晚上，从深夜到凌晨，一字一句地总结和提炼,这个过程让我感受到从未有过的充实和快乐。我急切地要把自己过去15年来实践改善周的经验萃取出来,把改善周的系统工作方法描述出来,把改善周的精髓和效果完整地呈现出来!

非专业不足以阐释,15年专注改善周的知识与技能。

非亲历不足以解读,300个改善周的组织和参与经验。

2019年春节,本书得以顺利结稿!欣慰之间,亦有所顾虑,唯恐内容有所疏漏和思考不周,书中不当之处,还望同行不吝赐教。

衷心感谢在本书撰写过程中提供大量支持和建议的齐忠玉先生、郭光宇先生、李晚华先生、李占凯先生、Shirley等朋友、编辑和同仁,以及参与"改善周杂谈"的KPO们。

余伟辉

名家荐语

精益改善周实战指南

李从东

暨南大学二级教授,中国机械工程学会工业工程分会副理事长,中国IE专家,原暨南大学管理学院院长、原天津大学工业工程系主任

中国已是当今世界制造大国,这是一个不争的事实。如何从制造大国转向制造强国,进而迈向智造强国呢?一方面,需要中国企业对各种基础工程技术(如重大装备技术、重要元器件技术、材料技术、工艺技术等)的完全驾驭;另一方面,中国企业需要弯道超车,在智能技术(如大数据、互联网、人工智能等)上取得主动地位。还有一个重要性完全不亚于上述方面的关键成功因素(KSFs)——工业工程与精益管理。

工业工程是工业革命以来促进世界主要工业国崛起的重要动因,精益管理则是近半个世纪以来经无数企业实践验证过的中小企业生存和发展的必由之路。教学要面向实战,改善要追求高效。工业工程与精益改善作为一种与工程技术密切结合的管理实践,其本质不仅仅在于"知",而且在于"行"!本书把工业工程和精益改善的理念和技术整合成逻辑化的方法集和结构化的工作流,通过复合型团队的聚焦改善、快速行动,在一周内高效达成改善目标,是非常引人瞩目的"知行合一"的管理创新活动。

改善周既是工业工程方法的集成应用,也是精益改善的最佳落地手段。余伟辉先生倾心所著的《精益改善周实战指南》,不仅为工业工程与精益改善在企业中的应用提供了科学的工作指南,也为高等院校工业工程或相近专业师生提供了实践教材。

郑重地向同道推荐此书。

姜上泉

财智菁英管理学院院长，降本增效咨询专家

《精益思想》有一段经典论述：一旦你投入工作，如果对那项有问题的活动所做的工作在第一周没有显著的成果，要么是你找错了人，要么你就是一个不称职的变革者。

精益改善周是一种见效快、周期短的高效改善方式，是推行精益管理最佳的组织方法，它具备三大特征：一是"快"，对选定范围实施突破性改善，一周内取得"量、质、本"方面的快速成效；二是"准"，聚焦于具体目标，组织复合型团队，实施快速改善，精准达成设定目标；三是"狠"，紧盯目标，马上行动，每天都有明确的改善任务，保质保量完成才能够下班。

改善周团队通过人到现场、眼看现物、手改现状，在"战争中学习战争"，既改善了现场，又做到了知行合一；既培养了精益改善人才，又营造了精益改善氛围。

余伟辉老师是改善周的奠基人和实践大师，是中国精益和工业工程界当之无愧的改善周应用与实践的翘楚。每一次参与和体验余伟辉老师主导的精益改善周，客户对改善周成效的认可和赞誉超乎我们的想象；精益改善周这种高效、实战、实效的改善模式，每次都能为企业带来突破性的改善成果。

李晚华

工业工程系统 IE + IT 行业领军人，上海纤科创始人，上海机械工程学会工业工程专业委员会副主任委员，科技部创新方法研究会管理技术分会理事

余伟辉先生所著的《精益改善周实战指南》，细读之间，如同一股暖流，打通了任督二脉，清晰勾勒出自己十多年来研究、实践和应用精益-IE体系过程不断探索的系统套路。改善周，不仅仅是一次小突破性的改善，更是企业的精益节律和改善循环。在改善的"道""法""术""器""势"五个层面的世界里，过去很多的专著，着重于深入阐述改善的"器"，即具体的、单一的工具和方法，但并没将这些单一的"器"系统灵活地串联起来。"术"是上传精益战略、下承落地改善的系统方法，改善周正是集万"器"于一身的武林高手，本书所讲述的改善周，是在短短的一周内，围绕特定的改善范围和目标，将众多零散、单一的专业改善工具和方法整合成系统、高效的标准化工作流程，快速变革并取得突破性改善成果，可谓之改善的"术"，更是中国企业精益变革和IE改善迫切需要的工作模式。

本书是从事精益或 IE 专业咨询顾问、工程师学习改善周和现场辅导的工作指南；也可作为企业总裁、总经理、IE 部长及其幕僚在精益规划、执行、跟进的实操指南；更适合作为中国高校工业工程专业教师实践教学环节的指导书。

蒋维豪

管理咨询与培训标准化委员会理事长，中国精益自主研学会名誉会长，维豪精益大讲堂创办人

改善周综合应用工业工程和精益生产的理念、工具和方法，以一种系统的打法套路在一周内高效完成特定的改善课题，是企业推进精益变革、建立员工信心、培养改善人才最有效的改善组织模式，也是精益-IE 界人士迫切需要掌握的改善技能。《精益改善周实战指南》一书集余伟辉先生 300 个改善周的实践总结和经验荟萃，全面、系统、深入地阐述了精益改善周活动从策划、执行到跟进的全流程系统工作方法和管理要素，是精益改善界人士学习和实践改善周的福音。

郭光宇

标杆精益·益友会会长，广东精益管理研究院执行院长

余伟辉老师作为益友会专家委员会的首席精益改善周专家，持续专注地从事改善周的实践 15 年，主导和参与了 300 个改善周，从持续的时间、实践的数量和改善的专业角度来说，是当之无愧的"中国精益改善周第一人"。本书将精益改善周的理论体系、实战步骤以及配套工具都进行了详细的阐述并有详细的成功案例，企业可以按照此书指引系统开展精益改善周实践，可为企业节省大量的咨询成本，也为精益和 IE 改善界的同行们提供了学习的机会，这充分体现了余伟辉老师的无私大爱。

客户体验

精益改善周
实战指南

韦青松
绿智电机总经理/原凯邦电机副总经理

余伟辉老师专注于倡导和实践改善周活动，我作为企业改善的倡导者，10年来参与和见证了改善周的卓越成效。作为有四家工厂，8000名以上员工的企业，推行改善周活动，连续3年提高全员生产效率超过30%。改善周活动在企业里无处不在，从最初的生产制造、计划物控环节，到后来的流程优化、人力管理、信息化建设、产品设计开发等领域也开展了改善周活动。改善周活动聚焦某个具体的瓶颈环节或核心流程，组织专项小组，系统策划；严密组织，用一周时间，运用精益和IE的理念和手法，突击改善。随着改善周的推广普及，一个又一个山头持续地攻克，精益管理的文化和理念、改善的方法和工具也就广泛地为员工接受和掌握。非常有效，也非常神奇。感谢余老师多年来对改善周活动的倡导和实践，衷心地祝愿改善周活动能在中国企业遍地开花，提高我们中国企业的核心竞争能力。

陆传晓
深圳市观达眼镜有限公司总经理

导入改善周对我们公司而言无疑是一个正确的选择。从做第一个改善周开始，整个工厂就疯狂迷恋上了改善周，几乎每两周就进行一次。改善周的优点在于短时间内针对特定的改善课题，组织一个专职的改善团队，用3~5天的时间，一鼓作气完成培训、识别问题和机会、制定解决方案、实施行动并达成改善目标等一系列的改善过程，整个改善活动快速高效并特别使人有成就感，而且对团队成员的要求并不高，每个部门的人员都可以参加。参与过的人员和被改善过的部门都对精益改善周给予极大的认可，他们不再是旁观或者排斥，甚至有些部门对改善周计划时间比较靠后而产生不满，每个人或每个部门都渴望尽早尽快实施改善。通过改善周的推进，工厂在品质、成本、交期和管理等方面得到了很大的提升。改善周已成为我们企业持续开展的改善文化，我想，这就是改善周的魔力。

徐卫平
金田铜业集团总裁助理

2013年与余伟辉老师团队展开精益变革时，采用了改善周作为精益变革的破冰之旅。选择试点区域进行突破性改善，一周内即快速取得了超预期的改变和效果！改善周消除了公司上下对精益变革的疑虑，集团各子（分）公司在改善周模式的带动下，全面系统地展开了持续的精益改善活动。多年过去，虽已经过了众多大大小小的改善活动，但首次改善周的破冰之旅，与顾问专家、项目团队和配合部门一起确认现状、商量对策、实施改善、汇报成果时的场景和喜悦依旧历历在目，刻骨铭心。精益改善周，是帮助企业快速解决生产、经营过程中质量不高、效率低下、成本浪费等系列问题的高效组织形式。愿更多的企业能够导入精益改善周，能够让更多的员工参与改善，提升自我。

前 言
精益改善周
实战指南

随着精益的推行，目前一些企业已经学习并掌握了精益和 IE 的多种工具与方法，也尝试了各种点上的改善活动，但却仍未能形成一种可以复制的系统化的组织模式和标准化工作流程，从而无法在企业内部形成可固化并可作为企业文化的打法套路，也不能有效地促进精益改善的人才培育。

大部分企业在推行精益改善的过程中都会面临一些困扰，比如：

❖ 精益和 IE 改善技术如何在工厂内部落地？
❖ 如何快速有效地组织企业的改善活动？
❖ 如何实现由点的快速改善到面的系统改善？
❖ 如何创建企业可复制推广的改善组织模式，并形成一种可感知的改善文化？

作者在多年的精益实战历程中，深刻体会到高效的改善组织模式与工作流程（或者说改善的系统套路）对一个企业有效推进精益的重要性和必要性，并且认为：

> 一种系统的打法和套路是建立精益推进模式的关键！
> 很难想象，没有套路的工具方法如何能传承和沉淀！

而改善周作为精益与 IE 系统方法的集成应用，是在全球范围内有效的改善组织模式，是成功精益破冰的起点！

本书汇集了作者 15 年来 300 个改善周的经验和实战总结，全面介绍了改善周的组织原理和实施方法，为改善周活动的前期准备、活动过程及活动后期提供了实操指导，包括相关检查表与实施建议。本书在展示改善周组织模式强大的突破性改善威力的同时，系统讲解了改善周的运作、组织过程和成功技巧，提出了改善周实施过程中潜在的陷阱和相关的解决方案，可作为企业实施改善周的标准流程和指南。

本书可作为企业的决策者及在精益规划、执行及跟进过程中发挥重要作用人员的实操指南。对企业中从事改善活动的倡导者、组织者、协调者、改善推进负责人、项目组长与他们的管理者、IE专业人士等也有直接的指导作用。本书也可作为从事精益生产或IE现场改善的咨询顾问学习改善周和现场辅导的工作指南。

本书还可作为高等院校工业工程专业师生的实践教材。

本书是精益与IE领域的人士值得拥有的实战宝典，希望本书的出版能助力企业持续实施精益改善。

作　者

如何使用本书

精益改善周实战指南

本书围绕改善周的系统工作模型展开,全面深入地描述精益改善周活动从策划、执行到跟进的全流程系统工作方法和相关事项。

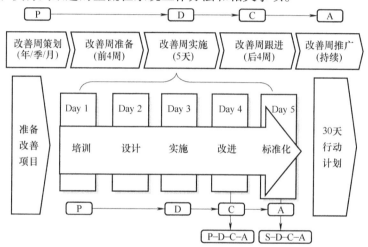

本书由10个部分组成:

第1篇 你拿什么去做改善

本篇从有效推进精益的"道法术器势"中"术"的层面,就精益实践的必要性和有效性阐述一种系统的套路和打法。

第2篇 再不了解精益改善周你就OUT了

本篇全面介绍精益改善周的基本特征、运作原理和组织流程,这是了解和认知精益改善周的第一步。

第3篇 如何策划和筹备改善周活动

本篇系统介绍改善周前期策划、组织建设和工作准备的关键要素,作为精益改善周的组织者,必须精通本篇的要点。

第4篇~第6篇 如何实施JIT-SKB流程化改善周、VSM价值流计划改善周以及BPK业务流程改善周

这三篇是本书的核心部分,以JIT-SKB现场流程优化改善周、VSM价值流改善周、BPK业务流程改善周为蓝本,系统介绍改善周的实施流程和技术

方法。

第7篇　全方位为改善周保驾护航

介绍改善周关键的两个"人"和两个"事"，即 KPC 改善周总协调人和 KPL 改善周组长的工作指导，以及改善周前四周和后四周的保驾护航工作。

第8篇　成功实施改善周的重要技巧

本篇介绍在企业中成功导入改善周模式的几个重要技巧，把握好这几个要点，能最大程度地保障改善周的持久开展。

附录 A　KPO 谈改善周

本篇组织一批国内企业中的 KPO（改善推进执行官），根据自己对改善周的了解，描述对改善周实践的深刻认知、亲身经历、内心感受、经验总结或成果分享。

附录 B

本篇分享了一些企业中实用的流程和制度。

在编写本书的时候，作者始终保持一个原则，即注重对工作流程的系统阐述而不拘泥于某个工具的细节方法。 比如介绍 JIT-SKB 改善周的系统工作流程时，重点介绍 JIT 改善周的组织方法和工作流程，但不会过多地介绍如何进行时间测量、如何计划平衡率、如何计算生产节拍等。大多时候，改善使用到的工具手法并不是特别高深和复杂，改善周本身的核心在于将这些简单实用的工具整合成一个系统的有逻辑关系的工作流程，是一种逻辑化的方法集成与结构化的工作流程。我们相信本书的大部分读者对改善周中所常用到的基本改善手法是有一定应用经验和基础的，或者可以在其他相关的工具类专著中去获得补充。

在叙述本书的时候，作者尽量采用一些通俗简练的表达方式来提高文章的可读性和趣味性，比如"再不了解改善周你就 OUT 了""没有套路的盲目实践就是瞎整""改善周，该出手时就出手"等，避免过于严肃单调的叙述而影响本书的阅读体验。

为了让读者能更好地围绕改善周共鸣交流，作者邀请了一部分在企业中实践改善周的资深 KPO，站在企业实践者的角度，与大家分享自己的经验心得。本书录入了 16 篇 KPO 杂谈文章，这些文章出自 15 位经验丰富的 KPO，他们是：邱小江、贾玉龙、周冬、陈炜城、夏宗保、董华军、崔云鹏、邵正兵、彭平华、贾文杰、黄智峰、张义盟、秦浩辉、秦雪辉、邹来萍。

结合作者的经验，向大家介绍改善周成功的技巧与心得，掌握这些技巧，有助于您成功创建以改善周为模式的改善体系和文化。

有益提示

切记,《精益改善周实战指南》本身是静态的,而每个改善周都有差异,所有流程也是动态的,在活动各阶段要考虑流程及其环境中差异的特定要素。机械地照搬任何检查表或书中经验而无视流程特点或环境差异,可能会导致不良的结果。

目录

精益改善周
实战指南

阅读导图

序一　器以攻坚，术以成势

序二　精益为纲，精益驱动

自序　专注产生爆发力

名家荐语

客户体验

前言

如何使用本书

第1篇　你拿什么去做改善

第1章　没有套路的盲目实践就是瞎整 | 2

在"道、法、术、器、势"的五个层面中，"术"是一种系统套路打法，是承接精益战略和落地实践的关键环节。一种系统的套路打法是建立精益模式和改善文化的重要载体。很难想象，如果没有形成套路，精益的工具方法如何能传承和沉淀，没有套路的盲目实践就是瞎整！

第2章　VSM价值流分析之后如何开展改善实践 | 6

通过价值流分析，制订价值流改善计划。接下来，以什么样的组织模式来开展改善活动呢？一般来讲，有自主改善、专业改善、系统改善和突破改善四种模式，各有特点。

第3章　改善周是最高效的改善组织模式 | 12

企业的改善组织模式，无论是专业改善还是系统改善，都因无法克服周期长、团队波动、低效评审等问题而陷入温水煮青蛙的困境，而改善周，则有效地解决了其他三种改善模式的问题。可以说，改善周是最高效的改善组织模式，是工业工程方法系统集成应用的最佳实践。

第4章　改善周适合中国企业吗 ｜ 15

"当变化由我们完成时，它是令人激动的，而当它发生到我们身上时，就是危险的。"相比于欧美日企业，中国企业更需要精益改善周的模式，改善周是中国企业推进改善实现的可靠选择。

第5章　改善周，该出手时就出手 ｜ 17

任何时候导入改善周都是合适的，但一定不要错过几个绝佳的黄金时机：改善导入蜜月期、改善氛围疲劳期、常规改善瓶颈期、供方辅导改善期、VSM价值流改善期。

第2篇　再不了解精益改善周你就OUT了

第6章　什么是精益改善周 ｜ 22

精益改善周向您展示如何在短短的5天内，把工业工程及精益西格玛的工具方法与PDCA或DMAIC的工作流程有效结合起来，形成一种有逻辑关系、系统高效的工作流程，实施快速的突破性改善并取得预期效果，通常在一周内完成一次快速改善活动，故而又称改善周。

第7章　改善周的特征，我们不一样 ｜ 24

不一样的改善周，不一样的组织要求，不一样的变革模式，不一样的工作流程，不一样的操作技巧……改善周独有的特征不仅仅是有别于其他改善模式，重要的是改善周的这些特征确保了一次成功的突破性改善，给企业和团队带来不一样的成功体验。

第8章　组织流程是改善周的核心套路 ｜ 31

无套路不成改善周！改善周模式的核心在于逻辑化的方法集成与结构化的日程设计。一个理想的改善周全过程，是PDCA大循环、PDCA小循环、PDCA微循环和SDCA微循环的完美结合；一个合格的改善周导师或KPO，必须精通改善周系统工作流程的设计与控制。

第9章　三种类型的改善周 ｜ 38

根据任务大小、范围和重要性，改善周大致可以分为标准改善周、小型改善周、焦点改善三类，各有侧重点，都是改善周的重要组成部分。

第10章　改善周的实施范围和主题 ｜ 41

改善周是万能的吗？从改善组织模式来看，改善周适用于所有的改善。但是，无论何种改善周，关键是企业的改善周导师或KPO要围绕改善主题、目标和改善范围，选择合适的改善工具和方法，设计有逻辑的工作流程，并且制定严谨的日程表，带领团队有序地实施改善活动。

第 11 章　改善周可预期的突破性改善效果　| 50

一个复合型的团队，一周专职的改善，我们完全不必去担心改善周是否能获得好的改善效果，无论是定量改善还是定性提升，或者是 PQCDSM 综合评价，都是可测量可感知的。同时，切记不要过度关注财务收益的评价。

第 3 篇　如何策划和筹备改善周活动

第 12 章　前期不得不说的几个关键问题　| 54

改善活动需要周密的规划，在改善活动中出现的许多问题都可以归咎于无效的规划，因此可通过前期充分的规划来避免这些问题，特别是一些可能会涉及员工岗位或就业的顾虑。

第 13 章　改善周项目来源的确定　| 56

选好改善周主题才有好的改善周。要从外部需求、企业战略、KPI 管理需求、价值流分析、精益技术主线以及日常管理等多方面来策划改善周的主题。

第 14 章　做好改善周，组织要先行　| 62

做好改善，组织先行！改善周的成功有赖于好的组织，每一个改善周除了要清晰地界定改善周倡导人、总协调人和组长之外，还需要一个优秀的专家、导师来指导活动实施。

第 15 章　好的精益倡导者是成功的一半　| 65

在理想的情况下，精益倡导者是企业中兼高管、专家与导师于一身的人。精益倡导者对从导入、策划、准备到实施的全过程负责任，是企业精益成功的关键人物，好的精益倡导者是改善周成功的一半！

第 16 章　好的改善周总协调人可以使企业如虎添翼　| 67

再好的战略或创新需求都要有合适的人来承接和落地实施，改善周总协调人如同电影的制片人，对改善周进行总体策划和过程管控，对改善周的全过程和项目结果负责。得到一个好的改善周总协调人对改善周可以说是如虎添翼！

第 17 章　好的改善周导师是成功的另一半　| 69

对改善周而言，改善周导师如同电影的总导演，承担着培训老师、技术教练和活动导演三位一体的作用。改善周导师可以是外部聘请的专业顾问，也可能是内部训练的 KPO。可以说，好的改善周导师是成功的另一半。

第18章　专家顾问——外来的和尚会念经　|　72

外来的和尚会念经！好的精益倡导者是改善周成功的一半，而好的专家顾问则是改善周成功的另一半！一个理想的改善周顾问，至少必须亲自主导或辅导过50个以上改善周活动的实践专家！

第19章　内部KPO——改善周落地开花之本　|　75

KPO承担着精益改善推进办公室（改善办）负责人、改善技术骨干、改善周队长、改善周导师等多种复合型角色。拥有一批经过充分训练的优秀KPO，才能保证改善周在企业普遍开花结果，并形成一种可持续的改善周文化。

第20章　好的改善周组长如同战场上的将军　|　82

一个改善周组长如同战场上的将军，再好的理念方法和改善机会，必须要通过一位好的将军来带领团队完成任务。选择合适的改善周组长和副组长是影响改善周成果和收益大小的关键。

第21章　选好团队成员，改善周战无不胜　|　86

一个复合型的专职改善团队，遵循横向1/3与纵向1/3的原则构建的队伍，是改善周模式的主体力量。凝聚团队的智慧和聚焦的改善，实现改善周高效的突破性成果，也是传播改善周文化的载体和群众基础。

第22章　千万别忘记改善周的支援团队　|　90

改善周不是一个人或某个单一的团队在战斗，而是包括外部支援团队和内部支援团队一起共同的高效协作。除了组建专职团队之外，必须提前策划支援团队，做好前期必要的沟通和准备工作。

第23章　没有这些原则的有效执行，哪来的知行合一　|　92

团队必须遵守一些共同的原则，并且有必要的承诺和约束，才能形成共同的思维和行动模式，做到"知行合一"，最终达到"意识一致，思想一致，行为一致，结果一致"的效果。

第24章　改善前鲜被重视的沟通工作　|　95

一些基本但又非常关键的沟通工作，却常常很少得到重视。隐患、谣言或焦虑常常止于及时有效的预见性沟通。不仅仅是流程区域，还包括最接近流程的上游及下游群体。

第25章　统一的团队标识　|　97

改善周团队一定要鲜明地标识出来，一方面展示团队精神，促进整体士气；另一方面，可以影响他人，促进改善文化传播。

第26章　改善周的办公设施与后勤安排　| 99

改善周的工作是高强度的劳动，要特别关注改善团队必要的后勤服务，包括工作区域、食物或茶点、交通服务等，消除成员顾虑，可以安心地进行改善。

第4篇　如何实施 JIT-SKB 流程优化改善周

第27章　什么是 JIT-SKB 现场流程优化改善周　| 104

JIT-SKB 现场流程优化改善周直接指向生产流程的效率改善，通过消除现场浪费来提升效率，是制造型企业当下最常做也是最迫切需要的改善周！做好 JIT-SKB 改善周对企业成功导入精益变革，帮助企业提高运营绩效有着重要的价值意义。

第28章　JIT-SKB 改善周的前期准备工作　| 107

不打无准备之仗！一个有经验的改善周组织者，应该在改善周实施前尽可能准确分析或设计好改善周所需要的各种资源和硬件，确保在改善周开始前所有的准备工作提前到位。

第29章　Day 1- 培训与定义：可能是改善周团队最轻松的一天　| 114

改善周终于来了，第一天可能是五天当中团队成员最轻松的一天。但对改善周导师而言，却是关键的一天，通过动员会、团队破冰、技术培训，把临时组合的团队成员从思想意识、行为准则和工具方法上整合成统一强大的团队。

第30章　Day 2- 测量与设计：可能是改善周五天中最难的一天　| 120

第二天可能是改善周中最难的一天。团队必须在当日完成现场观测到方案设计的一系列组合拳，是对体力和意志的双重考验，是脑力和智慧的终极碰撞，是激情与耐力的交替折磨，是导师与团队双方的共同挑战，更是导师的价值体现！

第31章　Day 3- 实施与模拟：可能是改善团队最有激情的一天　| 126

这是最具激情的一天！第三天的重点是实施改变，把前期设计的新流程方案变成现实，模拟新流程的作业方式，验证和完善修正新方案，培训员工新的流程和操作方法。这一天，让"马上行动"成为我们的行动准则！

第32章　Day 4- 运行与改进：可能是希望与失望交替的一天　| 130

胜利在望，理想很丰满，最终结果肯定也是好的，但现实却是骨感的，改善从来不会一帆风顺，第四天的过程往往不那么平顺。没有持续的激情和耐力，彩虹不一定呈现，这一天，考验团队，更考验改善周的导师和 KPO。

第33章　Day 5- 固化与总结：可能是团队最有成就感的一天 | 136

风雨之后终见彩虹！第五天是改善周团队紧张而又充满成就的一天。改善周发布会和庆祝活动，总结改善的过程和效果，既是记录改善历程，也是对改善周系统套路的梳理，更是对目标的评审和对团队工作成效的验收和激励。

第5篇　如何实施 VSM 价值流计划改善周

第34章　什么是 VSM 价值流改善周 | 144

VSM 价值流分析与设计作为一个系统的方法体系，如果只是由个体的工程师在电脑中独立完成，则是毫无意义的做法。应利用改善周的组织模式，遵循价值流的改善原则和系统套路，有效地指导企业的精益变革之旅。

第35章　VSM 价值流改善周的前期策划及准备 | 150

VSM 价值流改善周的参与成员一般以企业中高层为主，活动的组织者（KPO）或导师需要进行更加周密的策划和准备，才能确保一次成功的价值流分析和改善。

第36章　Day 1- 价值流定义：简单又抽象，似懂又非懂 | 155

踏上 VSM 价值流改善周的旅程，团队成员可能是新鲜、期待而又迷惘的。即使经过第一天的价值流培训和价值流定义过程，团队成员可能仍然觉得"简单又抽象，似懂又非懂"。

第37章　Day 2- 价值流测量：除了一张图，还有触目惊心的数据 | 159

从似懂非懂的认知，到触目惊心的 VA%，团队经历了第一轮的价值流图绘制。从现场数据收集，到群策群力完成现状价值流图，当一幅完整的价值流图呈现出来时，你会享受到一种小小的成就感。

第38章　Day 3- 价值流分析：不深入分析，哪来的系统性改善 | 169

如果不对现状价值流图进行深入的分析和改善，那么，昨天绘制的 VSM 现状图是没有任何意义的。遵循精益五大原则、八大浪费和七个基本准则的主线，循序渐进地询问当前价值流，导出系统性的改善机会。

第39章　Day 4- 价值流设计：看到了理想价值流图，就看到了未来 | 175

随着新价值流的设计和绘制，当 VSM 理想状态图呈现时，我们能够清晰地看到企业未来的蓝图！这个蓝图指引着企业及改善团队始终朝着这个目标而展开下一步的改善项目。

第40章　Day 5-价值流计划：制订价值流计划，方知 VSM 的意义 | 179

第五天无疑是团队成员豁然开朗的一天，经过价值流定义、价值流测量、价值流分析、价值流设计和价值流计划，今天终于可以走出"简单又抽象，似懂又非懂"的状态了！一个未来蓝图和行动计划，将引领企业走向理想的彼岸！

第6篇　如何实施 BPK 业务流程改善周

第41章　什么是 BPK 办公业务流程？ | 188

精益是一种系统的识别和消除浪费的理念和方法，通过消除非增值活动来加快流程速度。它不仅仅适用于制造系统，也适用于所有的非制造领域。同样，改善周也可以应用于办公系统和业务流程的突破改善。

第42章　BPK 业务流程改善周的前期准备工作 | 190

BPK 业务流程改善周的准备工作关键在于如何选择合适的改善课题，由于这个领域的人员比较缺乏变革经验，组织者要慎重地筛选适合的、思想开放的人来参加 BPK 改善周。

第43章　Day 1-培训与定义：原来精益不仅仅应用于生产系统 | 192

由于业务流程上的员工一般都具有较少的变革经验，特别是一些 IT 或财务系统的人员。不仅要培训精益方面基础知识，也要培训改善的方法和工具，更重要的是，在意识层面要达成改善的共识。

第44章　Day 2-测量与分析：打开黑箱子方知问题的症结在哪里 | 197

只有把流程充分展开来，打开流程的黑箱子，才能看到里面的浪费和机会。绘制业务流程的流程图，利用精益价值分析和浪费识别的工具，初步制订业务流程改善的方案。

第45章　Day 3-实施与模拟：其实业务流程改善并不难 | 206

当我们真正开始实施那些改善措施，或者模拟新的运作流程时，你会发现，业务流程的改善其实并不难。通过改善实施和模拟操作，来进一步优化改善方案，设计未来的业务运作流程。

第46章　Day 4-运行与改进：理想和现实并不远 | 209

持续改进流程并最终标准化。当改善后的业务流程图呈现出来，对比前后数据的变化时，我们会发现改善的效果让人吃惊！像生产系统的现场改善一样，改善无处不在。

第 47 章　Day 5- 固化与总结：改善的成果总是令人鼓舞　| 212

如果前面的工作顺利，最后一天的任务是常规的标准作业，制订未来"30 天行动计划"，组织改善总结和成果发布会。改善的成果总是令人鼓舞的，作为平常较少变革经验的业务系统工作人员，最后的庆祝活动无疑是最好的激励之一。

第 7 篇　全方位为改善周保驾护航

第 48 章　KPC 项目总协调人的工作指导准则　| 214

改善周项目总协调人如同电影的制片人。作为改善周配合的关键人士，对改善周进行总体策划和过程管控，提供必要的资源，密切关注活动过程的安全问题，每日举行组长会议，传递正能量给团队成员，对改善周实施的全过程负责。

第 49 章　KPL 改善周组长的工作指导　| 219

KPL 是改善周的将军，要带领和管理好改善小组，能够提出并验证改善建议，实施变化并跟踪活动的进度，制订后续的行动计划，总结改善成果和报告会，持续跟进改善成果。本章旨在为改善周组长提供一些重要的工作提示和指导。

第 50 章　改善周前四周的护航工作　| 225

改善周不会无缘无故地启动，更不会稀里糊涂地成功。所有成功的改善周背后一定少不了前期周密谋划和精准护航。这也是大 PDCA 循环中计划管理的一部分。

第 51 章　改善周后四周的保驾工作　| 231

发布会与庆祝会并不意味着改善周的结束，而这恰恰是后续保驾工作的开始。通过后续 30 天、60 天、90 天的系统工作，保障新流程的持续改进和稳定运行，完全达到或超越预期的改善效果。

第 8 篇　成功实施改善周的重要技巧

第 52 章　没有专职团队哪来的改善周　| 240

专职团队是改善周的前提条件。对改善周来讲，有人不一定万能，但没有人却是万万不能的。如果一个企业连改善周团队都组织不起来，无论是企业负责人还是改善周组织者都要反思。

第 53 章　一定要让训练合格的 KPO 来组织改善周　| 243

千万不要草率安排未经过训练的 KPO 去承担改善周导师（内部顾问）的角色，那样会产生破坏性的影响！在此之前，必须接受"KPO 内部导师"的系统训练并达到合格标准。

第54章 不要把改善周变成企业的运动 | 245

改善周虽好，千万不要把改善周变成"来也匆匆，去也匆匆"的一场运动。坚定改善周模式的信念，找到一位长期合作的改善周专家顾问，有策略、有节奏地推进高质量的改善周，形成日常工作模式和持续改善文化。

第55章 改善周一定是一周吗 | 247

改善周并不完全是绝对的一周。受一些客观因素的影响，改善周也可以有计划地分成两个阶段来实施。第一阶段完成方案设计后，中间暂停一段时间，准备相关的必要事项，再进行第二阶段的实施、改进和标准化工作。

第56章 项目制与改善周是完美搭档 | 249

项目制的系统改善聚焦于隐性问题做深度分析后识别症结并采取行动，而改善周聚焦于显性问题的快速突破改善，两者互补。如果在项目前期结合改善周模式，消除项目前期在测量和分析阶段平淡期的风险，可形成一个完美的配合。

附 录 | 251

附录A KPO谈改善周 | 251

附录A-1 改善周，改变我对周的体验 秦雪辉 | 251

附录A-2 浅谈JIT改善周实践对制造业的意义 彭平华 | 254

附录A-3 改善周，我欠你一个浪漫的"约会" 周 冬 | 257

附录A-4 改善周，没有无缘无故的成功 张义盟 | 259

附录A-5 改善周10年 夏宗保 | 261

附录A-6 改善周保驾护航的十大要素 邵正兵 | 262

附录A-7 改善周的快、准、狠 陈炜城 | 266

附录A-8 初恋即定终身，经历了一次有故事的改善周 邵正兵 | 267

附录A-9 改善周，快速突破助力企业的精益变革 贾玉龙 | 270

附录A-10 无问西东，改善周践行如初 秦浩辉 | 273

附录A-11 让改善成为一种持久的能力 黄智峰 | 275

附录A-12 如何在改善周中做好组长 崔云鹏 | 277

附录A-13 赢在改善周，企业可以得到的赏赐 邱小江 | 279

附录A-14 浅谈作业标准化改善周 贾文杰 | 281

附录A-15 积跬步至千里，积小流成江海 董军华 | 283

附录A-16 改善周，毕生难忘 邹来萍 | 284

附录B | 286

附录B-1 某公司改善周管理办法 | 286

附录B-2 全景式精益改善周实训道场工作坊 | 290

第1篇 你拿什么去做改善

改善周是精益破冰最佳的选择

要做的改善那么多,精益和 IE 的改善工具也不少,选择什么样的套路来实施改善呢?改善周无疑是您和您的企业最佳的优先选择!它适用于所有的企业和组织。

本篇从有效推进精益的"道法术器势"中"术"的层面,来阐述一种系统的套路和打法对精益实践的必要性和有效性。

第1章 没有套路的盲目实践就是瞎整

> 在"道、法、术、器、势"的五个层面中,"术"是一种系统套路打法,是承接精益战略和落地实践的关键环节。一种系统的套路打法是建立精益模式和改善文化的重要载体。很难想象,如果没有形成套路,精益的工具方法如何能传承和沉淀,没有套路的盲目实践就是瞎整!

大部分企业的管理者面临同样的困惑,精益的理念和方法很好,但在导入和实施方面却面临很多困惑:

❖ 虽然派了人出去接受培训和学习,也请了人进来讲课,管理人员和推行人员都了解一些精益生产和IE改善的理念、方法和工具,但就是找不到一个推进精益生产变革的突破口,无法把精益生产的理念与实践结合起来。

❖ 既然很难系统地实施精益生产的全部理念,仅仅尝试其中一些工具或方法时,又苦于无法看到由点到面的整体效果。

❖ 实施精益生产后,不懂如何合理地评估精益生产的效益,以至于对精益生产方式产生怀疑,因而影响推行的力度和效果。

> **有益提示**
> 仅仅把精益当成工具的做法,可能会在局部某些环节取得"点"的改善。但从长久来看,很难形成一种可持续、系统的方法体系。

在精益实践的过程中,必须理清精益的道、法、术、器、势是如何开展的。本书我们先不谈道、法和势,重点关注其中的"术",看看"术"是如何与"器"结合起来应用的。

"器"是指什么呢?是指精益工具、方法与手段。就拿武术来说,器相当于武术中的兵器,比如枪、剑、飞镖、矛等,而精益的器,包括单件流、布局优化、PQ-PR分析、拉动、看板、SMED、TPM、产线平衡、ECRS、Poke-Yoke、标准化作业等一系列的改善手法。

而"术"呢?是指精益的模式、套路、打法。

在武术的世界里，不管你用什么样的器具或者手法，最终能够得以传承的还是靠一种套路。如图1-1所示，这种套路把相关的器具或技术组合成一种有逻辑关系的打法，比如太极拳等，只有这些有逻辑关系的套路和打法，才能形成可传承和复制的武术模式。

图1-1　武术的套路

在改善的世界里，只有把精益和IE的各种改善工具和方法，转化成一种有逻辑关系的系统流程和标准套路，才能真正有效地实现精益改善的系统化打法，才能建立一种可复制的模式并沉淀为企业可持续的系统和文化。

可以毫不客气地说：

> 没有套路的盲目实践就是瞎整！

当然，这里所讲的套路，我们不要把它与当下社会上那些反面的骗人忽悠人的"套路"相混。

如果你是一个精益的实践者，你一定有过类似的困惑：

如果你的任务是建立一个JIT连续流单元生产方式，要用到精益的改善工具，包括PQ-PR分析、时间测量、浪费识别、产线平衡、单件流、布局设计、目视化、标准化作业等改善手法，这些单一的工具手法相信大部分从事IE和精益改善的人都容易掌握，但在现实中改善的时候，如何把这些工具手法组合成一种系统的套路呢？是点的改善还是线的改善呢？是团队实施还是个人实施？是漫长的PDCA还是快速改善呢？无论哪种做法，工具之间如何衔接呢？无论是哪种做法，如何让公司的其他成员能快速掌握和复制应用呢？

事实上，任何一种类型的改善，都要用到精益中的各种改善工具和手法，也就是我们前面所讲的"器"，单纯从个别的改善工具手法来讲，精益和IE人士并不难掌握，真正难的是解决以下五个关键问题：

> **有益提示**
> 问题一："器"如何与团队结合？
> 问题二："器"如何与速度结合？
> 问题三："器"如何与逻辑结合？
> 问题四："器"如何与效果结合？
> 问题五："器"如何与文化结合？

【问题一】"器"如何与团队结合？

所有的工具手法，不可能由一个人来完成。那么，问题就来了，这些"器"，如何在团队之间形成一种工作模式呢？就拿我们常做的JIT单元线改善来说，时间测量工作如果只是独立由IE或精益专员去做的话并不现实，那么，就需要组织一个团队，然后，我们就要把时间测量的方法、团队分工、测量控制要点等要素与团队成员结合起来，其中的每一个环节，我们就需要一种有逻辑的工作模式。改善周正是要求一个团队来全职配合完成所有的工作。

【问题二】"器"如何与速度结合？

精益改善常常是面对较显性的问题，如果按传统PDCA的模式，拖拖拉拉的改善节奏实在太慢。比如JIT单元线改善的任务，传统的方式一步一步地实施PQ-PR分析、时间测量、浪费识别、产线平衡、方案设计、方案评审、优化改善……，也许几个月下来都还没有实质性的动静。如何把这些工具在一个较短的周期内高效、快速地完成？而改善周致力于在一周内快速完成一次改善活动，非常完美地解决了这个时间的问题。

【问题三】"器"如何与逻辑结合？

精益的各种改善工具和手法之间，在逻辑上是如何串联的呢？在JIT单元线改善的任务中，需要应用到的改善手法有：PQ分析、PR分析、产品族定义、节拍设计、人员组合、产线平衡这些工具之间的应用是有很强的逻辑关系的。也许有人可能会跳过或省略其中的某一个工具，并非完全不能达到目的，但这种没有逻辑的实践是缺乏科学性的。缺乏科学的逻辑，那些工具就如同没有组织的乌合之众，最终形成不了可持续的战斗力。在精益改善的系统中，我们需要一种组织，把这些看似不相关的工具方法以某一种逻辑关系串联起来，形成一种系统的套路和打法。

【问题四】"器"如何与效果结合？

单一工具的应用无法收到好的效果，那样很容易落入为了使用工具而使用工具的陷阱。**而温水煮青蛙式的改善也很难实现突破性的进展，那样很容易使精益改善落入麻木的状态。** 我们既要避免盲人摸象式的实践，也要突破毫无激情和速度的低效，我们需要有一种系统高效的组织模式，能在较短的时间内，把精益和IE的工具方法形成系统的工作流程，快速实现显著的改善效果。

【问题五】"器"如何与文化结合？

很多企业做改善多年，但如果要把改善的模式总结出来，却无法系统地梳理出来。仅仅把精益当成工具的做法，可能在局部某些环节取得"点"的改善。但从长久来看，很难形成一种可持续、系统的方法体系。只有把这些具体的工具方法，形成一种适合企业的套路或者模式，才能被团队复制和推广，最终形成适合企业的改善模式，当改善模式形成一种稳定的日常工作，也就沉淀为企业的一种文化了。

遗憾的是，极少有人采纳我们的意见：在一头钻进消除浪费的工作之前先认认真真地考虑改善模式建设的问题。在绝大多数情况下，企业轻率地进入大规模的消除浪费的活动——发动改进攻势或不断地改进"闪电战"。尽管这些精心策划的做法改善了每一个产品价值流的一小部分，但这种只关注点上的改善，而没有形成有逻辑套路的做法，其本质上无异于瞎整，在企业中并没有可持续的生命力。长久来看，对企业反而是一种伤害。

第 2 章 VSM 价值流分析之后如何开展改善实践

通过价值流分析，制订价值流改善计划。接下来，以什么样的组织模式来开展改善活动呢？一般来讲，有自主改善、专业改善、系统改善和突破改善四种模式，各有特点。

任何一家企业，无论是从事制造业还是服务业，当管理层需要取得业绩和利润，或是缩短产品开发周期，一个行之有效的方法是遵循精益改善的五个原则进行变革。

精益五个原则变革的流程如图 2-1 所示。

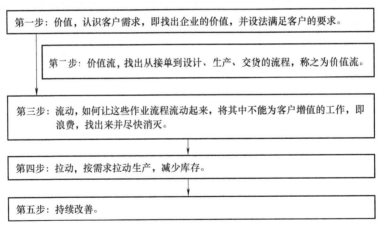

图 2-1 精益改善的五个原则

然而，极少有人采纳正确的做法。在绝大多数情况下，企业轻率地跳过了第二步，进入大规模的消除浪费的活动。这些做法改善了产品价值流中的一小部分，但价值流却在下游库存的沼泽里停滞不前。这种结果没有收获节约系统成本带来的最高效益。对顾客来说，质量和服务未得到根本改善；对供应商来说，他们没有实现最大的节约。在价值流的生产环节，这种结果尚可以接受；但从整体资金价值流来看，它则让人感到了失败的痛苦。

正确的做法是：

第一步：找出一位推动变革的领导人。

第二步：找到一位专家或专业咨询机构。

第三步：通过抓住或创造危机在公司中激励新的行动。

第四步：为产品系列进行整体的 VSM 价值流分析。

第五步：找出重要的环节，迅速消除浪费，在短期内取得令人震撼的成果。

庆幸的是，现在的企业基本上都意识到了这种正确的做法，从价值流分析开始，以价值流为主线，持续地展开改善活动，如图 2-2 所示。

价值流分析输出了以价值流为主线的改善项目，但改善的工作却才刚刚开始！以什么样的组织方式来实施这些改善项目呢？

> 这里谈的改善组织模式，就是以什么样的套路把改善的工具方法系统地串联起来，形成一种有逻辑关系的工作流程，亦即是道法术器势中的"术"。

一种"改善组织模式"，必须够回答以下五方面的问题：

问题一：工具方法是什么？

问题二：逻辑关系是什么？

问题三：组织人员是谁？

问题四：工作流程是什么？

问题五：实施周期是多少？

一般来说，实施改善的组织模式有自主改善、专业改善、系统改善和突破改善四种，它们的总体关系如图 2-3 所示。

表 2-1 对这四种改善组织模式的特征进行了说明和对比。

表 2-1　四种改善组织模式的特征

分　　类	改善组织模式	逻 辑 方 法
自主改善	❖ 以基层员工为主体，自发组织团队来完成 ❖ 基层管理者成为改善的骨干，中层管理者和相关专业技术人员起支持和教练作用 ❖ 一般来讲，这种改善为"点式"改善，涉及范围窄，容易发现 ❖ 采用的改善工具一般为简易 PDCA 或 5W，完成周期为 3 周之内 ❖ 这种改善占数目的 80% 以上，是持续改善活动成功的重要表现形式	❖ 自主改善往往是我们容易忽视的，总以为是小改善而不做 ❖ 全员参与、营造改善氛围 ❖ 5W 是我们发现改善点的好方法 ❖ PDCA 是我们进行改善的好手段

（续）

分 类	改善组织模式	逻辑方法
专业改善	❖ 以专业技术人员为主体 ❖ 中层管理人员为主导，组织团体来完成 ❖ 这种改善一般也为"点式"改善，但涉及范围较宽，具有一定的业务深度；也可以是"线式"改善，但涉及的流程较简单 ❖ 采用的改善工具一般为 QC 改善流程，完成周期一般为 3 个月之内 ❖ 这种改善一般占总改善课题数目的 15% 左右，起着承上启下的作用	❖ PDCA 改善七步流程：现状把握、设定目标、要因解析、研讨对策、对策实施、效果确认、效果巩固 ❖ PDCA 改善 13 步流程：建立团队、选题理由、设定目标、活动计划、可行性分析、现状把握、要因解析、要因确认、制订对策、对策实施、效果确认、效果巩固、下一步行动
系统改善	❖ 以专业改善人员（如黑带）为主体 ❖ 高层管理者为主导，组织强有力的团队来完成 ❖ 通常为"线式"改善，涉及的流程较复杂，或涉及的业务难度较大 ❖ 采用的改善工具一般为 DMAIC，完成周期一般为 3 个月到半年 ❖ 这种改善一般占总改善课题数目的 5% 左右，相应的投入较高。成功后，相应的回报也很高，对公司的长远发展有着重要影响	❖ 通过选定与组织战略相关、客户满意度相关以及在绩效方面存在严重问题的项目（D）、测量目前绩效现状（M）、分析关键影响因素（A）、实施根本性改善（I）、对改善结果进行控制以保证过程长期稳定运行在改善后的水平（C），从而获取突破性财务和非财务收益
突破改善	❖ 快速改善突破（又称改善周、Kaizen Breakthrough） ❖ 是利用精益西格玛和 IE 改善技术，结合 PDCA、DMAIC 改善流程，对特定或选定的目标或任务创建和实施快速、可行的方案并达成改善目标 ❖ 通过改善周创建一种成功的模式，再由点到面推广应用 ❖ 一次标准改善活动一般在 1 周内完成，故而又称改善周	❖ 改善周工作流程 将 PDCA 或 DMAIC 的流程集中在 1 周内完成 ❖ 改善周的特点： 1. 团队实施：专注改善，集中团队智慧和影响 2. 任务导向：每天任务完成才下班 3. 马上行动：有了想法，马上实施 4. 立即见效：1 周内即可看到变化和成果

第2章 VSM价值流分析之后如何开展改善实践

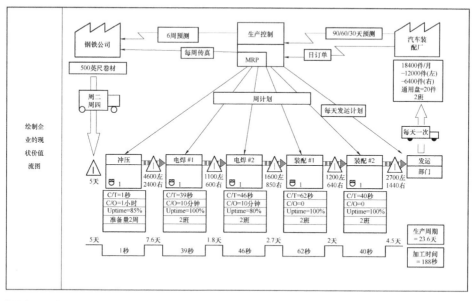

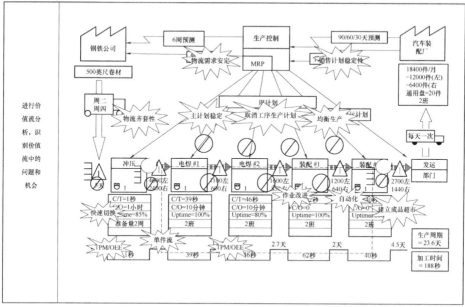

图2-2 VSM价值流改善的步骤

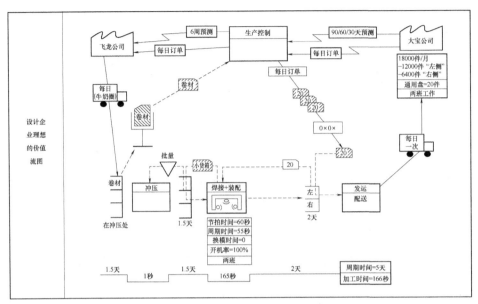

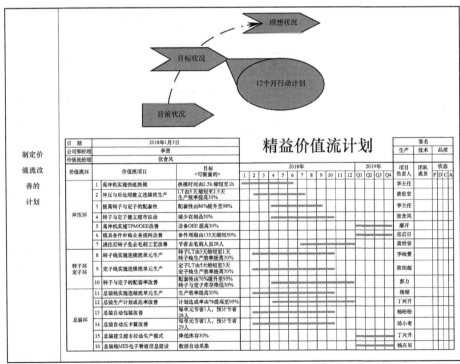

图 2-2　VSM 价值流改善的步骤（续）

第 2 章 VSM 价值流分析之后如何开展改善实践

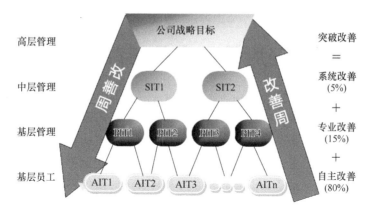

图 2-3 实施项目的四种组织模式

第3章 改善周是最高效的改善组织模式

> 企业的改善组织模式，无论是专业改善还是系统改善，都因无法克服周期长、团队波动、低效评审等问题而陷入温水煮青蛙式的困境，而改善周，则有效地解决了其他三种改善模式的问题。可以说，改善周是最高效的改善组织模式，是工业工程方法系统集成应用的最佳实践。

前一章介绍了改善组织的四种模式，在这四种改善组织模式中，各自的优缺点也是非常明显的，表3-1对它们进行了分析和比较。

表3-1 四种改善组织模式的优劣比较

级别	种类	优　　点	缺　　点
第一级	自主改善	❖ 基层员工个人为主体，可以广泛发动员工参与 ❖ 不追求应用什么工具手法 ❖ 不追求实施过程的套路流程 ❖ 以改善结果为主	❖ "点"式改善，涉及范围窄 ❖ 虽然实施了改善，但改善者并未学习到改善的系统工具和流程
第二级	专业改善	❖ 以专业技术人员为主体 ❖ 团队方式来完成 ❖ 要求按规定的PDCA套路和流程来组织改善活动	❖ 项目实施的周期较长，见效慢 ❖ 项目实施过程中，组织人员的稳定性是关键 ❖ 过多的评审工作
第三级	系统改善	❖ 以专业改善人员（如黑带）为主体，级别较高 ❖ 采用系统的DMAIC流程，解决企业核心问题	❖ 需要强有力的组织 ❖ 周期较长、组织人员不稳定 ❖ 方法和流程比较复杂
第四级	突破改善	❖ 复合型团队 ❖ 遵循PDCA或DMAIC流程 ❖ 一周内快速实施 ❖ 效果明显	❖ 需要强有力的组织 ❖ 要求团队一周内全职参与 ❖ 改善成果容易出现波动

在以上四种改善组织模式中，第一种显然不足以成为企业价值流改善的

主流方式，而第二种和第三种都存在几个令人头痛的问题。

1）周期太长：由于项目实施的周期比较长，结果往往是项目还没做完，团队组织人员已经变更，要么调岗，要么离职，要么退出，整个项目的实施过程很难实现全过程的强有力组织。

2）方案难产：特别是过程中评审工作太多，常常是一些非专业人士来做专业的评审，提出一大堆问题，然后项目团队不得已进行修改完善，于是项目常常在评审—修改—再评审—完善的循环中进展迟缓，很难快速见到突破性的成效，再加上团队成员的波动，项目夭折的概率特别高。

3）配合效率低：部门间的合作不畅，组织和人员的低效配合，项目管理波动……久而久之，企业的改善文化慢慢变得没有激情了！

而"改善周"的模式，则非常有效地解决了以上的问题。**一周内快速实施，解决了周期长的问题，团队活动解决了方案难产的问题，马上行动解决了配合效率低的问题。**

1）目标明确：每日的过程目标和总体目标必须达成！
2）团队实施：专职团队，专注改善，集中团队智慧和影响！
3）盯紧时间：只有一周！
4）任务导向：每天任务完成才下班！
5）快速行动：简单快捷，动手要早！
6）尽管去做：有了想法，马上实施！
7）资源保障：必要资源，随叫随到！
8）立竿见影：一周内即可看到变化和成果！

前面三种传统改善组织模式令人头痛的问题，在改善周的模式中，变得没有一丝的障碍。

本人于 2004 年第一次组织 JIT 现场流程优化改善周活动（图 3-1）。通过一周的改善，整个团队从来没有体验如此高效的改善活动！一周之内，竟然可以实现那么系统的突破性改善。那种高效让整个团队及公司管理层感到无比的震撼！从此，改善周逐步成为了企业常规的改善组织模式和改善文化。

> 毫不夸张地说，改善周是全球最高效的改善组织模式之一，更是工业工程方法系统集成应用的最佳实践模式之一。

15 年来，笔者已经组织和参与过大大小小 300 多个改善周，实践改善周的企业从早期的外资企业，如飞利浦、PULSE、伟创力等，延伸到国内大型企业，如格力、美的、顾家家居、劲霸男装等，再迅速普及到众多的中小企业，如观达眼镜、普乐美等。越来越多的企业，从改善周的实践中得到快速提升。

图3-1 作者2004年第一次组织改善周实践

改善周的主题和范围涉及企业的方方面面，包括 VSM 价值流改善周、JIT 现场流程优化改善周、Jidoka 自働化改善周、TPM 全员设备维护改善周、OEE 设备综合效力改善周、SMED 快速换模改善周、Poke-Yoke 防呆改善周、品质现场改善周、物流配送改善周、6S 现场改善周、VM 目视管理改善周、RS 流程标准化改善周、Pull 拉动/Kanban 改善周、Inventory 库存改善周、均衡生产/PMC 改善周、DLS 精益西格玛设计改善周、LVC 精益价值链改善周、BPK 业务流程改善周、MDI 日常管理改善周、KPOW 改善推进执行官训练周……

通过改善周的开展，培养了一大批精益和工业工程改善的优秀专业人才，由于改善周能让团队在一周内通过"边学边干，边干边学"的方式快速掌握相关的知识和技能，改善周常常成为企业培养改善专家的摇篮。

> 我不能承诺你每一个改善周的效果，但我可以保证，改善周会在你的企业中形成一种文化。

第4章 改善周适合中国企业吗

"当变化由我们完成时,它是令人激动的,而当它发生到我们身上时,就是危险的。"相比于欧美日企业,中国企业更需要精益改善周的模式,改善周是中国企业推进改善实现的可靠选择。

为什么改善周有着那么强的生命力?

这种快速高效的改善模式在美国企业大受欢迎是有着其深层次文化因素影响的,我们有必要稍稍分析一下日本和美国在精益实践上的文化和模式差异。

日式的改善比较关注于长期的人才和文化建设。在日本企业,员工的工作关系比较稳定,日本企业的精益模式(事实上,日本企业也不叫精益,精益是美国人总结提炼的结果)比较关注"造物先育人",企业的核心目标是在持续改善过程中培养人才,所以日本企业更趋向于在长期的持续改善过程中,培育适合企业的人才,打造一种全员参与的持续改善文化。

美式的精益更关注于快速的效果和财务收益。美国企业处理财务困难时,财务表现不好就马上裁员,快速处理不良资产甚至破产处理。回顾2008年金融危机,大张旗鼓裁员的往往首先是美国企业,日本企业却一直很少采取这种做法。精益改善周,能在一周之内快速实现突破性的改善,提高生产效率,降低库存,缩短生产周期。这种突破性的改善活动,非常好地满足了美国企业结果导向的管理绩效诉求。

与日本和美国企业相比而言,中国企业更需要改善周。

首先,中国企业对精益的需求更强于欧美日企业。因为,我们的企业基础管理、精益化水平相对比较弱,中国企业尤其是民营企业,迫切需要精益的改善。

对立志导入精益管理的中国企业,如何在精益导入的初期快速建立样板,树立团队和管理层对精益的信心呢?改善周无疑是最佳的一种方式。试想一下,如果采用专业改善或系统改善的方式,项目刚刚开展的时候,需要按PDCA或DMAIC的流程做大量的前期数据采集和分析,往往项目启动3~5个月时,还在做测量和分析,这个时候,团队的期待和热情难免受到影响。

曾经接触过一些企业，在导入精益管理时，请了外部的顾问机构。顾问老师的水平不可谓不专业，采用的六西格玛的 DMAIC 系统工作流程。项目启动后，前期 3~5 个月，顾问老师一直辅导项目团队成员进行指标定义、数据采集、现状测量、问题分析等工作。这个工作流程并没有任何问题，作为内行人士都知道，这种工作流程的现场变化时间一般都在后期的时候才能体现出来，但企业的老板却坐不住了，老板花了钱，当然是希望快速见到现场的变化和改善，但 DMAIC 的系统工作流程在前期却往往并不急于现场的急速改善，这个时候，老板有疑问，项目组有困惑，项目开展的前景变得不可控就是很常见的事情了。

更重要的是，中国民企的人员流动性远远大于欧美日企业。在这种情况下，全员参与的自主改善难成主流，专业改善解决的问题较浅，周期又长，系统改善的工具方法比较深奥不易掌握。改善周，正好解决了以上三种方式的问题。

中国企业的职业经理人，往往承担着较大的 KPI 压力，希望通过精益的改善，能支持其 KPI 的绩效表现。在这种背景之下，职业经理人某种内在却又真实的需求是短期效果，除了改善周模式之外，其他任何一种改善组织模式都无法满足这种需求。

另外，改善周是靠一个团队专职合作共同完成一次改善活动，能有效打破合作的障碍，从民族文化角度来看，中国人的性格普遍内敛，作为独立个体作用甚微，但如果把这些人放在一个团队中，就能把个人的潜能和协作精神激发出来。比如，传统的改善组织方式，如果要改善一条生产线，往往是 IE 人员设计方案，大家一起来评审，生产人员提出一堆意见，部分意见 IE 可以优化方案，还有很多意见 IE 人员也解决不了，然后再完善再评审。这样的话，生产人员变成是方案的问题提出者或否定人，而不是制订解决方案的人，甚至成了改善的阻力。但改善周就不同了，相关的人员组成一个专职团队，生产管理人员会参与到测量分析和方案的具体设计工作中去，他们是改善的参与人和主导人，角色转变让改善变得畅通无阻。

> "当变化由我们完成时，它是令人激动的，而当它发生到我们身上时，就是危险的。"

因此，无论是内因还是外因，精益改善周对中国企业尤其是民营企业而言，都是一种现实可靠的选择。

第 5 章 改善周，该出手时就出手

> 任何时候导入改善周都是合适的，但一定不要错过几个绝佳的黄金时机：改善导入蜜月期、改善氛围疲劳期、常规改善瓶颈期、供方辅导改善期、VSM价值流改善期。

企业什么时候适合导入精益改善周？

正确的回答是：任何时候都是合适的！

改善周是一种改善的组织模式，原则上，所有的改善任务，都可以依照改善周的方法和套路来进行。但是，以下几个黄金时机，企业千万不要错过实施改善周的好机会：

【黄金时机一】改善导入蜜月期

> 良好的开端是成功的一半！

此时不做改善周，更待何时！

企业在导入精益生产或 IE 工业工程改善的初期，项目启动的 1~3 个月内，是实施改善周的必要时期！在这个时期，企业迫切需要一个成功的样板来树立精益的感性体验，通过改善周，可以快速建立样板区域，实现由点到面的整体推进。反之，如果在项目启动后，不能快速呈现改善效果的话，企业团队的改善激情很容易在过于漫长的期待而又得不到体验后慢慢消退下来。

良好的开端是成功的一半，通过改善周快速建立成功样板，让团队在参与改善周的过程中，亲身体验改善的痛与快，激发改善的激情，特别是公司高层和老板们，尽快看到改善的效果，坚定改善的信念！

【黄金时机二】改善氛围疲劳期

> 该打鸡血时就果断打！

许多采用传统 PDCA 改善流程的企业迟早都会面临一个问题：改善的氛围进入疲劳期，改善中激情持续下降，项目推进速度如蜗牛一般！

其实这种现象也是正常的，除了方法本身的弱点之外，没有一个组织或团队在长时间采用同一种模式还能保持高亢的激情。

这个时候，导入改善周模式是一个非常明智的选择。改善周打破传统的靠个人推动、拖拖拉拉的项目组织模式，以团队作战的全新做法，既实施了改善，又学了方法，而且容易推广！

长三角地区某龙头企业，推行精益的前面几年，都是采用传统的组织模式。前面一两年总体上还好，但进入第三年后，团队的激情明显下降，改善推进的速度更是拖拖拉拉，你说没做改善吧，他们又在推进，你说团队们在推进项目吧，又总看不到变化！后来，一位领导接触了改善周模式，就尝试着请顾问在企业里实施了几个改善周，效果和氛围立马就呈现出来了！再加上该企业的精益团队基础较好，很快地在企业内部大量推广改善周模式，每周平均都有三四个改善同时在实施，一年下来，2017年总共实施了115个改善周，2018年持续推进实施了105个改善周！改善周让该企业重新焕发出改善的激情和速度，并且形成了一种全新的以改善周为主要模式的改善文化。

有人说，改善周有时像打了鸡血似的。但关键时刻，打打鸡血，是必要的！

【黄金时机三】常规改善瓶颈期

> 不换人就换方法！

有些改善项目采用常规推进方式时，由于传统工作流程的人员组织比较松散，团队的智慧不能充分得到激发，再加上企业本身固有的部门墙和沟通障碍，很难有突破性解决方案或实质性的改善输出。此时，整个项目容易陷入停滞状态。

当常规工作法效果不明显时，不妨打破原来的模式，换另外一种改善周的形式来试试。充分利用改善周模式的团队、专注、快速的特征，使项目快速取得突破性的进展！

【黄金时机四】供方辅导改善期

> 每一枪一炮都要火！

现在很多精益实践比较好的集团公司都会把精益改善延伸到供应链，并且安排内部或外部的精益专家去推动和辅导供应商实施精益变革。

以什么样的方式协助供应商快速走上精益的道路并享受到改善的成果呢？当企业的内部专家给供应商辅导时，他们不太可能像在自己的公司一样，天天呆在供应商那边花大量的时间去推动一些点点滴滴的小改善,他们只能阶段性地为供应商提供精益辅导。因此,企业内部专家在供应商的工作时间是非常宝贵的,必须在有限的时间内协助供方高效实施改善活动。

用一句话概括就是:耗不起!

要确保每一次到供方的指导工作都必须快速和高效,那么,毫无疑问,改善周是最佳的选择!

【黄金时机五】VSM 价值流改善期

> 莫等闲,改善周动起来!

VSM 价值流分析,设计理想的价值流蓝图,制订未来的价值流改善计划,接下来,就是要撸起袖子做改善了!

再美的愿景,再好的规划,再详细的计划,都不如快速动起来!特别是对明显的改善机会,比如作业方法、生产流程、产线设计、工厂布局、设备损失等显性的浪费,包括搬运浪费、动作浪费、等待浪费、库存浪费等,并不需要作太多的数据采集和原因分析,用改善周的方式,快速行动起来!

> **有益提示**
> 把改善周当成系统改善 DMAIC 流程中的快赢改善,是一种聪明的做法。

改善周不是唯一的模式,聪明的做法是把改善周与 PDCA 模式或 DMAIC 模式结合起来,把改善周当成系统 DMAIC 流程中的快赢改善。DMAIC 模式在前期的时候侧重于定义、测量和分析,这个阶段可以充分利用改善周快速见效的优点,让改善周动起来!

本书第 56 章中,对改善周与项目制模式结合应用将作进一步阐述。

第2篇

改善周的特征、流程、主题与效果

再不了解精益改善周你就OUT了

在众多的工作方法论中，改善周是除了 QC 与 DMAIC 等工作流程外的另一种独特的标准化改善组织模式，它结合了 PDCA、QC 与 DMAIC 的基本原理，强调在一周内快速完成突破性改善活动。其核心流程在于其逻辑化的方法集成和结构化的日程设计，它适用于所有的改善目标或工作任务，并能获得显著的改善效果。

本篇全面介绍精益改善周的基本特征、运作原理和组织流程，以及常规的改善周主题，这是了解和认知精益改善周的第一步。

第6章 什么是精益改善周

> 精益改善周向您展示如何在短短的5天内,把工业工程及精益西格玛的工具方法与PDCA或DMAIC的工作流程有效结合起来,形成一种有逻辑关系、系统高效的工作流程,实施快速的突破性改善并取得预期效果,通常在一周内完成一次快速改善活动,故而又称改善周。

改善周是企业导入精益改善的最佳破冰模式。

> PDCA专业改善三个月太长,DMAIC系统改善六个月太长。我们只争朝夕,一周之内快速突破完成改善又如何?

精益改善周是综合应用精益西格玛和工业工程改善技术,用五天的时间,对选定的对象或任务创建并实施快速、可行的方案并达成改善目标,通过改善周活动创建一种成功的模式,再由点到面推广应用。

"精益改善周"向您展示如何在短短的5天以内,由改善专家带领改善周团队,通过团队的高效工作,把工业工程及精益西格玛的工具方法与PDCA或DMAIC的工作流程有效结合起来,形成一种有逻辑关系、系统高效的工作流程,实施快速的突破性改善并取得预期效果。

一次快速突破改善周活动一般由10~16个团队成员组成,由外部的专业顾问或内部改善推进执行官(KPO)实施培训和全程辅导,在1周的工作日内完成,故而称之为"改善周"。

> **有益提示**
> 一般定义为5天完成一次突破性改善活动,也可定义为一周的工作日内完成。在中国企业的实践中,5天或6天的改善周都是合适的。

与其他改善模式不同,精益改善周具备以下的基本特征(表6-1)。

由于改善周短期内在企业内部集中了大量的人力和物力资源,每一次改善周必须确保有好的输出,才能避免企业人力和物力资源的浪费。因此,系统地做好前期的策划和准备工作是成功实施改善周的关键。当然,改善周也并不一定非要在一周之内完成所有的改善活动,一般来说,改善周的策划和准备工作必须在改善周实施之前4周就完成,改善周结束后,还有后续的"30天跟进计划"。

表6-1 精益改善周的基本特征

序 号	特 征	描 述
特征一	目标明确	改善周的范围和总体目标非常清晰
特征二	团队实施	一个复合型的专职团队,专注改善,集中团队智慧和影响
特征三	盯紧时间	只有一周时间
特征四	任务导向	每天任务完成才下班
特征五	快速行动	简单快捷,动手要早,快而粗好过慢而细
特征六	尽管去做	有了想法,马上实施
特征七	资源保障	必要资源,随叫随到
特征八	立竿见影	一周内即可看到变化和成果

改善周的工作方法早期来源于19世纪80年代丰田对供应商的改善活动,以一种自主改善研讨会的形式进行。随着19世纪90年代《改变世界的机器》的推出,丰田模式为欧美国家认知、学习和实践,但是在学习和实践的同时,美国企业非常擅长于总结成一种标准的工作流程(即我们今天所讲的套路)。美国企业经过实践和总结,把工业工程及精益西格玛的这些众多看似零散的工具方法,与PDCA或DMAIC工作流程有效结合起来,形成一种有逻辑关系、系统高效的工作流程,通过跨职能部门的复合型团队,在五天之内对选定的改善范围和对象实施快速的突破性改善并取得预期效果,他们把这种工作方式称作"Kaizen Event(改善活动)"或"Shopfloor Kaizen Breakthrough(现场改善突破)"。这种资源集中、流程有序、快速高效的改善模式在欧美国家得以大量地应用、完善和推广,由原来的生产现场的改善,逐步拓展到业务流程系统,也从传统的制造行业延伸到服务行业的各种领域。Kaizen Event成为欧美日精益企业最常用的改善组织形式,并随着欧美日精益顾问在全球范围的推广和应用得到广泛的传播。

笔者最早于2003年在美国企业接触、研究和应用这种模式,早期大家沿用Kaizen Event的称谓,后来为了更加容易被中国企业和国内员工理解和表达,开始正式起用"改善周"的称谓。

随着改善周活动在中国的普及,改善周开始出现其他不同的表达方式,有英文Kaizen Event、突破性改善、改善闪电战、周改善、一周一改善等,不过,现在大家普遍接受的还是"改善周"这一通俗而标准化的表述。

第 7 章 改善周的特征，我们不一样

> 不一样的改善周，不一样的组织要求，不一样的变革模式，不一样的工作流程，不一样的操作技巧……改善周独有的特征不仅仅是有别于其他改善模式，重要的是改善周的这些特征确保了一次成功的突破性改善，给企业和团队带来不一样的成功体验。

改善周不同于其他一般的改善工作模式，它在组织特征、变革特征、流程特征和操作特征四方面具有非常明显的表现，如图7-1所示。

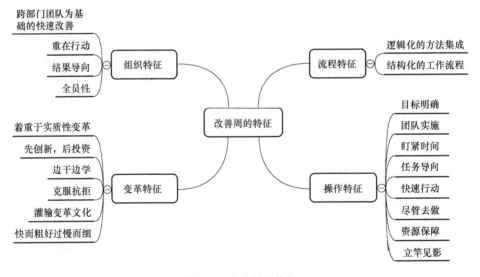

图7-1 改善周的特征

一、改善周的组织特征

1. 跨部门的复合型团队（见图7-2）

改善周的人员由来自不同部门的人员组成，按照各1/3的原则，与改善对象直接相关、间接相关、不相关的三部分人员组织一个复合型团队，之所以要组织这样的复合型团队，就是要克服传统模式中团队成员构成单一、智

慧不集中、思想不统一的问题。

在本书第21章中，会对团队组织的构成进一步阐述。

2. "半员"参与到全员参与

纯粹的个人英雄式改善效果有限，但理想的全员参与是不现实的。改善周活动是一项群众性很强的活动，要求参加改善周的团队成员树立改善意识并参与改善活动，通过较多数量的改善周活动可以让更多的人加入改善活动中，同时影响更多的人参与进来。

一次改善周可能产生的影响范围并不仅仅局限于参加改善周的团队成员，包括：

1）改善周的倡导团队：主要是企业的高层，前期项目倡导、策划和过程支持。

2）改善周的总协调人：改善主导部门负责人，参与改善周的策划和协调工作。

3）改善周的KPO：全程带领团队实施改善周活动。

4）改善周的专职成员：全职参加改善周的团队成员。

图7-2 改善周复合型团队

5）改善周的支援团队：为改善周活动提供支援的配合部门人员，比如工艺、品质、设备、采购、后勤等。

6）改善周的影响圈子：改善过程需要推动组织或员工实施各项改善工作，改善周团队工作的氛围也会影响企业其他没有参加改善周的成员，特别是最后参加改善周成果发布会的人员。

有益提示

与其盲目追求乌托邦式的"全员参与"，不如扎扎实实地去实践以改善周为载体的"半员参与"，是一种现实的改善文化。

3. 重在行动

"重在行动"是改善周的重要特征之一！改善周团队一起，应用现有的知识，不做过多深入的分析和推理，快速行动，而不是局限于某个问题或原理的漫长讨论和分析过程而迟迟得不到行动，那样的话，整个团队成员会陷入尴尬的等待而无所作为。**改善周追求"快而粗好过慢而细"，与其拖拖拉拉地讨论完美的细节方案，不如快速动起来，在行动中识别好的解决方案。**

4. 结果导向

结果导向，改善周的目标直接指向改善的效果，改善周团队成员利用一周时间快速改善。我们要在设定的一周内做出突破性的改善成果，否则，这一周的团队工作就是失败的！我们喜欢享受成功的喜悦，没有人愿意承受失败的痛苦！所以，为了确保成功，改善周从前期策划、技术方案输出、实施过程管控、改善效果评价等各个方面，对改善周组织者的要求是非常高的。

二、改善周的变革特征

1. 着重于实质性变革

改善周着眼于为企业带来实质性的突破变革，比如，产线布局变革，由传统的皮带流水线模式，转化成单元生产方式，利用改善周的模式，可以快速实现生产方式的转变。

2. 先创新，后投资

在变革的过程中，要把握一个原则，精益改善首先追求不花钱或少花线的改善，而不是一上来就要求投资大的改善项目，那些花大钱投资的事情往往也轮不到精益团队去关注。**优先使用脑袋而不是钱袋，改善周坚持不花钱或者少花钱办实事的原则，立足现场，用一周的时间集中各方面的力量，对生产流程、产品质量、生产效率、生产成本进行突破性改善，使其趋向完美。**改善周活动的办法简单易行，朴实无华，投入少而效果大，它能激发员工的改善欲望，迅速解决现场的实际问题，促进现场管理水平的不断提高。

我们常常把改善分为三个步骤，见表7-1。

表7-1 精益改善的三个步骤

精益改善的三个步骤	要 点
第一步：不花钱的改善	通过流程的优化，产线设计、作业方法、物流与布局等不花钱或少花钱的方法，提高流程效率
第二步：花小钱的改善	花小钱进行的技术性改善，比如简易自动化、工装与治具改善等
第三步：适当投资的改善	在前两者的基础上，适当投资的创新型改善，结合新工艺、新技术、自动化、信息化等技术

精益改善周更多的是关注第一步和第二步的改善，先实施不花钱或少花钱的创新改善，而非投资性的改善。既然改善周关注的是不花钱或少花钱的改善，那么，大部分的改善行动是可以在改善周期间通过团队的力量得到实施和实现的。这也就是为何改善周能在短短的一周内实现那么大的变革的原因之一。

3. 边干边学

每个人在学习和成长的历程中，实践是最有效的通道。无论你接受再多的培训，接受再多的理论学习，最好的领悟还是需要在实干的过程中才能真正掌握相关的理念和知识。而改善周恰恰就是这么一个平台，每一次改善周都遵循一个原则：改善什么，就培训什么，培训什么，就实践什么，边学边做，边做边学！比如，SMED 快速换模，无论之前培训过多少次，知识点都差不多，而再多的知识点，如果不去实践，你能知道的，就是那么一点点的认识而已。而 SMED 改善周则不一样，第一天，改善周教练提供 SMED 相关的知识培训，第二天至第五天，整个团队按 SMED 的理念和方法，以一种设定的工作流程，通过对产品切换过程的观察和改善，应用 SMED 的技术和工具进行改善，既实现切换时间缩短的目标，又实现知识学习和技能成长的目的。边学边干，是最好的学习成长模式。

4. 快而粗好过慢而细

传统的 PDCA 或 DMAIC 流程中，强调充分的数据采集和分析，制定合适的（或完美的）技术方案，然后一步一步组织实施。对大部分的现场改善来说，纸面上是不可能设计出理想方案的！不如先把粗略的方案先快速实施，在实施的过程中，快速完善和优化，正所谓"快而粗好过慢而细"！

三、改善周的流程特征

1. 逻辑化的方法集成

在前面的章节中，我们提到改善的各种方法和工具（亦即是"器"）如何与逻辑结合。如何把这些看似离散的工具方法有效地组合成一系列有逻辑关系的工作流程呢？改善周的精髓之一，恰恰是把这些工具方法进行了逻辑化的整合。

> 把 IE 和精益的工具方法以某种逻辑关系串联起来，合理地分配到每一天的工作任务中，是改善周逻辑化和结构化的完美结合。

比如，在 JIT 单元线改善的任务中，改善需要应用到的方法包括 PQ 分析、PR 分析、产品族定义、OCT/MCT 测量、节拍设计、最优设计、人员组合、产线平衡、实施改善、优化改善、标准化作业等这些 IE 和精益的改善手法，在精益改善周中，则以某一种逻辑关系把这些工具方法串联起来，形成一种系统的套路和工作方法。

2. 逻辑化的方法集成

这些逻辑化的工作方法，被有序地分配到了每一天的工作任务！这是改善周逻辑化和结构化的完美结合，如图 7-3 所示。

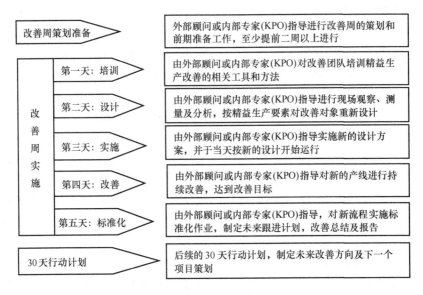

图 7-3　改善周结构化的工作流程

在后续的章节中，将对这种工作流程进行详细的阐述。

四、改善周的操作特征

1. 目标明确

改善周的主题是什么？改善周的倡导人、策划者或 KPO，首先要确定改善周的主题，改善的主题可以是 VSM 改善周、JIT 改善周、SMED 快速换型改善周、TPM 改善周、OEE 改善周、质量改善周、5S 改善周、目视化改善周、标准化作业改善周、物料配送改善周、PMC 生产计划改善周、RS 流程标准化改善周、Office 业务流程改善周、MDI 每日改善管理改善周、KPO 训练营改善周等这些比较标准化的任意主题，也可以是日常改善中立项的改善课题，每一次改善周之前，这些改善的主题是明确界定清楚的。

改善周的对象是什么？不同的改善周主题对应着不同的改善对象，比如一旦确定做 SMED 快速切换改善周，那么，这个主题对应的设备类型随之确定，比如注塑机、压力机等。

改善周的范围是什么？准确地定义改善周的实施范围对改善周效果有很大的影响，是选择某一条生产线还是整个车间的所有产线？是选择一台设备还是整个车间的所有设备?

改善周的目标是什么?一旦改善周的主题和范围确定,那么,改善周的目标也就是非常明确的了,这个目标根据不同的主题而设定,是改善周团队共同要达成的改善目标。要设立具有挑战性的目标,以便激发团队的紧张感和斗志,整个改善周必须紧密围绕这个目标展开所有的活动,包括前期策划准备、实施过程控制、30 天行动计划等。

改善周的结果是什么?改善周完全是结果导向的组织活动,改善周的第五天,必须验证目标是否达成。

2. 团队实施

如前所述,改善周是团队活动,一个复合型的团队作战,集中团队智慧和影响。

但是,团队作战并不是什么新鲜的事,真正特别的是:改善周要求团队成员在设定的时间内全职参与,这就从参与度上保障了团队智慧的集中性和高效性。

3. 盯紧时间

改善周的压力是显而易见的,因为只有一周的时间,我们需要在一周内完成 PDCA 或 DMAIC 流程的所有活动并且达成改善目标。这就要求改善周团队在关注项目结果的同时,还要紧盯这个时间目标!

> 每天的任务完成了才下班!与其拖拖拉拉一事难成,不如来个高强度的急行军,当突破性改善成果呈现时,那是一种淋漓尽致的成功的快感!

4. 任务导向

改善周是一个高强度的改善急行军!为了达成目标,**每天都有设定好的任务,必须完成才能下班**,否则,**再晚都得继续工作**。在改善周行军的过程中,晚上奋战到凌晨一两点是常态。

高强度的奋战虽然辛苦,但当改善周突破性的成果呈现在我们面前时,所有的辛苦都是值得的!那是一种在传统的拖拖拉拉的改善模式中永远都无法体验的快感!

5. 简单快捷,快速行动

哪怕只有五成的把握也要果断去做!改善周追求简单快捷,不要把事情想得太复杂,有时候,顾虑太多就无法下手,想得太完美就失去了速度,要抛弃一些不必要的犹豫和患得患失,动手一定要早,我们没有时间去等待,过度的思考有时反而是一种消磨意志的浪费,快而粗好过慢而细!

> **有益提示**
> ※ 顾虑太多就无法下手，想得太完美就失去了速度。
> ※ 千万不要拘泥于拖沓的方案评审，没有行动，哪有结果？哪怕只有五成的把握，也要大胆地去尝试。

6. 有了想法，马上实施

有了想法，马上实施！没有借口，让快速行动成为团队的行为准则。不要把想法停留在无谓的讨论和方案评审中，马上付诸行动，每一个改善周的成员都可以亲自动手去实施，而不是像传统模式一样，把任务交给所谓的对口部门或负责人去慢慢推进。比如，需要做一个工装或物料架，不要等，撸起袖子马上行动起来组织制作。作为改善周成员，不管你是什么部门或什么职位，该动手时就动手！如图7-4所示。

图7-4 有了想法，马上实施

7. 资源保障

必要资源，随叫随到！这些资源包括内部资源和外部资源，内部资源包括各职能部门需要配合的事项以及一些必要的提前准备工作，比如设备维修、布局搬迁、紧急采购的工作配合，一些必要的硬件、物资需要提前准备；外部资源可能包括一些必要的供应商支持，比如工厂布局需要的重型设备吊装、现场改善需要的标识制作等。这些工作，都要求在改善周前期的准备过程要做好充分的宣贯和策划工作，以确保改善周过程中能做到随叫随到。

在后续的章节中，将对这些资源保障工作进行详细阐述。

8. 立竿见影

一周内即可看到变化和成果！新的流程，周末奏效，这是改善周区别于其他改善模式的最大特征。

第 8 章 组织流程是改善周的核心套路

> 无套路不成改善周！改善周模式的核心在于逻辑化的方法集成与结构化的日程设计。一个理想的改善周全过程，是PDCA 大循环、PDCA 小循环、PDCA 微循环和 SDCA 微循环的完美结合；一个合格的改善周导师或 KPO，必须精通改善周系统工作流程的设计与控制。

作为短期内快速改善获得突破性绩效提升的改善模式，改善周区别于其他改善模式的特征之一就是有逻辑关系的结构化标准工作流程。

改善周的总体系统工作模式如图 8-1 所示。

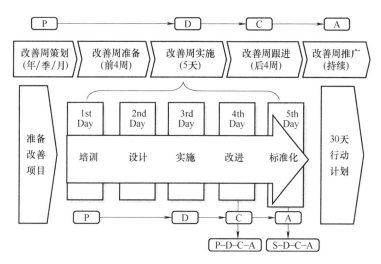

图 8-1 改善周的总体系统工作模式

一、改善周的整体工作流程

总体上，改善周遵循 PDCA 或 DMAIC 的大循环、小循环和微循环相结合的标准工作流程。

我们可以把改善周的 PDCA 分为四种逻辑关系工作流程：

【流程一】改善周 PDCA 大循环

从前期改善周的主题策划开始，到活动的立项、准备、改善周活动实施、改善周后续跟进、成果巩固与推广，这是改善周完整的宏观工作流程，我们称之为改善周 PDCA 大循环。

【流程二】改善周 PDCA 小循环

改善周实施的五天内，从第一天的培训开始，对项目进行定义、测量和分析、制定新方案、实施行动和验证方案，快速优化并形成标准化作业，是一个不折不扣的标准的 PDCA 工作循环。相对于前述的改善周大循环，我们把这五天的改善周称之为改善周 PDCA 小循环。

【流程三】改善周 PDCA 微循环

在五天的改善周实施过程中，经过第二天的测量和分析，设计出改善方案，第三天马上实施新方案，第四天按新方法运行和试验，在实施和验证时，可能要反复对初期的设计方案再次或多次进行局部或微观的 PDCA 循环，并且，通过反复的快速验证和修正优化，最终形成理想的改善方案。这种改善的过程我们称之为改善周 PDCA 微循环。

【流程四】改善周 SDCA 微循环

改善周的成果经过标准化运作后，要对其中的成功经验或改善成果进行复制推广，在推广复制过程中，又形成更高更优的标准化改善，形成新的一轮 SDCA 工作循环。这个过程我们称之为改善周 SDCA 循环。

一个系统的改善周模式，离不开这四个循环的周密工作过程。图 8-2 则揭示了改善周流程中的 PDCA 相互逻辑关系。

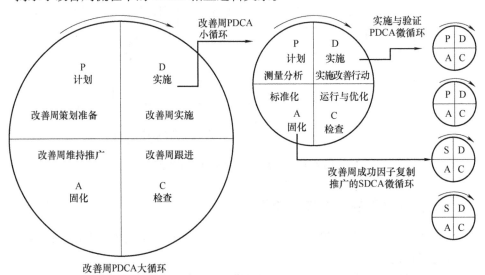

图 8-2　改善周 PDCA 工作循环

本章重点对改善周的 PDCA 大循环和小循环工作流程进行阐述。

> **有益提示**
> 一个理想的改善周全过程，要充分重视 PDCA 大循环、PDCA 小循环、PDCA 和 SDCA 微循环每一个循环的周密策划与有效实施，否则，可能导致欠佳甚至失败的改善周。

二、改善周的 PDCA 大循环

从宏观流程上来讲，改善周的总体流程可以分为改善周策划、改善周准备、改善周实施、改善周跟进、改善周持续与推广步骤，这是 PDCA 的大循环（表8-1）。

表8-1 改善周 PDCA 大循环工作要点

	关键流程	主要事项				时间
P 计划	改善周策划	• 改善周年度总体规划？ • 改善周实施哪些主题？ • 改善周的数量计划多少？ • 改善周是否需要外部顾问指导？ • 改善周内部 KPO 组织与人员策划？ • 改善周需要的资金预算如何？ • 改善周需要哪些资源保障？ • 还需要哪些管理流程的支持和配合？				每年第四季度或与公司战略规划同步
	改善周准备	前4周	前3周	前2周	前1周	改善周前4周
		确定改善周的主题 确定改善周实施的对象 确定改善周的外部顾问或 KPO 确定改善周的组长或负责人	确定改善实施的具体范围 确定改善周的具体时间 改善周的小组成员甄选 初步制定改善的目标	准备改善周的相关物资 内部和外部支援团队 改善周的基础数据采集与资料收集 公司管理沟通与宣贯	改善周成员首次会议 改善周场地、后勤及资料准备 改善周现场准备工作 改善周外部顾问联络	

（续）

<table>
<tr><th></th><th>关键流程</th><th colspan="4">主要事项</th><th>时　间</th></tr>
<tr><td rowspan="6">D
执行</td><td rowspan="6">改善周实施</td><td>天数</td><td>主题</td><td colspan="2">主要任务</td><td rowspan="6">改善周五天</td></tr>
<tr><td>第一天</td><td>培训</td><td colspan="2">由外部顾问或内部专家（KPO）对改善团队培训精益生产改善的相关工具和方法</td></tr>
<tr><td>第二天</td><td>设计</td><td colspan="2">由外部顾问或内部专家（KPO）指导进行现场观察、测量及分析，按精益生产的要素对改善对象重新设计</td></tr>
<tr><td>第三天</td><td>实施</td><td colspan="2">由外部顾问或内部专家（KPO）指导实施新的设计方案，当天实现新的设计方案</td></tr>
<tr><td>第四天</td><td>改进</td><td colspan="2">由外部顾问或内部专家（KPO）指导对新的产线运行和持续改善，达到改善目标</td></tr>
<tr><td>第五天</td><td>控制</td><td colspan="2">由外部顾问或内部专家（KPO）指导，对新的产线实施标准化作业，制订未来跟进计划，改善总结及报告</td></tr>
<tr><td rowspan="2">C
检查</td><td rowspan="2">改善周跟进</td><td>后 1 周</td><td>后 2 周</td><td>后 3 周</td><td>后 4 周</td><td rowspan="2">改善周后 4 周</td></tr>
<tr><td>改善活动跟进（支援）
每天保持与团队队长的联络
询问发起人会议情况
改善新闻公报
对改善后的状况进行照相和存档</td><td>团队队长支援渐减
验证成本与收益
“30 天行动计划”跟进
安排 30 天结案会议
与发起人巡视改善部门</td><td>团队队长支援渐减
验证成本与收益
与发起人巡视改善部门
改善宣传与文化倡导
“30 天行动计划”跟进</td><td>与发起人巡视改善部门
量度“30 天行动计划”结案评估
“30 天行动计划”结案会议
改善宣传与文化倡导</td></tr>
<tr><td>A
固化</td><td>持续与推广</td><td colspan="4">• 完善标准化作业
• 改善效果与收益最终评价
• 改善周活动的标准化工作流程
• 组织推广同类改善周活动到其他区域
• 改善案例或成功因子的复制与推广
• 持续优化与标准化
• 下一波改善周策划</td><td>改善周后
60 ~ 90 天</td></tr>
</table>

三、改善周的 PDCA 小循环

如前所述,改善周是一种有逻辑关系的结构化工作模式,它致力于在一周的时间内快速实施改善行动,在改善周内每一天的工作任务是非常明确的,针对不同主题的改善周或不同任务的改善周,每一天的具体安排也不一样。

以"JIT 现场改善突破"的改善周为例,一个常规的改善周日程安排如下:

第一天:培训,第一天可能是团队最轻松的一天!

本日的主要任务是为改善周团队进行改善知识的培训(图 8-3),内容有两大部分,第一部分是改善周团队破冰,培训内容包括团队破冰、改善原则、改善突破法等;第二部分是改善手法培训精益概述、七大浪费、JIT 及时生产、Jidoka、均衡生产、标准化作业、7S/目视化等,无论改善周成员之前是否接受过类似的培训和学习,作为改善周团队都必须根据改善周的主题再做一次培训,以确保所有成员理念和方法的统一。

图 8-3 改善周第一天培训现场

第二天:设计,本日可能是改善周五天中最难的一天!

团队成员按照分工,到现场进行时间测量和相关数据采集,绘制意大利面条图(Spaghetti Diagram,亦有人形象称之"浪费之旅"),识别现场改善机会,梳理浪费和改善建议,绘制 OCT 柱图,计算 TT 节拍时间,计算最佳人数和设备数量,对产线进行重新平衡,绘制未来的 OCT-TT 平衡图(或山积表),设计新的运作方案(或图纸),最后,制作明天要实施的《改善公报》(图 8-4)。

第三天:实施,本日可能是改善团队最有激情的一天!

动起来!按照前一天设计的方案和任务分工,团队马上动手实施改变活动(图 8-5)。改善周成员组织支援团队或亲自动手操作,通过产线布局、工装制作、设备搬迁等物理性变化,或者结合模拟手段,把设计的方案实现。

图 8-4　改善周第二天测量与设计工作现场

第三天的工作目标是确保第四天员工一上班时,就能按照新的流程进行作业。

图 8-5　改善周第三天实施工作现场

第四天：改进，本日可能是大家希望与失望并存煎熬的一天!

按照新的流程和方法运行,一边运行,一边发现问题和改善机会,随时实施新的改善行动,通过一天反复的持续优化和快速改善,最终确保新的流程和方法能达到设定的效果(图 8-6)。在运行与优化的过程中,可能顺利也可能不顺利,原来的方案可能需要做调整,是考验团队意志与改善力的关键一天。

第五天：标准化，本日可能是团队最有成就感的一天!

经过前一天的运行和优化,新的流程达到改善目标和效果。进行标准化作业,制订未来持续跟进的"30 天行动计划",总结成果,撰写改善报告,组织改善成果发布会,向公司管理层汇报改善过程和改善成果。同时,组织改善周团队进行庆祝活动是一个必要的环节。

以"JIT 现场改善突破"为例,改善周五天的总体工作流程如图 8-7 所示。

改善周每日的工作流程、任务设计和实施技巧,在后续的章节中将进一步详述。

图 8-6　改善周第四天持续改善工作现场

培训	设计	实施	改进	标准化
实施与主题相关改善技术培训	按精益方法进行测量分析和设计	马上实施新的方案以及改善措施	按新的模式运行、验证与优化	实施标准化作业改善总结与发布
改善周启动 团队破冰 精益概述 七大浪费 JIT及时生产 Jidoka 均衡生产 标准化作业 7S/目视化 改善突破法	现场观测 PQ与PR分析 时间测量与分析 意大利面条图 OCT VSTT 确定节拍 理想人数 头脑风暴 产线平衡改善 布局方案设计	实施新方案 现场重新布局 工装治具制作 模拟验证 新方案试运行 培训工人	新方案运行 继续观测与优化 节拍跟进 持续平衡 新平衡图 优化物流 确定SWIP 确定WS 目视化管理	标准作业 《30天行动》 准备改善报告 成果发布 庆祝活动
改善公报	改善公报	改善公报	改善公报	
改善周 P–D–C–A 循环 →				
每日改善心得 KPO评审	每日改善心得 KPO评审	每日改善心得 KPO评审	每日改善心得 KPO评审	每日改善心得 KPO评审

图 8-7　改善周五天的总体工作流程

有益提示

逻辑化的方法集成和结构化的日程设计是改善周成功的关键，改善周的顾问、导师或 KPO，必须有充分的知识和能力应对各类改善周主题、任务、目标和范围，进行工作流程设计。

第 9 章 三种类型的改善周

> 根据任务大小、范围和重要性，改善周大致可以分为标准改善周、小型改善周、焦点改善三类，各有侧重点，都是改善周的重要组成部分。

一般来讲，一个完整的常规改善周是五天，在现实中，可以根据任务的大小来调整改善周的实施天数。根据改善周的实施天数，我们可以大致把改善周分为三类：

【第1类】标准改善周（Normal Kaizen）
完整的5天团队改善，关注于整体或系统的流程变革和改善。

【第2类】小型改善周（Mini-Kaizen）
2~3天的团队改善，关注于局部的小范围流程优化和改善。

【第3类】焦点改善（Point Kaizen）
1~2小时的团队改善，关注于具体工序的重点问题和重点改善。

这三种改善的关系如图9-1所示：

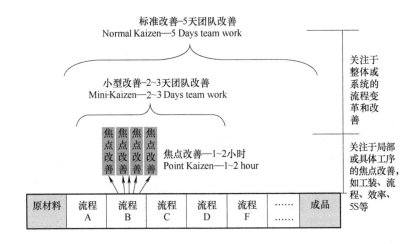

图9-1 三种改善周的关注点

一、标准改善周

标准的 5 天改善周一般会持续 4 到 5 天,甚至 6 天。如果企业工作时间允许的话,改善周天数延伸到 6 天,那样的改善成果会更加理想,毕竟,一批团队成员多一天的专职工作,能增加很多有价值的改善。

5 天的标准改善周关注于较大的范围、整体的区域、系统性的改善以及具有挑战性的目标,是公司发展的一部分,必须符合公司长期发展策略和使命。

因此,5 天的标准改善周实施项目必须与公司高层、改善区域发起人和 KPO 达成一致意见。

外部专业顾问或 KPO 将做详细的前期策划和改善周的系统培训,改善过程必须严格遵循改善周五天的流程要求。

二、小型改善周

小型改善周一般持续 2 到 3 天。

改善目标和范围相对较小,同样,小型改善周也是公司发展所必需的改善项目。

也需要 KPO 和区域发起人的支持,需要对改善参与者做简短的培训。

KPO 需参与改善。

三、焦点改善

焦点改善一般要花费 2 个小时左右,不在公司总体计划中。

焦点改善的任务来源于日常改善、异常管理、在线改善公报、工装夹具、作业优化、5S 等,不需要特别的培训和后勤准备。

焦点改善一般是由拉长或主管主导。

三种改善周类型的对比见表 9-1。

表 9-1 三种改善类型的比较

改善类型	标准改善周	小型改善周	焦点改善
英文描述	Normal Kaizen	Mini Kaizen	Point Kaizen
持续时间	4~6 天	2~3 天	1~2 小时
对象范围	战略性方向,整体流程	局部的流程	工序或岗位
改善内容	改善周的所有主题:JIT、SMED、TPM、VSM、OEE 等	改善周的所有主题:JIT、TPM、OEE 等	工序焦点问题:流程异常、工装、作业方法等
改善目标	较大	较小	一般不设具体目标

（续）

改善类型	标准改善周	小型改善周	焦点改善
外部顾问	有必要	不需要	不需要
高层决策	需要公司高层及区域负责人沟通	只需要与区域负责人沟通	不需要
主导人	公司高层或KPO	KPO	主管或班组长
改善周数量要求	制订年度计划	一般是标准改善周的2~3倍	不限
团队成员	10~16人	5~8人	不限
改善周流程	严格执行5天标准流程	遵循改善周流程，部分流程可简化或省略	不需要
培训要求	1天系统培训	2~3小时培训	不需要

第 10 章　改善周的实施范围和主题

> 改善周是万能的吗？从改善组织模式来看，改善周适用于所有的改善。但是，无论何种改善周，关键是企业的改善周导师或 KPO 要围绕改善主题、目标和改善范围，选择合适的改善工具和方法，设计有逻辑的工作流程，并且制定严谨的日程表，带领团队有序地实施改善活动。

改善周是一种聚焦的改善模式，每一次改善周致力于确定好的某一个主题来进行改善，那么，改善周可以实施哪些主题的改善呢？

可以肯定地说，所有的改善任务都可以以改善周的方式来进行！

下面，为大家提供一些常规的改善周主题。

1. VSM 价值流改善周

VSM 价值流改善周，由专业顾问或 KPO 辅导改善周团队，绘制企业当前 VSM 价值流图，利用独创的降龙十八掌，识别价值流改善机会，设计未来的理想价值图，制订企业价值流改善项目计划（图 10-1）。

图 10-1　VSM 价值流改善周

VSM 价值流改善周是企业在导入精益的初期和阶段性的改善策划时的重要方式。

2. JIT 准时化现场改善周

组织跨部门全职改善团队，通过时间观测、连续流作业、产线平衡、动作经济原则等改善工具，对车间布局、工装治具、人机配合进行快速改善，突破效率瓶颈，在第 5 天实现提效 30%、不合格品减少 55%（图 10-2）。

图 10-2　JIT 改善周

JIT 准时化改善周是大部分企业最迫切的改善主题，也是工厂中最能快速见到效益并且能被企业复制推广的改善周。

3. 精益工厂布局改善周

专业顾问或 KPO 全程指导改善周团队，对产线设计、工艺路线、仓储系统、物流动线、车间布局、工厂规划进行全面设计，结合新工艺、新技术和新流程，打造行业领先的标杆工厂（图 10-3）。

图 10-3　工厂布局改善周

工厂搬迁或新工厂建设之前，实施布局改善周进行先期的精益化设计，是现代工厂非常必要的。

4. Jidoka 自働化改善周

通过精益改善，建立连续流，按节拍生产。精益自働化改善周的目标是配合产线节拍，从 Jidoka 自働化层面来优化连续流，减少人员作业、取放、传递与判断等浪费，实现人机分离；结合 LCIA 简便自働化、快速切换、防呆等技术，实现柔性生产，通过目视化、信息化、异常响应等技术的应用，保障连续流正常运行（图 10-4）。

5. TPM 全员设备维护改善周

由 TPM 专业顾问或 KPO 全程辅导，导入 TPM（全员生产维护）、自主保养、专业保养、一点通等概念与工具，彻底消除设备危险源和污染源，建立

图 10-4 Jidoka 自働化改善周

点检体系，实现自主保养，故障率降低 15%，OEE 提高 2%（图 10-5）。

图 10-5 TPM 改善周

6. OEE 设备综合效率改善周

由专业顾问或 KPO 辅导，建立 OEE 设备综合效率数据采集和评价体系，采用改善周模式，对影响 OEE 的停机损失、性能损失、品质损失三大要素进行全面分析，实施快速改善行动，OEE 提高 15% 以上（图 10-6）。

图 10-6 OEE 改善周

TPM 改善周与 OEE 改善可以单独进行，也可以同步进行，改善周的 KPO

需要从技术和需求上进行先期的策划。

7. SMED/QCO 快速切换改善周

专业顾问或 KPO 全程指导，导入快速换模四步法，通过区分内外部活动、内部活动转外部活动、理顺内部活动、理顺外部活动等步骤，优化产品切换流程，快速减少换模时间和消除浪费，第 5 天实现产品切换时间缩短 40% 以上（图 10-7）。

图 10-7　SMED 改善周

8. POKA-YOKE 防错技术改善周

专业顾问或 KPO 辅导改善周团队，识别流程中的易错环节，分析错误的根本原因，采取防错解决措施，从源头上预防问题的发生，实现流程的差错率为 0（图 10-8）。

图 10-8　POKA-YOKE 改善周

9. 品质改善周

专业顾问或 KPO 辅导改善周团队，通过数据收集、现场调研、流程分析、QC 手法、六西格玛质量改善工具，快速锁定主要原因并予以改善，降低产品不良率 25%（图 10-9）。

第 10 章 改善周的实施范围和主题

图 10-9　品质改善周

10. 物料配送改善周

专业顾问或 KPO 带队,组织企业改善团队,综合应用 P-R 分析、物流路线分析、超市运作、配送路径等精益工具,重新设计和优化工厂物流和配送,在一周内实现物料齐套上线,减少配送人员 35%,提高物料齐套率(图 10-10)。

图 10-10　物料配送改善周

11. 6S 现场改善周

由专业顾问或 KPO 带领改善周团队,在一周之内,对改善区域实施快速的整理、整顿及清扫改善活动,快速打造 6S 标杆现场,建立现场 6S 标准(图 10-11)。

6S 现场改善周和 VM 目视化改善周可以单独进行,也可以合并进行,由 KPO 先期根据改善的目标进行策划。

12. VM 目视化管理改善周

专业顾问或 KPO 全程现场指导,在对改善区域快速实施现场 3S 改善的基础上,导入目视化工具,围绕基础化、可视化、靓丽化、精益化、标杆化展开快速改善,第 5 天即可实现样板区域焕然一新,目视化评分由 1.5 分提升至 3 分(图 10-12)。

图 10-11　6S 改善周

图 10-12　目视化改善周

13. RS 流程标准化改善周

RS 为 Routing Standardization 缩写,即流程标准化。专业顾问或 KPO 辅导改善周团队,实施 PQ 和工艺路径 PR 分析,对产品或零件进行分类,利用 ECRS,简化工艺路径,优化工艺技术,改善设备一致性,产品结构与功能设计改善,一周内,实现产品族流程标准化程度提高 30% 以上(图 10-13)。

图 10-13　RS 流程标准化改善周

14. Pull 拉动/Kanban 改善周

专业顾问或 KPO 辅导改善周团队，针对不能创建连续流的环节，按照 JIT 拉动的原则，制定看板拉动或 FIFO 先进先出，建立物料超市，设计拉动模式以及看板运作的流程，在改善周第五天即可完成拉动模式建设，降低库存 45% 以上（图 10-14）。

图 10-14　看板拉动改善周

15. Inventory 库存改善周

专业顾问或 KPO 指导改善周团队，对改善对象的库存量进行定义、测量、分析和改善，针对不同类型的库存采取对应的措施，同时，优化库存管理，按照精益的原则和方法，消除库存产生的根源，通过一周的改善，将库存降低 40% 以上、空间节省 50% 以上（图 10-15）。

图 10-15　库存改善周

16. PMC 生产计划/均衡生产改善周

精益专家指导改善周团队，应用精益技术，改善从接单到交付的信息流与物料流，梳理生产计划、物控流程与管理模式，完善计划与物控体系的基础管理要素，优化计划与生产的管控方法，提高物料配套性，实现均衡生产，LT 缩短 30% 以上，计划准交率提高 30% 以上（图 10-16）。

图 10-16 PMC 改善周

17. DLS 精益西格玛设计改善周

DLS（Design For LeanSigma）精益西格玛设计。精益专家或 KPO 指导改善周团队，综合利用精益西格玛的理念、工具和技术，快速梳理产品开发与设计，从客户呼声、概念开发、产品设计、生产准备到生产试制的全流程工作方法，形成新的运作流程，将设计的效率提高 30% 以上，周期缩短 35% 以上（图 10-17）。

图 10-17 精益设计改善周

18. BPK 业务流程改善周

BPK（Business Process Kaizen）业务流程改善，有些企业称 Lean Office。精益专家全程指导，应用业务流程改善工具，帮助客户对业务流程从时间、空间和资源上进行改善，提高流程效率，减少办公浪费，提高运营绩效，可提升办公效率 30% 以上（图 10-18）。

19. MDI 每日改善管理改善周（或日常改善管理）

MDI（Managing by Daily Improvement）每日改善管理改善周，通过 MDI 改善周，团队成员学习日常持续改善所需要的工具与技术，以保证所在部门实施并维持改善活动（图 10-19）。

20. KPO 改善周教练/改善执行官训练周

KPO（Kaizen Promotion Officer）改善推进执行官，由资深改善周顾问指

第 10 章 改善周的实施范围和主题

图 10-18 BPK 业务流程改善周

图 10-19 MDI 改善周

导，对严格筛选出来的 KPO，通过一周的实践型训练，使学员全面深入学习精益理念、工具和方法，掌握改善周的思路、流程和方法，有效地对改善周进行计划、组织、开展和维持。通过实践，KPO 将知识转化成技能，成为企业内部合格的改善专家（KPO）（图 10-20）。

图 10-20 KPO 训练营

第 11 章 改善周可预期的突破性改善效果

> 一个复合型的团队，一周专职的改善，我们完全不必去担心改善周是否能获得好的改善效果，无论是定量改善还是定性提升，或者是 PQCDSM 综合评价，都是可测量可感知的。同时，切记不要过度关注财务收益的评价。

改善周可预期的突破性效果无疑是非常明显而且是可测量可感知的，我们可以从定量和定性两个维度来评价改善的效果。

对于量化的效果评价，一般来讲，根据不同的改善项目和主题，一个改善周可期待获得以下可量化的效果：

① 生产效率提高 30% 以上；
② 行政办公效率提高 50% 以上；
③ 库存降低 30% 以上；
④ 交货周期或生产周期缩短 30% 以上；
⑤ 场地空间节约 30% 以上；
⑥ 产品切换时间减少 30% 以上；
⑦ 设备效率 OEE 提高 20% 以上；
⑧ 5S/目视化评价提高 50% 以上；
⑨ 品质不良降低 20% 以上；
……

任何一个改善周，我们也可从 P—效率、Q—品质、C—成本、D—交期、S—安全、M—士气等六大维度来展开定量或定性的评价。

如何对一个改善周的量化效果进行总体评价呢？下面以 JIT 现场改善和 BPK 业务流程优化为例说明。

一、JIT 现场改善周的改善效果评价（表 11-1）

表 11-1　JIT 改善周效果评价

改善结果量度指标	改善前	改善目标	实际成果	改善幅度
操作工（人/班）	28	22	20	减少 28%
操作总工时/s	1678	减少 30%	1090	减少 35%
产量/(件/天)	252	提升至 300	301	增加 19%
产能/[件/(天·人)]	9	提升 30%	15	提升 66%
在制品库存量	439	降低 50%	210	降低 52%
占地/m^2	485	降低 40%	230	节省 53%
生产周期/h	32	缩短 30%	21	缩短 34%
安全性评价/分	4	提升至 5	7	提高 75%
现场 5S 评价/分	3	提升至 5	6.5	提高 116%

当然，以上的量化改善效果均可以尝试着转化成财务收益的评价，需要财务部门的适当参与。

二、BPK 行政办公业务流程改善周的效果评价（表 11-2）

表 11-2　BPK 改善周效果评价

改善结果量度指标	改善前	实际成果	改善比例
延迟处理次数	29	4	86%
交接次数	29	5	83%
增值步骤数	3	3	不变
非增值步骤数	94	32	66%
生产力（订单数/天/人员数量）	3.95	5.53	40%
运作周期（从收单至发放给计划部门）	8h	2h	75%
正在处理的工作 WIP	34	14	59%
有图纸的行走距离	3071m	874m	68%
无图纸的行走距离	2448m	251m	90%
作业周期时间	51min35s	31min15s	40%

相对于 JIT 现场改善周，BPK 业务流程周的财务收益评价相对单一，但也可以从各种指标改善中得到财务收益的机会，比如生产力的提高、流程优化后办公费用的降低等。

有益提示

即使财务评价是可能的,但我们并不倡导过度地追求财务收益。过度关注财务收益可能影响改善的本质从务实转向务虚,误导改善文化的健康发展。我们在关注改善效果评价的同时,应该更多地关注如何使改善周模式形成一种企业的改善文化。

第3篇 如何策划和筹备改善周活动

没有周密的策划和准备，再好的模式也是白搭

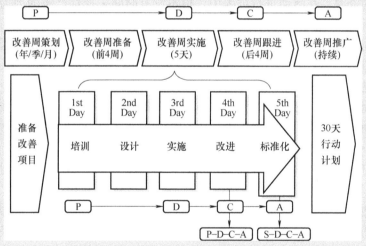

千万不要因为糟糕的策划和准备毁了一个改善周。不打无准备之仗。本篇将系统介绍改善周前期策划、组织建设和工作准备的关键要素，作为精益改善周的组织者，必须精通本篇的要点。

第 12 章　前期不得不说的几个关键问题

> 改善活动需要周密的规划,在改善活动中出现的许多问题都可以归咎于无效的规划,因此可通过前期充分的规划来避免这些问题,特别是一些可能会涉及员工岗位或就业的顾虑。

尽管改善周活动期间的重点在于高效的行动,但是改善周活动事前应通过一些预见性的规划避免一些风险的出现。改善周活动需要在较短时间内一次性投入大量的资源,在活动进行过程中,根本没有时间去挽救严重的因为前期规划错误所带来的损失或者获得大量额外的、规划外的资源。

即使改善周进程中某些不确定因素无法预测,我们的前期规划可能会因此受到影响。但是,在改善活动中出现的许多问题都可以归咎于无效的规划,因此它们应该是可通过前期充分的规划来避免的。

筹备改善周活动时,必须处理好一些重要的关键问题,这些问题主要涉及活动前、活动中与活动后相关人士所发生的变化。

【关键问题一】劳动保障和不解雇政策

有些员工可能担心改善会影响其工作岗位,因而可能会消极参与或阻碍改善。

必须清楚地传达给大家:改善不会涉及裁员!任何正式的全职员工不会因为改善活动的效率提高而被裁员或强制解雇。相反,员工可能有机会在经过改善后舒适的环境下工作。这个政策应该由公司改善区域的权威高管或HR部门做出明确承诺,一旦做出承诺,则必须履行诺言。

前期如果能有效地执行此策略可以消除员工在改善初期的一些顾虑。当然,即使是改善的结果可能导致部分员工的工作内容或岗位发生变化,我们也要让员工们看到公司将通过再培训或再分配的方式提供其他合适工作机会。

有益提示

尽管改善遵循不裁员政策,但表现不佳或者失职的员工,应当不受到此政策的保护。

【关键问题二】富余员工的处理

精益改善不可避免地会产生一些富余的工作或员工（图 12-1），这些员工可能会感到迷惘或焦虑，对这种情况进行有效规划和妥善安排是必要的。

现在的企业普遍缺少员工，有时候，A 车间通过改善而富余的人员可能会受到该车间负责人的"保护"，他们没有被转到其他需要的车间，而以另一种隐形的"需求"造成另一种浪费，比如，A 车间可能把这些人随便安排一些零散的工作，虽然改善区域的生产线获得了效率的提升，但对整个车间来讲，不仅没有提升，还产生了另一些低效的工作，这是要绝对小心的一种陷阱。

> **有益提示**
> 对整个工厂来讲，这些通过改善产生的富余员工并不一定是真正的富余，要避免所谓的富余变成另外一种隐形的真浪费。

即使需要工作的调整与再分配，但是如果只是草率地将员工再分配到新部门或新岗位不一定是合适的做法，因为这样并不能充分地保留他们掌握的技术和技能。应该尽可能把富余员工在原来岗位的技能与经验保留下来，而不是简单进行离职或转移处理。

某企业实施改善周，第四天晚上，晚班的员工来上班时，发现自己的岗位通过改善之后被"富余"了

图 12-1　改善富余的员工

【关键问题三】帮助员工应对改变

改善活动的成功与否大多取决于小组成员在活动中与员工之间的互动，来自这两个群体中的人员需具备良好的人际交往能力及快速适应新环境的能力。

尽可能提供一些关于组织架构调整、汇报结构变化、人际关系沟通及适应能力这方面的教育、培训和指导，没有这些技能，持续改进的机会可能受到限制。

第 13 章 改善周项目来源的确定

> 选好改善周主题才有好的改善周。要从外部需求、企业战略、KPI 管理需求、价值流分析、精益技术主线以及日常管理等多方面来策划改善周的主题。

即使改善周适用于所有的改善任务,我们也不能无的放矢地随便做改善周,需要有系统的策划改善周的主题。

如何发现、选择和策划改善周的实施主题和课题?我们首先需要一种强烈的问题意识和改善意识,从高管到基层的每一个层级的人员,都要带着"问题即课题,需求即机会"的意识,任何时候都不满足于现状,不断主动地审视自己的工作,观察并捕捉 VOC 客户需求、公司战略、流程运作及日常工作中的细节变化,不管变化多小,其中总蕴藏着问题和课题的契机。同时,能够在脑海中描绘一个"理想的目标状态",将"当前状态"与"理想状态"的差距识别出来,把问题显现化,再转化成改善的诉求和动机,继而形成改善周的实施计划。

改善周的项目来源总体工作模型如图 13-1 所示。

在策划改善周的课题来源时,需要考虑以下原则和选择因素:
① 能响应客户呼声与市场诉求。
② 符合企业愿景、公司战略及工厂发展规划。
③ 解决管理者当下或未来的痛点和管理要素。
④ 产品价值流具有代表性,对整体价值流的持续改进有帮助。
⑤ 确保在一周内,大部分改善行动能够得到快速实施。
⑥ 改善完毕后,能带来 PQCDS 或运营指标的明显改善。
⑦ 从改善周准备到"30 天行动计划",能够在 3 个月内完成。
⑧ 流程现状与理想之间,有较大的改善空间。
⑨ 改善周团队能够满足一周的全职工作。
⑩ 区域负责人对改善有强烈意愿。
⑪ 改善周得到高层领导及区域总负责人的同意和支持。
⑫ 尽量不涉及大的投资。
⑬ 能够设定清晰的范围、指标以及有挑战性的目标。

第13章 改善周项目来源的确定

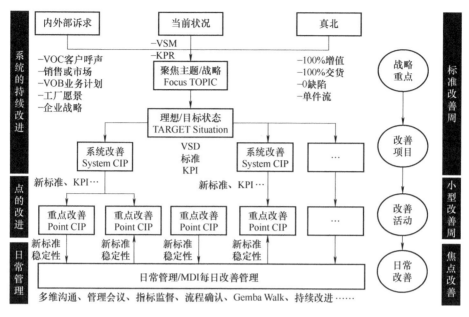

图 13-1 改善周项目来源

⑭ 若有外部顾问，需与外部顾问沟通。

⑮ 一旦改善周取得成功，具有里程碑意义或借鉴价值。

在进行改善周主题和范围选择时可以根据企业不同的管理重点进行评价，基于对各种要素的综合评价做优先性考虑，见表 13-1。

表 13-1 改善周选择评价表

	评价要素	是否必要条件		改善周主题或选择区域			
		必要	参考	A	B	C	……
1	能响应客户呼声与市场诉求	✓					
2	符合企业愿景、公司战略及工厂发展规划	✓					
3	解决管理者当下或未来的痛点和管理要素	✓					
4	产品价值流具有代表性，对整体价值流的持续改进有帮助	✓					
5	确保在一周内，大部分改善行动能够得到快速实施	✓					
6	改善完毕后，能带来 QCD 或运营指标的明显改善		✓				
7	从改善周准备到"30 天行动计划"，能够在 3 个月内完成		✓				

(续)

评价要素		是否必要条件		改善周主题或选择区域			
序号	内容	必要	参考	A	B	C	……
8	流程现状与理想之间，有较大的改善空间		✓				
9	改善周团队能够满足一周的全职工作	✓					
10	区域负责人对改善有强烈意愿	✓					
11	改善周得到高层领导及区域总负责人的同意和支持	✓					
12	尽量不涉及大的投资		✓				
13	能够设定清晰的范围、指标以及挑战性的目标		✓				
14	一旦改善周取得成功，具有一定的里程碑式意义或借鉴价值		✓				
15	若有外部顾问，需与外部顾问老师沟通	✓					

注：
1. 从 0~5 分进行打分。
2. 强符合（5分），较符合（4分），符合（3分），弱符合（1~2分），不符合（0分）。
3. 必要条件和非必要条件可设定不同的权重，根据企业具体情况而定。

一般来讲，可以从外部需求、内部战略、管理 KPI、价值主线、技术主题、日常管理六方面来识别改善的需求。

【改善周项目来源一】外部需求

企业外部，尤其是客户的呼声（VOC）是改善周来源的首要需求。很多行业的终端客户都会拉动或推动上游企业实施精益改善，比如阿迪达斯、宜家等，在改善目标、改善模式方面对供应链企业或上游企业提出具体的需求，也可能直接安排专家或顾问对企业进行辅导。

【改善周项目来源二】内部战略

根据企业的愿景、使命、战略方针和阶段性目标，引出精益改善的潜在改善需求，通过对改善需求的梳理和优先级定义，识别出改善周的课题。比如，某企业的远景是"建立全面流动生产模式"，那么，如何"建立全面流动生产模式"呢？企业需要围绕这个远景制订战略性的精益计划，继而才可以识别出改善周的需求。

【改善周项目来源三】管理 KPI

各组织或部门的管理绩效 KPI 目标是改善周既重要又直接的来源之一，如图 13-2 所示。比如生产部的 KPI 之一是整个工厂的效率提高 15%，这个 KPI 进一步分解到各车间和产线，如何提高这些产线的生产效率呢？无疑，改善周是最好的工具之一!

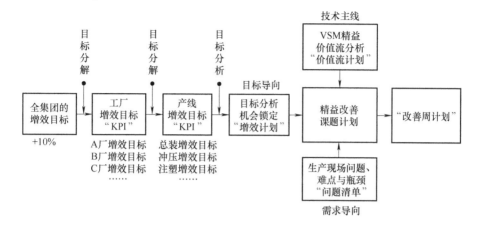

图 13-2　KPI 导向的改善周课题

【改善周项目来源四】价值主线

从精益专家的角度出发,以价值流为主线,是改善周来源的直接途径,如图 13-3 所示。通过 VSM 价值流分析和 VSD 价值流设计,制订"价值流改善计划",该"价值流改善计划"中的各个改善课题,可以选择改善周的方式,也可以选择改善周之外的其他方式。

【改善周项目来源五】技术主题

如果你是一个熟练的 KPO,如果你了解那些常规的改善周主题,我们完全可以换一个方向,从改善周的技术主题来寻找改善周的来源。比如,我们可以从下面 20 个常规改善周清单中,根据企业精益的总体规划,确定实施什么主题的改善周,见表 13-2。

表 13-2　技术导向的改善周

1. VSM 价值流设计改善周	11. VM 目视管理改善周
2. JIT 准时生产现场改善周	12. RS 流程标准化改善周
3. Jidoka 自働化改善周	13. Pull 拉动/Kanban 改善周
4. TPM 全员设备维护改善周	14. Inventory 库存改善周
5. OEE 设备综合效力改善周	15. 均衡生产/PMC 改善周
6. SMED 快速换模改善周	16. DLS 精益西格玛设计改善周
7. Poke-Yoke 防错技术改善周	17. LVC 精益价值链改善周
8. 品质现场改善周	18. BPK 业务流程改善周
9. 物流配送改善周	19. MDI 日常改善管理改善周
10. 6S 现场改善周	20. KPOW 改善周执行官训练周

一旦确定了改善周的主题,那么,改善周来源就剩下选择改善周范围的

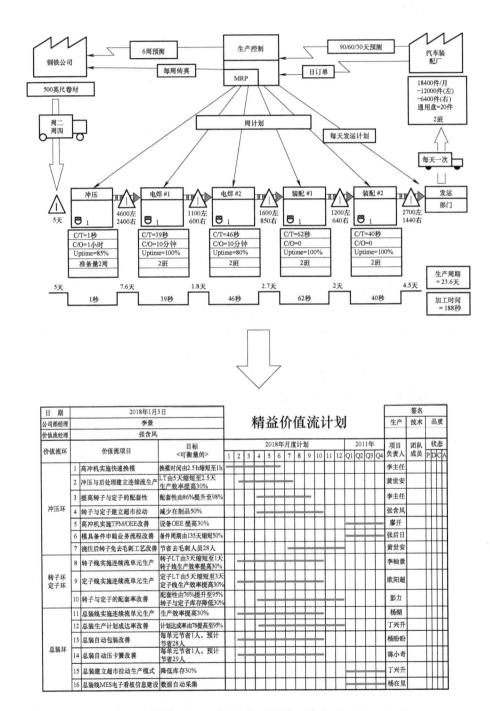

图 13-3 价值流导向的改善周课题

事情了。

【改善周项目来源六】日常管理

在日常管理工作中,通过现场异常识别、多维沟通、管理会议、指标评审、流程确认、标准稽核、Gemba Walk、头脑风暴等日常的管理工作,识别各种问题和改善需求,产生持续改善的计划,而这些改善计划中的任务,可以选择作为改善周的来源。

在改善基础较弱的企业,识别改善周的来源并不难,随着改善的深入,价值流的浪费和机会逐渐变得不那么显性,这时需要 KPO 不断地提高改善周课题的意识和策划能力并且制作"改善周项目登记表"(表 13-3)。

表 13-3 改善周项目登记表

改善周项目登记表	
改善项目名称:	
问题描述:	
改善目标:	
改善范围:包括(区域、产品、流程):	不包括(区域、产品、流程、外协供应商):
项目预期效果:	
改善区域/位置:	
基准1:	第一目标:
基准2:	次要目标:
开始日期:	估计结束日期:
项目发起人:	
改善小组长:	辅导老师:
流程负责人　　签名:	
区域经理　　签名:	

第 14 章　做好改善周，组织要先行

> 做好改善，组织先行！改善周的成功有赖于好的组织，每一个改善周除了要清晰地界定改善周倡导人、总协调人和组长之外，还需要一个优秀的专家、导师来指导活动实施。

一个有力的改善组织对于改善周的开展是至关重要的！没有组织保障的改善周如同军队没有指挥一样，打不了持久的胜仗。

本书中，KPO 指两层意思，一是改善推进办公室（Kaizen Promotion Office），二是改善推行执行官（Kaizen Promotion Officer），在本书的其他章节中，大部分情况下，KPO 是后者的意思。

在图 14-1 的运作组织模型中，改善推进办公室（KPO）与其他几个组织的关系是非常密切的，具体作用关系见表 14-1。

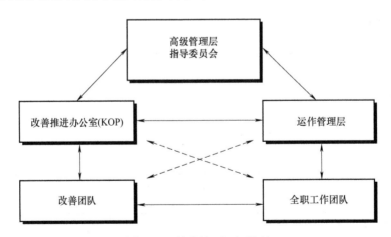

图 14-1　精益管理组织模型

在改善周的组织模型中，有几个至关重要的角色，包括倡导者、总协调人、组长、改善周导师等，他们的工作关系架构如图 14-2 所示。

改善周组织模型中，各角色都起着不同的作用，见表 14-2。

表 14-1　KPO 与各组织的关系

KPO 与指导委员会的关系	KPO 与运作管理层的关系	KPO 与改善团队和工作团队关系
◆ 紧跟业务目标 ◆ 制定精益生产系统愿景 ◆ 监测结果 　（计划与评审，月度会议） ◆ 解决困难 　（计划与评审，月度会议） ◆ 关注价值链（VCM） ◆ 6～12 个月的活动计划 　（计划与评审） ◆ 监督精益活动	◆ 熟悉运作流程 ◆ 了解事项优先次序 ◆ 提供资源上的帮助 ◆ 协助培养主管 　（例如 MDI） ◆ 评估 SQDC 量度指标 ◆ 承担内部顾问的角色 ◆ 培训或参与解决问题技巧 ◆ 促进沟通与推广	◆ 第一天的培训与技能开发 ◆ 参与、支持改善方案的制定、优化与评审 ◆ 活动的计划（范围、目标、团队、发起人） ◆ 活动的跟进和维持 　（比如《30 天跟进活动》） ◆ 沟通与推广

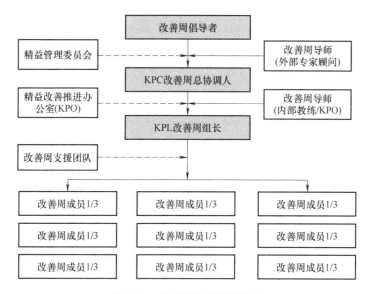

图 14-2　改善周各组织的关系

表 14-2　改善组织不同角色的职能

序号	角　色	职　位	职　责
1	改善周倡导者	一般是企业高管	早期认知改善周的领导，在企业内部提出并导入改善周模式
2	改善周总协调人	一般是集团或公司精益办的负责人	对改善周总体策划和管控，制订改善周主题、范围和计划，对全过程负责
3	改善周组长	一般是工厂 KPO 或改善区域负责人	负责改善周的准备工作，带领团队完成改善周活动，对当次改善周负责

（续）

序号	角色	职位	职责
4	改善周成员	按1/3原则构建的全职改善周人员	配合改善周教练和组长的指导与安排，高效实施改善任务
5	外部专家顾问	一般是专门聘请的外部专家	从策划、准备到实施，为改善周提供技术支持
6	内部教练/KPO	企业内部的改善周专家或教练	从策划、准备到实施，为改善周提供技术支持

第 15 章 好的精益倡导者是成功的一半

> 在理想的情况下，精益倡导者是企业中兼高管、专家与导师于一身的人。精益倡导者对从导入、策划、准备到实施的全过程负责任，是企业精益成功的关键人物，好的精益倡导者是改善周成功的一半！

倡导者（Sponsor 或 Champion）是指对于某种行为、活动发起意见或建议，并且参与或协助人们从事这一行为的人。

精益倡导者在企业中先期发起精益改善活动的意见，主导精益项目导入，参与企业精益组织建设，协助组织人员推进精益改善的人，也可称之为项目发起人。通常，精益倡导者是企业中高层管理者，在某种程度上，精益倡导者对精益的成功导入和推进效果负责。**在理想的情况下，精益倡导者是企业中兼高管、专家、导师一身的人，是推动改革的领导人。**

精益倡导者在初期导入改善周模式，其作用非常重要。

首先，企业内部的人一般对改善周缺乏认知，倡导者需要先期认知、了解或精通改善模式。倡导者一方面要向管理团队展示改善周的运作模式和突破性效果，另一方面也要综合评估改善周对企业的适合性，包括企业文化、经营预算等。

其次，在导入改善周的同时，精益倡导者要对改善的实施方式进行策划，是内部自主实施，还是聘请专家顾问指导？选择一个好的改善周顾问或导师，基本上决定了改善是否可以成功。

在改善周导入的初期，倡导者需要负责改善周项目的策划和准备，包括识别改善周活动的主题、范围和目标，以及改善周组长和团队成员进行筛选和把关。特别是作为企业的第一个改善周导入，倡导者必须有能力选择一个合适的、确保成功的改善周主题和范围。

在改善周实施的过程中，精益倡导者需要识别改善活动所需的支援，包括内部支援和外部支援，充当资源提供者的角色，解决活动前后的关键障碍，特别是跨部门间的高层潜在阻力。

一般来讲，精益倡导者要负责改善周活动的启动仪式和闭幕讲话，参加改善团队队长会议。

  作为改善周项目的发起人和倡导人，通常都是企业管理团队的重要成员，要保证改善周活动的成功。

  毫不夸张地说，好的倡导者，是改善周成功的一半。

第 16 章　好的改善周总协调人可以使企业如虎添翼

> 再好的战略或创新需求都要有合适的人来承接和落地实施，改善周总协调人如同电影的制片人，对改善周进行总体策划和过程管控，对改善周的全过程和项目结果负责。得到一个好的改善周总协调人对改善周可以说是如虎添翼！

在改善周的组织关键人员中，**如果说，精益倡导者相当于电影拍摄的投资人（或出品人），那么，改善周总协调人相当于电影制片人，而专家顾问相当于电影的导演**。制片人是代表出品人负责具体的电影项目策划、生产、发行等一系列经营活动的负责人，是影片生产的主持者、投资者或其代理人，是决定一个项目成败的关键人物。从寻找适合的剧本开始，之后确认导演、主要的演员以及其他的工作人员，接着去找投资人或者电影公司，随后才能开始拍摄影视剧。发掘了剧本，对影视剧做了初步的构想，提供了影视开发和制作的环境和资源，甚至是选择导演。

作为改善周的总协调人，对改善周进行总体策划和过程管控，对改善周实施的全过程负责，其主要职责包括：

- ❖ 管理公司 VCM 价值链和改善日历。
- ❖ 帮助公司以最有效的方式实施精益原理和使用改善周工具。
- ❖ 选择 KPO、组长，并对改善周成员进行筛选和把关。
- ❖ 对改善周的年度计划、实施主题、范围与目标进行总体策划。
- ❖ 组织和跟进改善周组长做改善周的前期准备工作。
- ❖ 选择与协调必要的外部顾问提供技术支持。
- ❖ 必要的外部资源协调与支持。
- ❖ 必要的公司高层部门沟通与协调。
- ❖ 总体协调内部支援和资源保障。
- ❖ 改善活动的计划与评审。

改善周总协调人，对规模较大的集团公司来讲，可能是集团改善推进办公室的负责人，对集团下属子（分）公司的精益总体策划和协调。在某种情况下，改善周总协调人与改善周倡导者可能是重复的。对规模一般的企业，改善周总协调人也可能是公司或工厂改善推进办公室的负责人或 KPO。

从某种角度上来说，改善周总协调人不仅要做好公司改善周战略规划的落地，更要对每一个改善周的成功从前期策划准备到实施过程进行总体协调。倡导者可以看结果，总协调人还要管过程。

本书第 48 章将对改善周总协调人的工作进行深入阐述。

第 17 章 好的改善周导师是成功的另一半

> 对改善周而言，改善周导师如同电影的总导演，承担着培训老师、技术教练和活动导演三位一体的作用。改善周导师可以是外部聘请的专业顾问，也可能是内部训练的KPO。可以说，好的改善周导师是成功的另一半。

改善周导师（Facilitator，导师或引导师）是为改善周提供培训和辅导的专家，也可称之改善周教练（Coach）。在改善周的整个活动过程中，最为关键的角色就是改善周导师，他相当于拍电影的导演，是整个改善周的第一专家、总规划师和技术指导人，可以客观地说，好的改善周导师是成功的另一半！

改善周导师起着培训老师、技术教练、活动导演三位一体的关键作用，如图 17-1 所示。

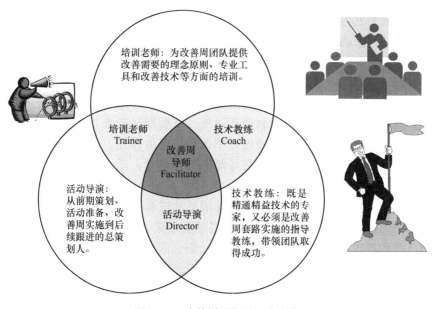

图 17-1　改善周导师的三个角色

改善周导师首先必须是一个实践经验丰富的改善资深专家或技术教练，非常熟悉改善周的流程和组织方法，他可能是外部聘请的专家顾问（Consultant），也可能是企业内部的 KPO 专家（Expert）。

改善周导师需要精通改善周的各种工具和方法，通过应用这些工具方法来识别流程中的问题和改善思路。即使当团队成员还没有形成任何改善想法时，一个理想的改善周导师也要能通过技术工具和分析方法的应用来引导团队找到问题点进行改善，并且最终达成改善目标，必要的时候，导师要能提供更优的解决方案！

无论是外部顾问还是内部 KPO，改善周导师必须有大量的改善周实践，需多次参加改善周的活动，能够独立开展改善周的各项活动。特别是，当某个改善周不是常规的改善周主题时，没有现有的改善周套路给大家直接借鉴，这种情况下，一个合格的导师必须能够根据改善的任务进行改善周工作流程、工具方法的逻辑设计，并且转化成结构性的每日工作任务，指导团队成员达成改善目标。

改善周导师需要能够处理活动过程中各种异常的情况，比如，JIT 改善周进行到第三天或第四天，发现初期设计的节拍（Takt Time）不合适，此时，一个优秀的导师应该能进行综合的评估，快速做出决策是否需要调整方案。另外，如果改善周进行到后期时，还不能达成改善的预期效果，那么，导师需要做出及时的补救措施。特别是在改善周团队遇到障碍或困难，士气不高的时候，改善周导师要能调动全队的激情和氛围。

作为改善周导师，其中的一个基本任务是为改善周团队提供相关的技术培训，一般是安排在改善周的第一天进行，便于团队在后期应用所学到的知识，确保快速完成项目。培训可以在改善周开始的第一天进行，也可以在改善周的进程中穿插相关的培训内容。当然，穿插在改善活动进程中的培训要尽量简短，毕竟团队成员需要花大量的时间去做现场的改善工作。

如果把改善周活动当成拍一场电影，那么，改善周导师就相当于电影导演。导演策划整个活动并且控制活动进展，从前期活动准备到最后活动改善效果实现，整个活动的所有事项处处都体现导师的作用。整个活动的计划需要导师来执行，活动如何进行需要导师来进行设计，活动后期的项目跟进也需要老师进一步引导。

作为改善周的导演，对于整个改善周活动进程的高效把控是导师的一个关键工作，改善周需要在短时间内达到想要效果，导演需要关注活动进度，改善周前期需要一个周密的改善周活动计划，活动进行过程中要根据情况来进一步调整计划，哪些工作内容是需要加班都要完成的；哪些工作内容虽然延期了但是没有关系，可以加到明天的日程中去，最后赶上整体进度。导演还要关注改善活动的效果走势，要时时评估，以现在这种方式可以达到最后的效果吗？如果不行或者有偏差，该如何及时进行调整？

　　作为改善周的教练，改善周导师一方面要清晰地指示改善团队改善的正确方向，使之更有效率和更快地达成目标；另一方面，改善周导师也要像化学催化剂一样，帮助团队快速行动。很多时候，企业内部的改善行动迟疑是因为内部人员难于突破原有的模式，而教练则可以站在第三方的角度来识别机会，并有效激励团队快速行动。

　　一个好的改善周导师对改善周的结果起着决定性的作用。可以说，好的改善周导师是成功的另一半，为了改善周的成功，企业应该谨慎选择好每一位改善周的导师！

第 18 章　专家顾问——外来的和尚会念经

> 外来的和尚会念经！好的精益倡导者是改善周成功的一半，而好的专家顾问则是改善周成功的另一半！一个理想的改善周顾问，至少必须亲自主导或辅导过 50 个以上改善周活动的实践专家！

精益变革及改善周实践的五个必要步骤：

精益变革第一步：找出一位推动改革的领导人。
精益变革第二步：找到一位专家或专业咨询机构。
精益变革第三步：通过抓住或创造危机在公司中激励新的行动。
精益变革第四步：为产品系列进行整体的 VSM 价值流分析。
精益变革第五步：找出重要环节，然后迅速消除浪费，在短期内取得令人感觉震撼的成果。

> **有益提示**
>
> 外来的和尚会念经，好的精益倡导者是改善周成功的一半，而好的专家顾问则是改善周成功的另一半！

精益倡导者或项目发起人下一步要考虑的是如何找到一位合适的专家或专业咨询机构，承担改善周导师（Facilitator）的角色，为整个改善周提供专业的培训和辅导，这是成功实施精益改善周的技术保障。

对于初次导入精益管理或改善周的企业，我们强烈建议一定要在专业的外部顾问和机构指导下开展改善周，不要轻易忽视外部专家的作用。也许某些企业内部的人可能之前在别的公司参加过改善周活动，认为自己对改善周有一些认知和经历，不需要外部专家顾问，这是非常冒险的做法。

外部专家顾问提供的不仅仅是技术支持和套路流程，更重要的是，外部顾问能带来不一样的推动效果。

外部专家主导或参与的成功因子主要体现在以下八大方面。

【成功因子一】外部顾问首先是精益的专家

专业顾问师在精益生产体系、IE 工业工程等改善体系、理念方法的认知是全面的，从精益战略到实施落地，从技术方法到组织文化，他可以从全面的视野和角度把握精益推进的技术思路，不至于偏离精益原则。并且，可以较好地为企业和改善团队传道解惑，这方面的能力往往是企业内部人员不能全面具备的。

【成功因子二】外部顾问必须是改善周的实践师

外部专家必须是从大量的改善周实践中成长起来的专业人士。他经历了企业的管理工作或部门工作，了解企业的运作流程；他亲自主导和组织过大量的改善周，熟悉改善周的规范流程和技术要素，不仅仅是提供一些理论上的培训。

【成功因子三】胜任好培训师的角色

作为专业的外部顾问，他不仅能够符合改善周培训师的要求，也能更好地在关键时刻调动团队的激情。企业的内部人员，在培训的综合能力、表达技巧等方面很难达到专业培训师的效果。

【成功因子四】改善周前期策划的作用

外部顾问能够更好地辅导企业做好前期的策划与准备工作，包括改善周主题选择的把关，改善范围的精准锁定等。

【成功因子五】改善周组织过程规范性

外部顾问能够确保改善周过程中严格执行规范的流程和技术方法。有时候，由企业内部人员指导改善周时，可能会觉得有些工作流程可要可不要，会有选择地执行部分改善周工作流程，比如，时间测量的确认检查、每日心得、每日 KPO 评审等，这些工作看似跟改善技术关系不大，但往往是改善周成功的系统保障。

【成功因子六】结果导向，对改善结果的负责度

外部顾问一方面是专家顾问，另一方面也是服务的供应商，他更加关注改善的成果，追求 100% 甚至超越企业的期望。很多时候，改善周有两怕：一怕标准低，二怕要求低！作为外部专家和供应商，相比内部人员有着先天的责任和压力。因为外部顾问与企业之间除了技术顾问职能之外，他们还有明确的商务压力，任何一个改善周的失误或失败，都可能导致商务合作的中断，继而影响自身的评价与口碑。

> 改善周一怕标准低，二怕要求低，与内部人员相比，外部顾问在这两点上有着先天的责任和压力、动力。

【成功因子七】改善过程的人格魅力和影响力

外部顾问的人格魅力和影响力显然是内部人员无法比拟的。一个优秀的外部顾问可以上通高层领导，下到基层现场，高层愿意接受外部顾问的建议

和要求。很多关键想法或提议，内部推不动的建议，通过外部顾问却在不经意间就轻松搞定了。

【成功因子八】企业内部的重视程度

如果改善周是由内部 KPO 负责的，可以想象的是，团队的组织纪律、部门协同可能比较松散，但如果是外部顾问辅导的话，整个企业的资源配合及重视程度会大幅提升。笔者之前在企业推进改善周时，如果某个改善周是由外部顾问辅导的，把这个信息发布至公司，公司及相关人员的积极性和重视度明显高出很多。

我们常常说，外来的和尚会念经！毫不夸张地说，一个好的外部专家顾问，是改善周成功的另一半。

当然，不排除有部分企业对顾问的使用方面有一些看法，或者曾经受过一些伤害。但总体上，我们认为那是少部分的个案，多数还是好的，不必过多纠结。

如何选择改善周专家顾问，本书不做过多描述，把握两个重要原则就行：

一是选择顾问老师本身比选择咨询机构更重要；

二是要选择亲自辅导或主导改善周数量在 50 个以上的实战经验丰富的专家顾问。

第 19 章 内部 KPO——改善周落地开花之本

> KPO 承担着精益改善推进办公室（改善办）负责人、改善技术骨干、改善周队长、改善周导师等多种复合型角色。拥有一批经过充分训练的优秀 KPO，才能保证改善周在企业普遍开花结果，并形成一种可持续的改善周文化。

KPO（改善推进执行官），是改善周开花落地真正意义上的执行者。在不同的条件下，KPO 的角色可能在改善办负责人、改善技术骨干、改善周队长、改善周引导师或教练之间切换，如图 19-1 所示。

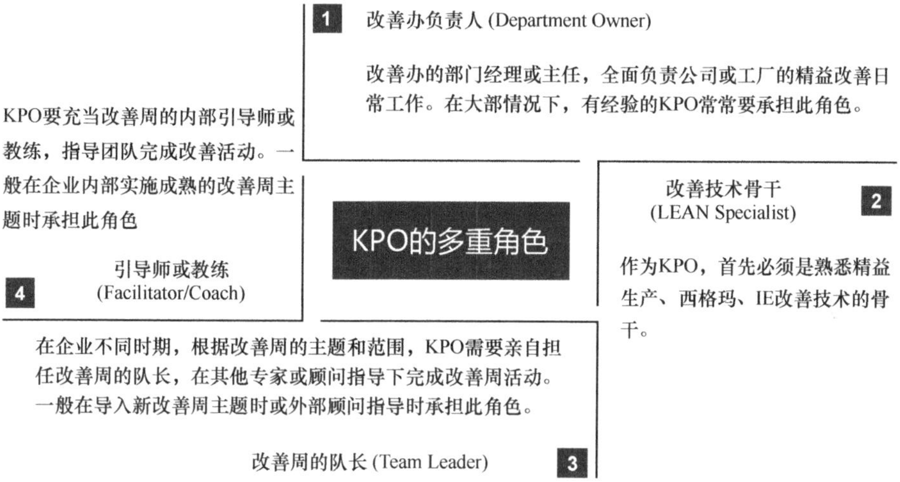

1 改善办负责人 (Department Owner)

改善办的部门经理或主任，全面负责公司或工厂的精益改善日常工作。在大部情况下，有经验的KPO常常要承担此角色。

2 改善技术骨干 (LEAN Specialist)

作为KPO，首先必须是熟悉精益生产、西格玛、IE改善技术的骨干。

3 改善周的队长 (Team Leader)

在企业不同时期，根据改善周的主题和范围，KPO需要亲自担任改善周的队长，在其他专家或顾问指导下完成改善活动。一般在导入新改善周主题时或外部顾问指导时承担此角色。

4 引导师或教练 (Facilitator/Coach)

KPO要充当改善周的内部引导师或教练，指导团队完成改善活动。一般在企业内部实施成熟的改善周主题时承担此角色

KPO的多重角色

图 19-1 KPO 的多重角色

由于 KPO 承担着复合型的角色和任务，需要清晰地描述 KPO 的关键职责，总体上来讲，KPO 的职责如下。

一、全面负责精益旅程的策划和协调

- ❖ 管理 VCM 价值链和改善日历。
- ❖ 帮助公司以最有效的方式实施精益西格玛原理和使用其工具。
- ❖ 监督和推动文化变革工作。

二、精益培训与技能开发

- 开发企业内部的精益培训教材。
- 进行第一天的改善培训工作。
- 协调全厂的精益培训。
- 主动积极提升自己的精益技能和经验。
- 评估员工的精益技能。

精益 KPO 技能标准详见表 19-1。

三、精益活动推广与沟通

- 负责新闻公报、宣传等工作。
- 组织推广活动（比如衬衣、帽子、徽章等）。
- 制作有关成功精益故事的视频或撰写相关的案例分析。
- 安排答谢午宴、晚宴或野餐。
- 组织竞赛活动，比如 5S 奖，最显著进步奖，最佳建议奖。
- 协调外部推广活动，比如供应商会议等。
- 确保管理层或发起人出席或参与改善活动（如启动会、报告评审）。
- 巡视工厂，协助管理，提出积极的优化方法（比如：5S 和 SQDC 改善法）。
- 设立持续改善宣传板，如 SQDC 目视管理板。
- 不断参考其他的示范工厂和标杆企业。

四、充当企业的内部顾问

- 利用模拟练习或同行范例，实施改善周第一天的培训工作。
- 成为精益西格玛原理的内部专家。
- 积极协助顾问和其他重要负责人或领导。
- 主持改善指导委员会会议。
- 组建、引导和跟进改善团队。
- 每年至少参加一次工厂/部门/公司外的改善活动。

> **有益提示**
>
> 千万不要安排未经过训练的 KPO 去承担改善周内部顾问（引导师）的角色，那会产生破坏性的影响！在此之前，必须接受"KPO 内部引导师"的训练。

- 阅读书籍与文章，参加各类研讨会，并与员工们分享。

第19章 内部KPO——改善周落地开花之本

表19-1 精益KPO技能标准

标准	层次	技能
工位设计物料补充	1	明白而且能够在第一天的培训课程里教授"装配"的内容
	2	进行了两次设计活动,根据精益原理进行工位设计,设计和实施"水蜘蛛"的标准化工作
	3	进行了四次设计活动,根据精益原理进行工位设计
	4	达到并能维持工位设计和作业目标。其团队能够不断改善工作环境
标准化工作	1	明白而且能够教授标准化工作布置图和标准化工作组合表的内容
	2	至少在三个部门完成了上述标准化工作组合表
	3	其团队能够对上述组合表进行有效的沟通,并得以维持
	4	对标准化工作中的异常问题提出相应措施
5S	1	明白5S的概念
	2	能够有效地实施5S原理。与团队开展过3～4次5S活动
	3	其团队能够在其参加过5S研讨班的部门坚持5S的标准。也能够维持好5S
	4	能够维持好5S
全员生产保养TPM	1	必须作为队员或队长参加过2～3次改善活动
	2	必须已经完成SKBIT或同等技能培训
	3	必须参加过2～3次TPM改善活动
	4	必须对TPM、西格玛基础、平均故障时间间隔有丰富的知识和深刻的了解
改善活动团队队长	1	必须作为团队队长参加过2～3次改善活动
	2	必须作为团队队长参加过5～6次改善活动
	3	必须作为团队队长参加过5次不同形式的改善活动(TPM、流线化/生产力、5S、SMED、2P、3P、精益西格玛、质量等)
	4	必须作为团队队长参加过8次不同形式的改善活动(TPM、流线化/生产力、5S、SMED、2P、3P、精益西格玛、质量等)
改善活动后的领导	1	必须成功地完成了2～3次改善项目的30天跟进活动,并将领导权移交给了被改善部门的团队队长
	2	必须成功地完成了5～6次改善项目的30天跟进活动,并将领导权移交给了被改善部门的团队队长
	3	必须成功地完成了11～12次改善项目的30天跟进活动,并将领导权移交给了被改善部门的团队队长
	4	必须成功地完成了15次或以上改善项目的30天跟进活动,并将领导权移交给了被改善部门的团队队长
改善活动前的准备	1	坚持准备工作的标准清单
	2	能够进行改善活动
	3	知道搞好改善工作的要求。已经为5次改善活动做过准备工作
	4	已经为8次改善活动做过准备工作
第一天改善活动	1	必须至少进行过5次第一天的培训工作。举办过2次全球生产系统研讨班
	2	透彻了解第一天的培训教材,并有效进行培训工作。举办过4次全球生产系统研讨班,并得到学员们的好评
	3	能够在第一天培训课程里教授高级概念课程。举办过6次全球生产系统研讨班,并得到学员们的好评
	4	能够教授第一天培训课程的全部教材(精益西格玛、2P、3P、缩短换模时间高级课程等)
价值流图	1	学习过如何看图,参加过一次制定愿景的活动
	2	完成了KPO的研讨班
	3	参加过2～3次需求细分项目和2～3次物料续供改善团队
	4	作为队员至少参加过2～3次政策部署和制定战略的活动
异常管理	1	能够使用有关工具,识别节拍时间、流线生产和拉动式生产里的异常问题
	2	带领团队,有效实施有关措施。能够向团队教授解决问题的基本工具。接受过MDI工具的培训,并接触过其使用方法
	3	能够向团队和队长教授解决问题工具的高级课程。能够有效地实施MDI日常改进管理工具
	4	能够创造一个善于预防和赞扬的文化氛围。日常改进活动已经成了他的做事方法
流线生产生产力	1	至少参加过2次流线生产改善活动和第一天培训的全部课程,其中一次作为队员,一次作为队长
	2	至少参加过5次流线生产改善活动和第一天培训的全部课程,其中三次作为队员,两次作为队长
	3	取得5S二级、工位设计二级、标准化工作二级、团队队长二级、改善后领导二级、改善前准备二级、第一天改善二级证书
	4	取得5S三级、工位设计三级、标准化工作三级、团队队长三级、改善后领导三级、改善前准备三级、第一天改善三级证书
缩短切换时间	1	能够明白并执行缩短换模时间的标准方法
	2	领导并辅导过2-3次SMED改善活动。取得5S二级、标准化工作二级、团队队长二级、改善后领导二级、改善前准备二级、第一天改善二级证书
	3	领导并辅导过6-7次SMED改善活动。取得5S二级、标准化工作二级、团队队长二级、改善后领导二级、改善前准备二级、第一天改善二级证书
	4	领导并辅导过9-10次SMED改善活动。取得5S三级、标准化工作三级、团队队长三级、改善后领导三级、改善前准备三级、第一天改善三级证书

五、选择和培养 KPO 成员

- ❖ 基本了解精益生产系统原理和概念。
- ❖ 娴熟的人际关系技巧,渴望与各级员工沟通。
- ❖ 受到公司上下组织的尊重。
- ❖ 个性执着,不受反对者的影响。
- ❖ 富于创造能力和创新意识(能够跳出框框去思考)。
- ❖ 优秀的项目管理和流程管理经验。
- ❖ 必须是变革推动者,乐意尝试新事物,善于亲自动手。
- ❖ 选择改善团队成员。
- ❖ 选择小型改善团队队长。
- ❖ 与精益西格玛实践者协同工作。
- ❖ 组织或参与 KPO 研讨班/KPO 人员交流/研讨会/培训课。
- ❖ 参与其他工厂/公司的改善活动。
- ❖ 组建、协调和跟进改善团队。
- ❖ 与运作团队密切合作,学习产品与流程。
- ❖ 举办并改善内部精益培训。
- ❖ 撰写精益文章,发掘案例分析。

六、改善周活动计划

- ❖ 改善周 4 周前准备工作:

确定项目范围,确定所需资源,考虑特别的生产计划安排,收集基本资料,定义活动范围和目标,所有活动必须有一定的范围和量化目标,并得到委员会和发起人批准。填写"改善周项目登记表",见表 19-2。

表 19-2 改善周项目登记表

活动内容:	活动日期:
初步目标:	团队: 核心团队 资源团队
要达到的输出:	发起人:
生产要求:	团队队长: 顾问:
流程资料:	目前状态与问题:

- 改善周3周前准备工作（详见第50章）。
- 改善周2周前准备工作（详见第50章）。
- 改善周1周前准备工作（详见第50章）。

七、维持与巩固改善成果

维持改善结果的三大要素：

1. 要素一：标准化作业
- 贴出标准化工作，以便目视管理。
- 确保工人得到培训，并考核合格。

2. 要素二：量度指标
- 确保贴出量度指标（SQDC），每个人都明白他们的作用。

3. 要素三：异常管理
- 强化使用每小时记录表。
- 确保支援小组对各种措施的快速响应。
- 保证被改善部门得到适当的评审。

八、精益推进计划与评审

- 评审前面6个月的活动。
- 对照改善目标，评估实际表现。
- 识别重要机会，维持改善成果。
- 评审当前业务目标。
- 制定推进目标，绘制价值流图。
- 制订推进活动计划。
- 识别主要的人员培训需求。
- 配合推进计划，修订资源需求。

KPO经理的具体工作职责见表19-3。

表19-3　KPO经理工作职责

1. 全面协调精益西格玛 　❖ 绘制价值流图-目前和未来状态 　❖ 帮助公司使精益之旅活动与公司业务目标相一致 2. 计划改善周活动 Plan Kaizen Events 　❖ 选择改善团队队长，确定参加人名单 　❖ 担任某改善团队的队长 　❖ 保证消耗品的供应，保证改善周的食品供应 　❖ 计划和执行周五的庆祝

（续）

- 记录被改善部门改善前后的情况
- 保证改善团队所需的资源

3. 协调改善活动的支援资源
   - 维修部、工模房、外包商、技术部等
   - 做好支援资源计划，保证能够快速而及时地得到这些资源
   - 保证消耗品与物料的订购，并在需要时能够及时交货

4. 改善活动的跟进和维持
   - 进驻被改善部门
   - 完成改善活动以后-KPO 要在随后的数周时间里保证改善成果得以维持
   - 充当被改善部门领导和主管的导师，保证改善工作按预定的方案进行
   - 实施和利用改善成果维持方法（SQDC、30 天跟进会议、跟进项目准时完成率、指导委员会会议、维持改善成果的量度指标等）
   - 努力寻找提高改善周效率的方法

5. 巩固改善周取得的成果
   - 收集改善活动的所有资料-加以整理，做好存档-特别是标准化工作和支持改善结果的数据和资料
   - 保证所有班次和主要经理得到这些改善结果的副本

6. 重点改善 Point Kaizen
   - 改善活动可能无法触及所有型号产品及其变化-所有其他型号产品/工作也要进行测量，看是否要进行改善
   - 在全厂范围内开展小型改善周活动

7. 指导委员会（管理团队）
   - 协调和指导整个精益西格玛之旅

8. 计划与评审
   - 做好准备工作，帮助召开会议
   - 负责整体活动跟进表，维持改善成果

9. 培养与指导 KPO 员工

10. 内部顾问工作
    - 担当工厂的内部顾问
    - 学习和消化外部顾问的知识

11. 5S 领导
    - 跟进 5S 活动，保证活动效果得以维持
    - 担任设备部门的 5S 校对专家

12. 培训
    - 进行周一的改善培训
    - 工厂的精益意识培训

13. 推广与沟通
    - 更新宣传板
    - 新闻公报

当 KPO 承担改善周导师职责时，我们对 KPO 有了更高的要求，他首先要具备一定的领导力和组织能力，不仅要掌握精益的理论知识，还要精通改善周的系统套路，当然，培训能力也是一项基本能力要素，因为要承担第一天的知识培训，需要掌握一定的培训技巧。

选择合适的 KPO 或改善周导师是非常重要的工作任务，工厂的负责人，需要从企业内部挖掘合适的人来承担 KPO 改善周导师的工作。表 19-4 阐述了选择和培训 KPO 的工作流程和管理要点。

表 19-4 KPO 选择和培训工作流程

步骤	描 述	责任人	时间	目 的
KPO-改善周导师选择流程	1. 识别潜在的候选人 ❖ 必要关键的特征，如领导力、责任感、培训力、创造性和组织能力 ❖ 候选人是否有意愿在 KPO 职位上 2. 企业负责人和候选人主管开会评估候选人的期待和相关责任，以及基本胜任能力，并取得同意。 3. 企业负责人和 KPO 改善周导师候选人一起沟通和达成共识，且讨论：改善周总体期待？为什么改善周是必需的？它是怎么帮助公司的？KPO 角色重要性？回顾以往的成功的改善周经验和关键的学习点 4. 选择和培训 KPO 是企业负责人的责任	企业负责人或精益倡导者	2h	定义候选人需要什么样的技能和能力来满足引导师的要求 取得候选人主管的支持和同意
候选人参加改善周	候选人参加改善周活动	候选人主管和企业负责人	改善周时间5天	此步骤目的在于让候选人对改善周和改善周流程熟悉
候选人参加导师训练营	1. 候选人参加为期五天的 KPO 改善周推进执行官训练 2. 由专业顾问和资深教练引导 ❖ 精益改善之理念、工具与方法系统认知 ❖ 精益改善周的运作模式、组织与管理 ❖ 成功实施精益变善的策略与方法体系	专业顾问或教练	训练营5天	经过改善周实践体验后，进行系统培训，掌握组织改善周的方法和技术体系
候选人领导改善周	1. 候选人领导改善周 2. 在过程中不断得到的提高	候选人和引导师（教练）	前期准备和改善周	识别差距和机会，通过导师和教练强化候选人能力

第20章 好的改善周组长如同战场上的将军

> 一个改善周组长如同战场上的将军,再好的理念方法和改善机会,必须要通过一位好的将军来带领团队完成任务。选择合适的改善周组长和副组长是影响改善周成果和收益大小的关键。

不同的组长可以让我们分辨出一个出色的改善活动与一个普通的改善活动。他们通过有效的小组流程来达到目标,他们的地位特殊,甚至可以影响改善周收益的大小。组长是每个改善活动中的关键成员,应该尽量来自目标区域以外,在特别情况下,精益办的 KPO 也可以成为改善周的组长,活动前,必须根据领导技能及实践重心进行认真挑选。

改善周组长承担着流程专家、改善周责任人与协调人的重要角色,如图 20-1 所示。

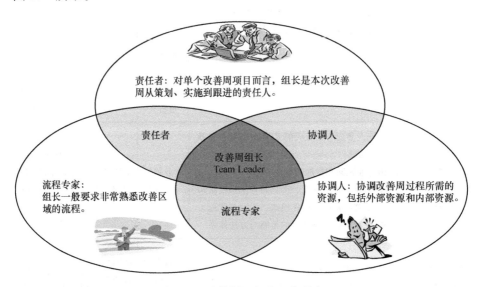

图 20-1 改善周组长的三大职责

一般情况下,小组副组长应该来自目标区域内部,也被视为培训中的小组组长。每日结束后,当小组组长前往管理会议时,小组副组长应该留下来并使改善小组继续集中注意力。改善周组长与副组长的职责侧重点有所不同，其区别见表20-1。

表20-1　改善周组长与副组长的职责区别

组　　长	副　　组　　长
❖ 一般建议来自区域之外 ❖ 保证团队不要偏离重点，注意安全问题，达到预期目标 ❖ 负责团队队长会议的准备和演示 ❖ 与KPO或流程专家团结协作，确保精益西格玛原理在活动期间的应用	❖ 通常是被改善部门的主管 ❖ 对精益生产系统原理做出了承诺 ❖ 提供该部门的背景资料和对流程的看法 ❖ 就所做出的改变和进展与员工进行沟通 ❖ 最终负责改善活动、标准化工作和改善的维持

此外，改善周组长将在一周内对改善小组进行多次细分，建立更小的分组以解决特定的问题，组长及副组长应该能够在分组中走动，向这些分组提供能源、方向及资源继续前进。对于小组组长和副组长而言，良好的沟通、授权与项目管理技能是必备的。

> 改善周组长应尽可能来自区域外部，但小组副组长应来自区域内！

担任改善周组长是非常重要而且很有挑战性的工作，既要有自己的打法，又要接受改善活动顾问的整体战略。你不需要完全掌握专业的精益知识，但是必须明白如何使用改善流程，懂得如何与整个团队合作，保证使用适当的工具完成改善目标。你必须带领改善团队在改善周设定时间内完成通向改善目标的改善计划。

作为团队组长或副组长，你自己不一定要精通改善周的技术方法，但是你必须懂得如何带领团队成员与改善周导师（外部顾问或内部KPO）一起来解决问题。

作为团队的Team Leader，你必须尽可能是一个多面手，**既是改善周责任人，又是任务实施过程的协调人，还必须是熟悉流程的专家**。一方面你要广泛而深入地对自己的改善团队、改善部门的一线工人和管理人员予以指导、带领、帮助、教导和协调，鼓励他们积极参与改善活动，并进行有效的激励和调动。另一方面，你要避免直接参与改善活动中团队成员有能力完成的细节工作。组长的主要目标是指挥自己的改善团队高效地完成整个改善过程并实现改善目标。

因此，改善周组长除了必须具备一些Team Leader的基本素质和优秀特征，也要注意避免一些影响改善周成效的陷阱，见表20-2。

表 20-2　改善周组长的特征要求

组长的基本要求	应该避免的陷阱
❖ 较好的领导力和组织能力 ❖ 心态开放，有改善意识和创新精神 ❖ 有一定的决策能力 ❖ 受改善周团队及公司同事的尊重 ❖ 有激情，带领和鼓舞团队激情工作 ❖ 有强烈的责任心 ❖ 任务不完成不罢休的精神 ❖ 在改善方面经验丰富 ❖ 不要被卷入日常管理事物 ❖ 应起到教练或指导的角色，而非支配者 ❖ 对改善流程及业务的影响充满热情	❖ 避免性格太软、太温柔的组长，没有机会让团队松松散散地工作 ❖ 拒绝思想保守、抗拒改变的人，没有精力去做组长的思想工作 ❖ 尽量不要选择决策能力较弱的组长，没有时间拖拖拉拉地浪费 ❖ 没有必要承担风险去选择一个大家不喜欢的组长 ❖ 拒绝兼职的参与方式 ❖ 必要时，具有掌控能力 ❖ 狗鱼综合征太明显的组长要谨慎使用

> **有益提示**
>
> 无论如何，也不能选择一个思想顽固、心态不开放、改善意识差的人来做组长，我们没有时间或额外的精力去说服组长的行动力。

组长在改善周过程中承担着很重要的工作任务，面对严峻的挑战。

❖ 管理好整个改善项目的各项任务，给每个队员都安排适当的工作。

❖ 确保整个改善周都能够按照精益改善周流程进行运作，保持团队不偏离目标。

❖ 保证团队所有成员都积极参与，避免他们陷入"分离瘫痪"状态。

❖ 维持一个"少说多做"的良好气氛。

❖ 不断用"为什么"来刺激队员的改善思维。

❖ 不断用"为什么不"来刺激您的队员。

❖ 不断用"建设性意见"引导团队的工作方式。

❖ 密切留意流程的改变对改善区域人士的影响。

❖ 排除影响团队完成工作任务的各种障碍。

❖ 确保安全第一。

❖ 组织好队员努力寻找并消除浪费。

❖ 既要民主管理，亦要军令如山。

❖ 与流程改善受影响的人员（不仅仅团队成员和管理人员）进行有效沟通。

一般来讲，改善周实施完毕后，需要对改善周组长进行评价，见表 20-3。

表20-3 改善周组长评价表

评估者		改善周名称:		评估对象:	
评估标准 1-需要提高,3-满足期望 5-优秀					备注
1	在活动发生的这周内表现出良好的计划能力			5	
2	产生有效的项目书(有指标和可达到的范围)			5	
3	保持团队和活动围绕事件目标			5	
4	委派任务,不必参与过多的细节工作			5	
5	有效地利用子团队和团队成员完成任务			5	
6	保持团队成员和下属小组对他们负责的任务			5	
7	提前2~4h制订计划活动			5	
8	使团队按时进行			5	
9	有效管理团队冲突			5	
10	及时更新和清楚传达信息,做好准备			5	
11	有郊辅导团队改善工具			5	
12	有效地获得所有团队成员的输入			5	
13	保持团队对改善团队的基本原则负责			5	
14	有效地使用检查表来维护目标的一致性			5	
15	与团队合作,按时制作高质量报告			5	
16	交付改善活动目标和交付物			5	
总分(最低需要56分才能取得资格)					
需要增加额外的培训给团队队长吗?					

综合评价:

第 21 章 选好团队成员,改善周战无不胜

> 一个复合型的专职改善团队,遵循横向 1/3 与纵向 1/3 的原则构建的队伍,是改善周模式的主体力量。凝聚团队的智慧和聚焦的改善,实现改善周高效的突破性成果,也是传播改善周文化的载体和群众基础。

改善周的团队成员是实施具体改善措施的主体,成员在改善周导师、顾问或 KPO 以及组长的共同指导和带领下,通过学习和实践活动,共同把改善周的目标变成现实。

组织改善周团队成员要遵循六大原则,如图 21-1 所示。

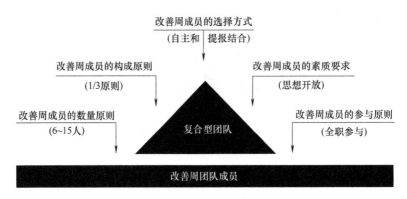

图 21-1 组织改善周成员的六大原则

【原则一】改善周成员的首要特征是一个复合型团队

改善周成员是由来自不同部门的人组合而成的复合型团队,其优点在于能够克服团队成员过于单一时的"狗鱼综合征",能够从多维的视野、不同的角度来看待目标区域的问题并提出多样的、更加创新的解决方案。

复合型团队的好处是明显的:
- ❖ 克服团队成员的狗鱼综合征。
- ❖ 通过头脑风暴,可以发挥团队的智慧。
- ❖ 可以从新的视角来识别改善机会。

- ❖ 产生"三个臭皮匠顶过一个诸葛亮"的效果。
- ❖ 各部门的资源集中,高效沟通,可以快速决策和行动。
- ❖ 打破传统一对一沟通的约束和障碍。
- ❖ 产生很多创新性的解决方案。

【原则二】改善周成员的数量原则

对于每一次改善而言,小组的规模应该是随项目范围而变化的。一般来说,根据改善周的主题、范围和任务大小,成员的数量可以按 6～18 人进行构建。若项目大而复杂且需要大量专业技术,你可能会计划多一些人,其中包括几个业外人士。但是总体而言,小组规模应该控制在 12 人左右是最佳的,见表 21-1。

表 21-1 改善周成员数量

改善周类型	改善范围	人 数	说 明
标准改善周	改善范围较大	15 人以上,甚至更多	比如:实施 JIT 改善,工序较多,一些较长的流水线,其范围涉及几个楼层,而且涉及现场改善的内容较大
	改善范围适中	10～12 人左右	如果涉及现场制作的内容(比如工装)较多,可适当增加人数
	改善范围较小	8～10 人左右	
小型改善周	改善范围较小	6～8 人左右	小型改善周范围不大,人数可少一些

【原则三】改善周成员的构成原则

搭配得当的小组成员能激发更多创意和新鲜的想法。改善周成员构成要遵循横向 1/3 和纵向 1/3 原则,如图 21-2 所示。

横向 1/3 原则:即小组中的成员,由来自不同的部门和组织人员构成,以 JIT 现场改善周为例:

- ❖ 1/3 的成员为改善区域直接相关的人员,比如产线员工、班长、主管、经理等直接相关的人,这些人熟悉改善区域的流程和细节。
- ❖ 1/3 的成员为改善区域间接相关的人员,比如工艺部门、品质部门、设备部门、PMC 计划部门等相关人员。
- ❖ 1/3 的成员为改善区域不相关的人员,比如采购部门、行政部门、财务部门、销售部门、供应商、客户工厂、外部顾问等,这些人看似不相关,但对改善的帮助非常大。

图 21-2　改善周成员构成的横向与纵向原则

> **有益提示**
> 每一小组必须至少具备一位非常熟悉流程的成员,这位理想的组员最好已在该区域工作或监督过一段时间,该人士往往是称职的组长或副组长。

纵向 1/3 原则:即小组中的成员,必须由来自不同级别的人员构成,如果全部是高层管理人员,那就没人干活了;但如果全部是基层人员,那么资源和决策又不够。

❖ 1/3 的成员为高层,比如总监、经理、副总经理、总经理等,这些人能够在战略、资源、资金和决策方面对改善周提供支持。

❖ 1/3 的成员为中层,比如经理、主管、工程师等,这些人能够在业务领域、工作流程、方案输出、资源调度等方面提供支持。

❖ 1/3 的成员为基层,比如一些员工、班组长、技术员、QC 人员、办事专员等,这些人熟悉流程细节,动手能力强。

【原则四】改善周成员的选择方式

如有可能,通过征召自愿人员的方式选择小组成员。这对从目标区域中选择尤为重要,与任何其他团队相比,员工对整个流程的问题有切身的体验。让员工有机会自愿加入小组来改变工作方式,能创造一种信任与授权的氛围。

一个小小的技巧是,即使是成员自愿报名,最终也要他们的领导来指派,这样可以更好地得到其部门主管的支持,特别是能保障他们全职参与。

【原则五】改善周成员的素质要求

选择改善周成员时,必须要做一些必要的筛选,这些人必须具备以下基本素养:

❖ 学习能力强,喜欢学习新知识,特别是学习一些与本职工作相似不相关的知识。

- ❖ 愿意改变，喜欢折腾，不怕失败，即使是之前尝试过的失败，也愿意再度尝试。
- ❖ 积极参与团队活动，要避免一些消极参与的成员。
- ❖ 能够遵守团队纪律，包括团队工作时大家制定的游戏规则。
- ❖ 传递正能量，团队活动中心态积极，而不是传播消极的言论，制造不和谐氛围。

【原则六】改善周成员的参与要求

所有的团队成员均要求在改善周设定的时间内全职参与，后续章节将进一步阐述。

有益提示

有必要为小组中所有成员安排名字标识和统一服装。若每个人穿戴相同，这有助于成员克服任何最初的羞涩。成员每天穿着统一颜色的服装，有助于提高小组工作士气，并且影响到公司的其他人员。

第 22 章 千万别忘记改善周的支援团队

> 改善周不是一个人或某个单一的团队在战斗,而是包括外部支援团队和内部支援团队一起共同的高效协作。除了组建专职团队之外,必须提前策划支援团队,做好前期必要的沟通和准备工作。

人们很容易忽略另外一个非常重要的团队准备,那就是支援团队!

改善周的任务不是单由专职成员就可以独立完成的,需要有团队成员之外的其他资源和支持,包括外部资源支援和内部资源支援。

一、外部支援团队

外部支援团队是指公司之外的第三方资源,他们不需要也不一定方便派人参加改善周,但是当改善周任务需要时,要随时能安排支援工作,比如:

❖ 设备布局调整时,需要外部协助进行设备吊装,也可能需要设备基础的施工,这些事项如果企业内部条件不够时,需要提前与供应商沟通好。

❖ 如涉及生产模式或供应链改善,可能要延伸到供应商,比如 JIT 物料配送方式、包装方式、信息流优化等。

❖ 有些流程优化,可能要延伸到客户,比如涉及业务流程优化,流程内部的某些环节需要客户参与。

❖ 有些改善周需要外部的制作,比如目视化看板制作、工装夹具制作、简易自动化改进、流水线改造等,这些需要提前与外部协作单位沟通。

二、内部支援团队

在企业内部,并非所有的部门或所有的人员都全职参与改善周,有些组织机构和职能人员不必全程参与改善周,但必须在改善周任务需要时,能马上安排支援,比如:

❖ 工厂或产线布局调整时,需要水电气安装,设备部门要提前准备一些配件材料,并且需要施工时能立刻组织工作。

❖ 某些物资需要时,采购部门能快速采购,即使开通绿色通道也是必要的,采购部门的人员要在人员、流程、资金上做好准备。

❖ 当改善周的团队成员需要深夜加班时,行政部门的后勤人员必须准备好相关的交通食宿支持。

无论是外部或内部支援团队,改善周的组织者都需要提前做好策划和沟通,以便改善周团队能快速实施改善行动。否则,很可能会因为临时缺少一个简单的吊装设备而使团队活动停滞不前。

第 23 章 没有这些原则的有效执行，哪来的知行合一

> 团队必须遵守一些共同的原则，并且有必要的承诺和约束，才能形成共同的思维和行动模式，做到"知行合一"，最终达到"意识一致，思想一致，行为一致，结果一致"的效果。

改善周致力于一周之内完成突破性改善，如何确保改善周的团队能在一周内高效地实施改善呢？

这首先要求改善周团队必须"知行合一"，真正做到**"意识一致，思想一致，行为一致，结果一致"**。如果做不到这些，团队的效率会打折，所以，要求团队成员必须严格遵循八个原则，如图 23-1 所示。

图 23-1　改善周团队成员遵循的原则

第 23 章 没有这些原则的有效执行,哪来的知行合一

在这八大原则中,每一个原则都是团队需要严格遵守的,否则,大家就很难形成共同的语言和行动准则。本章重点对全职参与、乐于改变和建设性意见的挑战进行阐述。

一、全职改善的挑战(Full Time)

全体成员要求在改善周设定的时间内全职参与,亦即从本职岗位上完全脱产出来参与改善周,这无疑是对改善团队最大的挑战。有一些有效的实践技巧可以帮助改善周的组织者,让他们比较从容地解决这个问题。

❖ 改善周前期策划时,必须在公司的高管会议中将信息传递给管理层,以获得管理层的认可。

❖ 改善周的成员,即使是自愿报名者或者 KPO 指定的某个人,也要从形式上让他的部门主管来提名,以便部门主管能支持他的"脱产"。

❖ 改善周前一周,必须召集所有的成员开会,强调改善周的组织和纪律要求。

❖ 改善周成员必须安排一个"工作代理人"来临时协助其处理他的日常事务。

❖ 要求改善周成员在相关的邮件或系统中做一个自动回复的设置,比如自动回复内容"本人从周一至周五全职参加改善周活动,可以联络工作代理人李三,紧急事务可以……",做此设置后,大部分人都会理解并找到工作处理方式。

❖ 改善周的工作时间,可以适当进行调整,并安排一些时间给成员处理日常事务,比如,公司正常上班时间是早上 8 点,改善周可以从 9 点开始。

二、乐于改变的挑战

如果改变是必须的,那么,改变就必须成为我们的日常工作。但在现实的改善活动中,难免有部分成员在某些环节上是犹豫和迟疑甚至抵触的,为了避免个别声音影响团队,要跟团队约定哪些话不能讲,哪些话可以讲,见表 23-1。

三、建设性意见的挑战(Constructive Idea)

什么是建设性意见?很多人非常善于找到一个问题否定一个改善,但却未曾提出解决方案,作为积极的、正确的方式,当我们识别出一些问题,或者想否定对方的意见时,不能单纯地提问题,而要在提问题的同时,提出解决问题的思路或方案。

表 23-1　团队成员的改善语言

这些话妨碍改善（不能说）	这些话促进改善（要多说）
❖ "……不行" ❖ "……，但是，……" ❖ 我没有时间做改善。 ❖ 没有预算。 ❖ 以前已经尝试过了。 ❖ 不用试，肯定是不行的。 ❖ 这么多年一直都是这样，为什么要改呢？ ❖ 做了改善我能有什么好处呢？ ❖ 改了会影响我的利益。 ❖ 改了会影响其他人的利益。 ❖ 人家不愿意改变。 ❖ 精益的这些改善方法我们都知道，也培训过，没什么大不了的。	❖ 建设性意见 ❖ 这个建议不错！ ❖ 为什么不能试试？ ❖ 可以试一下！ ❖ 这样改很好！ ❖ 我来做吧！ ❖ 立即可以改！ ❖ 马上行动！

> **有益提示**
> 必须要把原则性的要求转化成团队刚性的执行，才能真正确保团队自始至终的知行合一。

这些原则看似简单，也容易理解，但如果我们不做出一些约束或承诺的话，团队成员很难认真执行，一个简单有效的方法就是签一个《改善周承诺书》，一旦做出违背承诺的行为，自己承诺一个惩罚自己的措施。每个人的自罚措施必须得到改善周总负责人或区域领导者的批准（图 23-2），然后，做出公示，大家共同监督执行。

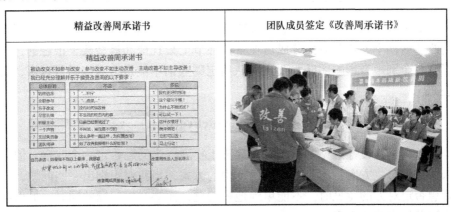

图 23-2　精益改善周承诺书

第 24 章 改善前鲜被重视的沟通工作

> 一些基本但又非常关键的沟通工作,却常常很少得到重视。隐患、谣言或焦虑常常止于及时有效的预见性沟通。不仅仅是流程区域,还包括最接近流程的上游及下游群体。

改善变革实施之前,还必须做一些基本的,也是必要的预见性沟通。

来自所有途径的改善信息必须一致,无论是来自高级管理人员、总公司特派人员还是来自区域经理,向员工解释什么是改善活动以及其必要性。解释要简单切实,而非抽象化的概念。

在首次改善活动开始前,我们建议公司由高级管理层发送一份备忘录以解释将要发生的事情。此外,将受到首次改善活动影响较深的群体(不仅来自流程领域,而且来自其最接近的上游及下游群体)应该给予更多的个人关注。与区域经理、现场领导及高级管理人员(若可能的话)进行面对面的会谈将有助于确保其积极地参与。

在首次改善活动的前一周,团队及员工可能会感到紧张。他们不明白活动对自己的要求,并且可能害怕因缺少所需的综合技能而难于以在新环境中获取成功。许多员工在判明个人安全之前,自然而然地感到犹豫不决,不敢全身心投入,这正是你所不想看到的。如果,提前对他们赋予权力并鼓励大胆发表观点,营造开放的氛围,让他们感到安全,不会因为意见不一或者直言不讳地指出问题而影响自己的工作,是比较明智的举措。因此,应非常重视与这些员工进行面对面会谈与沟通。管理层也应该做好准备跟进那些尚未答复的问题,进行个别谈话。在这里,管理层与员工的私下接触意味着对个人的关注。

改善活动的目的在于,以同样的人数生产更多或以更少的人数产生相同数量的成果。提高效率会增加客户满意度及利润率,因此工作安全感也随之增加。每一次沟通应该强调改善的益处。关注于长期改善而非改善带来的短期干扰。如果员工理解持续改进的大局,他们更有可能理解其好处所在。

一、来自管理层的沟通

管理层应该花时间告知所有相关员工改善活动涉及哪些方面。他们应该解释改善活动是如何与策略性计划相吻合的。

在活动发生前,员工对活动越熟悉,他们在活动期间的接受就越容易。

每一个人都应该知道,应把此活动定义为一次持续改善的机会,且应将其视为一种对公司进行持续改善的正面反映。

二、谣言止于沟通

不要忽视谣言的影响,应该尽可能抓住每一个机会去消除或减轻谣言所带来的顾虑。

切记:谣言常常是在缺乏有效沟通或可靠信息渠道的情况下乘虚而入,并得以传播。

三、改变布局

向员工解释,为了改善流程,很多时候需要改变生产线布局、办公室布局或座位安排。鼓励员工参与并提出建议。考虑向员工放映改善活动进展的录像。

> **有益提示**
>
> 若员工觉得改变可能产生对他们的不公平,那么他们可能不会积极主动参与和配合,因为改善可能正在重新调整他们的舒适区。

第 25 章 统一的团队标识

> 改善周团队一定要鲜明地标识出来,一方面展示团队精神,促进整体士气;另一方面,可以影响他人,促进改善文化传播。

改善周团队在活动的过程中,进行统一的标识是有必要的,其意义在于:
1. 便于识别,可以明确地将改善周团队成员统一标识出来。
2. 团队面貌,促进团队凝聚力的形成,提高团队整体士气。
3. 文化传播,统一识别的团队在活动的过程中,可以影响企业内部的人员,促进改善文化的传播。

团队识别的方式虽然很多,但常常被采用的方式无外乎就是T恤、马甲、帽子等,如图25-1所示。无论采取哪种方式,其标识一定要鲜明,与企业的工作服颜色要形成鲜明的对比,另外,作为现场改善,颜色和材料应适当耐脏耐磨。

图 25-1　改善周团队服装

有益提示

　　如果企业资金预算许可，尽量考虑购买较好的服装，最好是名牌服装，这样，成员在改善周结束后还可以在不同场合继续穿，员工可能为了得到这么一件衣服都愿意来参加改善周。

第 26 章 改善周的办公设施与后勤安排

> 改善周的工作是高强度的劳动,要特别关注改善团队必要的后勤服务,包括工作区域、食物或茶点、交通服务等,消除成员顾虑,可以安心地进行改善。

在改善活动期间,应该移除所有外部的干扰,并且提供一些基本的后勤服务,以便消除成员的顾虑。

一、改善周的工作区域

需要为改善小组提供一个讨论和制订方案的安静工作区域。该区域要尽可能接近改善的目标区域,比如靠近生产线的旁边。改善活动是高强度的,通常是在充满压力的环境中进行。团队活动应该安排一个不打扰别人的区域。

小组需要一个工作区域,让他们可以展示信息,创建新的方案并一同讨论未来。

很多企业的培训室和会议室都比较紧张,必须要提前预订。为所有改善小组提供配有活动挂图、投影仪及屏幕的培训室及会议室。在同一周内,可能有超过一个改善小组在工作,要为大家提供充足的桌椅,具体准备事项见表 26-1。

表 26-1 改善周工作区准备清单

序号	物品	要求
1	培训室	❖ 要能容纳 20 位以上学员的空间 ❖ 要适当大一些,因为改善活动间成员需要空间活动开来 ❖ 培训室的桌子尽可能是可以活动的
2	教室墙壁	❖ 培训室需要有足够墙壁空间,以便成员能够张贴相关的活动挂图、改善方案、头脑风暴等
3	投影仪	❖ 是培训和讲课必需的物品
4	白板	❖ 至少需要 2 个以上的白板 ❖ 除了讲师用于培训外,活动过程也需要使用

(续)

序号	物 品	要 求
5	白板笔	❖ 各种颜色的白板笔是必需的
6	其他文具	❖ 见《准备清单》
7	会场布局	❖ 一般来讲，可以按照U形或单元式布局
U形布局		单元式布局

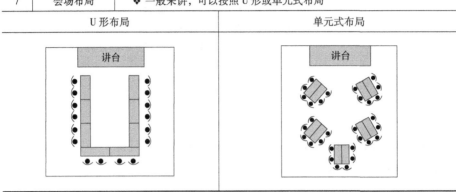

二、食物与茶水

为小组、员工及支持团队提供美味健康的工作餐及休息点心。条件具备的话，免费提供工作餐，或安排到公司高级餐厅，有助于节省时间并增强团队工作。

夏天时，尽可能在合适时间为团队提供一些饮料。晚上工作较晚时，一定要准备些宵夜食品。大家在享受食物的同时，轻松说笑，有助于团队消除疲劳，享受一天的改善。

三、交通安排

交通安排必须要做好，很多企业都处于郊区较远位置，改善周的结束时间一般很难赶上公司的通勤车，改善周组织者应该及时与行政部门沟通，做好交通的统筹安排。

四、庆祝活动安排

报告陈述结束后，要安排好举行庆祝会的地点，并且为庆典准备充足的食物与饮料。

五、照相及摄影安排

尽可能安排专人负责对全程进行照相及摄影，记录改善的过程，留下团队成员活动中精彩的瞬间。

六、办公设施与后勤检查

改善周实施之前,应该对各项准备活动逐一检查准备情况,具体检查项目见表 26-2。

表 26-2 办公设施与后勤安排检查表

序号	项目	准备要求	检查
1	改善会议室	-最好改善会议室在改善区域附近	
2	投影仪	-培训用电脑、投影仪	
3	白纸	-110cm×80cm 规格的白纸 40 张(最好是整卷的)	
4	白板笔	-白板笔红色、黑色、蓝色各一盒	
5	告示贴	-黄、绿、蓝各 5 本	
6	直尺	-短尺(2 把),1 米长尺 1 把	
7	胶纸	-透明胶纸和美纹胶纸各 5 卷	
8	秒表	-可用手机代替	
9	油性笔	-红色、蓝色、黑色各 10 支	
10	计算器	-可用手机代替	
11	小刀	-3 个以上	
12	铅笔/圆珠笔/橡皮	-各 5	
13	数码相机	-可用手机代替	
14	横幅	《××××公司精益改善周》	
15	5S 检查表	-4 份	
16	改善前的数据	-打印或复印数据资料,发每个成员一份	
17	小食品及饮料	-改善活动中的瓶装水、小食品、饮料等	
18	伙食安排	-改善周成员及顾问师的伙食安排	
19	改善庆祝活动	-改善活动结束当天安排改善团队的庆贺活动	
20	活动照片	-安排专人负责拍照,记录相关改善过程	
21	交通安排	-行政后勤安排好团队成员的交通服务	

第4篇 如何实施JIT-SKB流程优化改善周

改善周实践1

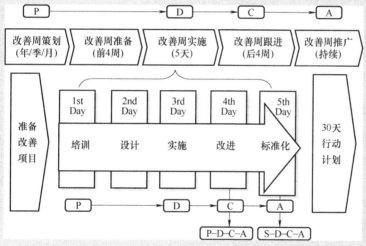

一周内,实现效率提高20%以上!JIT-SKB改善周剑指流程的效率提升,减少人力需求。对当下受困于高昂劳动力成本的企业来讲,JIT-SKB流程优化改善周(或JIT准时化改善周)无异于一个救星,是劳动力密集型的制造型企业最常做也是最需要的改善周。

本篇为您详细阐述JIT现场流程优化改善周的组织流程和实施技巧。

第 27 章 什么是 JIT-SKB 现场流程优化改善周

> JIT-SKB 现场流程优化改善周直接指向生产流程的效率改善，通过消除现场浪费来提升效率，是制造型企业当下最常做也是最迫切需要的改善周！做好 JIT-SKB 改善周对企业成功导入精益变革，帮助企业提高运营绩效有着重要的价值意义。

改善周综合应用精益生产和 IE 工业工程改善技术，用五天的时间，对选定的对象或任务创建并实施快速的、可行的方案并达成改善目标，通过改善周活动创建一种成功的模式，再由点到面推广应用。

JIT 现场流程优化改善周，又称 Shopfloor Kaizen Breakthrough 现场改善突破，在本章的以下章节中，我们统称之为"JIT-SKB 改善周"。

一、JIT-SKB 改善周的定义

JIT-SKB 改善周是组织跨部门全职改善团队，以实现 JIT 准时化连续流为方向，通过现场观测、节拍设计、连续流作业、作业平衡、布局调整、人机配合等改善工具，优化生产流程，突破效率瓶颈，消除生产过程的搬运、等待、动作和库存等浪费，致力于提高制造系统的生产效率，同时，缩短生产周期，减少空间面积等。JIT-SKB 改善周的总体特征见表 27-1。

表 27-1 JIT-SKB 改善周的特征

特征	描述
改善的对象	❖ 面向生产现场的产线设计、车间布局、工艺流程、作业方法等
改善的范围	❖ 可以是一条生产线，也可以是一类设备或者是一个车间 ❖ 范围要适中，不宜太大，聚焦为主要原则
改善的目标与预期效果	一般来讲，JIT-SKB 的改善目标聚焦于： ❖ 生产产能提升（举例：20% 以上） ❖ 生产效率提升（举例：25% 以上） ❖ 生产周期缩短（举例：30% 以上） ❖ 操作工时减少（举例：25% 以上）

(续)

特征	描 述	
改善的目标与预期效果	❖ 现场半成品库存减少（举例：30%以上） ❖ 场地空间利用率提升（举例：30%以上） ❖ 实现单件流生产模式 ❖ 现场5S与目视化管理明显改善 ……	
改善周天数	标准改善周：5～6天	小型改善周：2～3天
改善周团队	标准改善周：10～18人	小型改善周：5～8人

二、JIT-SKB改善周的基本流程

JIT-SKB改善周遵循前面所讲述的改善周所有原则和套路方法，JIT-SKB改善周应用的改善工具手法如图27-1所示。

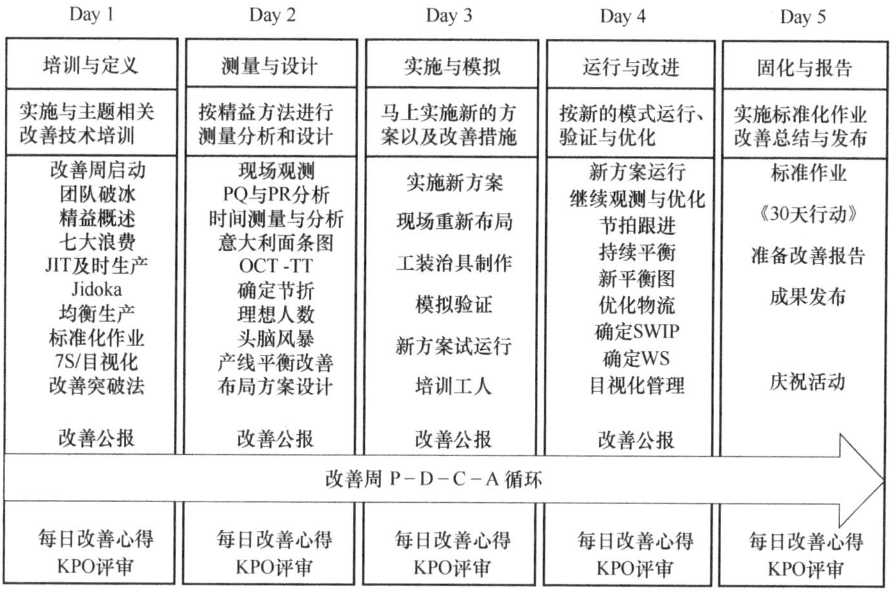

Day 1	Day 2	Day 3	Day 4	Day 5
培训与定义	测量与设计	实施与模拟	运行与改进	固化与报告
实施与主题相关改善技术培训	按精益方法进行测量分析和设计	马上实施新的方案以及改善措施	按新的模式运行、验证与优化	实施标准化作业改善总结与发布
改善周启动 团队破冰 精益概述 七大浪费 JIT及时生产 Jidoka 均衡生产 标准化作业 7S/目视化 改善突破法	现场观测 PQ与PR分析 时间测量与分析 意大利面条图 OCT-TT 确定节拍 理想人数 头脑风暴 产线平衡改善 布局方案设计	实施新方案 现场重新布局 工装治具制作 模拟验证 新方案试运行 培训工人	新方案运行 继续观测与优化 节拍跟进 持续平衡 新平衡图 优化物流 确定SWIP 确定WS 目视化管理	标准作业 《30天行动》 准备改善报告 成果发布 庆祝活动
改善公报	改善公报	改善公报	改善公报	
改善周 P-D-C-A 循环 →				
每日改善心得 KPO评审	每日改善心得 KPO评审	每日改善心得 KPO评审	每日改善心得 KPO评审	每日改善心得 KPO评审

图27-1 JIT-SKB改善周的流程和工具方法

【JIT-SKB改善周第一天】培训与定义

第一天的主要任务是为改善周团队进行改善知识的培训。培训内容两大部分，第一部分是改善周团队破冰和团队建设，第二部分是改善技术与工具手法培训。

本日还要对改善的对象、范围和改善目标进一步定义和确认，确保团队

所有成员明白本次改善周的内容和目标。

【JIT-SKB 改善周第二天】测量和设计

第二天的主任务是了解现状,设计新的方案。

团队成员按照分工,到现场进行时间测量和相关数据采集,识别现场改善机会,梳理浪费和改善建议,绘制 OCT 柱图,计算 TT 节拍时间,计算最佳人数和设备数量,对产线进行重新平衡,绘制未来的 OCT-TT 平衡图(或山积表),设计新的方案。

【JIT-SKB 改善周第三天】实施与模拟

第三天的主要任务是实施改善行动,模拟新的流程。

按照前一天设计的方案和任务分工,团队马上动手实施改变活动。改善周成员组织支援团队或亲自动手操作,把设计的方案实现。

第三天的工作目标是确保第四天员工一上班时,就能按照新的流程进行作业。

【JIT-SKB 改善周四天】运行与改进

第四天的主要任务是按照新的流程运行,一边运行一边优化。

一旦发现问题和改善机会,马上实施新的改善行动,通过一天反复的持续优化和快速改善,最终确保新的流程和方法能达到设定的效果。

【JIT-SKB 改善周第五天】固化与报告

第五天的主要任务是做标准化工作和改善周总结报告。

新流程达到改善目标和效果,进行标准化作业,制订未来持续跟进的"30 天行动计划",总结成果,撰写改善报告,组织改善成果发布会和团队庆祝活动。

有益提示

JIT-SKB 改善周是制造型企业当下最最迫切需要的改善周,其目标直接指向流程的效率,即提高生产效率,减少作业人员,这是当前大部分企业的刚性需求!做好 JIT-SKB 改善周对制造业的管理转型和运营改善有着重要的意义。

第 28 章　JIT-SKB 改善周的前期准备工作

> 不打无准备之仗！一个有经验的改善周组织者，应该在改善周实施前尽可能准确分析或设计好改善周所需要的各种资源和硬件，确保在改善周开始前所有的准备工作提前到位。

JIT-SKB 改善周涉及现场流程的变化，包括产线设计、布局调整、工装制作、人员作业方法等，作为改善周组织者，做好周密的前期准备工作是保障成功实施 JIT-SKB 改善周的重要前提（图 28-1）。

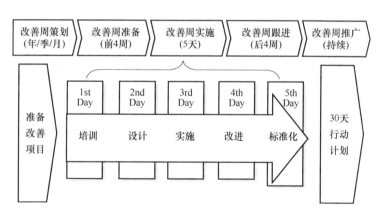

图 28-1　JIT-SKB 改善周的系统工作流程

JIT-SKB 改善周前的准备工作主要包括以下方面：

一、选择改善的焦点区域

改善活动的焦点区域必须具有策略性且对公司的成功具有重要性。对于分公司、工厂或车间比较多的企业，选择哪个区域作为 JIT-SKB 改善的范围至关重要。

当征求待选区域的意见时，应充分与管理层沟通并理解其需求，以便获取活动举行和改善时所需的资源。

二、选择改善的焦点产品

选择关注某特定产品时,首先应选择最具战略意义且具备充分影响力的核心产品。

- ❖ 可以是依据流程而选择特定的产品或产品系列,打造成功的样板。
- ❖ 可以是客户指定的某类产品或产品系列,满足客户的需求。
- ❖ 可以是有针对性地选择个别产品,比如不赚钱的产品,通过改善获得效益。
- ❖ 具有特定操作问题的产品系列可以是改善项目的目标。当选择这些区域时,特别要注意考虑此类操作问题是否可应用改善原则而获得改进。特定的操作问题包括效率、成本、质量、交货、合格率及产能问题等。选择操作问题而非管理问题,因为,改善活动不能取代良好的管理。
- ❖ 无论选择什么产品,必须要与计划部门或销售部门确认此类产品后续的需求和生产计划排程,确保在改善周期间,选定的产品有足够的生产计划和生产排程,以保障改善周的连续性。否则,改善周可能被中断。

> **有益提示**
>
> 选择改善目标产品时,要确保选择的产品系列计划需求有重复性和再现性,特别在改善周期间能够连续生产来支持改善周的运行。

三、选择改善周的成员

JIT-SKB 改善周的团队成员的选择遵循前面章节中所阐述的原则,但有几点需要特别注意:

- ❖ 最好有一位来自生产一线的工人,这个人要熟悉流程并且在员工中有较好的口碑和影响力。其作用在于,一方面,工人熟悉具体操作的问题和改善想法,另一方面,工人可以更好地与其他员工进行沟通。
- ❖ 区域生产经理或上一级领导必须有一人参加,确保活动过程的决策能力和资源支持。
- ❖ 其他组织人员,采购部门有必要安排人员参加,能快速解决改善时的一些物资采购。

四、改善周前期沟通

改善周前需要做好几方面的沟通,包括与基层员工沟通、与改善团队沟通、与支援团队沟通、与高层沟通,如图 28-2 所示。

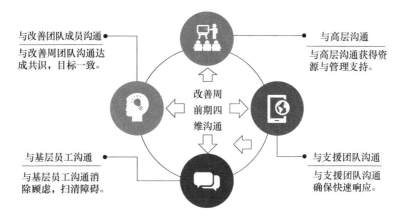

图 28-2 改善周前的四维沟通

与各个层面的沟通,需要把握好沟通的目的和技巧,表 28-1 是一些基本的沟通内容和技巧,供大家参考。

表 28-1 改善周前四维沟通的内容与技巧

序号	沟通对象	沟通内容与技巧
1	与基层员工沟通	❖ 提前与改善区域的员工沟通,阐述改善的原则和方法,以及对大家潜在的好处,消除他们顾虑,积极配合改善 ❖ 激励员工提出意见和想法,倾听员工声音,寻求在改善周中有效解决
2	与改善团队沟通	❖ 提前一周与改善团队开会 ❖ 对改善团队的要求传达,主要要求有: ☞ 全职参加改善(做好工作安排) ☞ 积极参加、乐于改变 ☞ 可能需要晚上工作
3	与支援团队沟通	❖ 对支援团队的要求: ☞ 不必全职参加 ☞ 随时候命,当改善活动需要时随时提供支持 ☞ 准备好相关的物料、工具等
4	与公司高层沟通	❖ 邀请高层在改善周启动会和总结发布会上讲话 ❖ 最好的企业中的最高领导(总经理、董事长等)

五、改善周的生产准备

JIT-SKB 改善周实施前,改善周组织者要先期评估生产系统,提前准备好相关的条件,包括生产计划、厂房空间、设备物资等,具体内容见表 28-2。

表 28-2 改善周前的生产准备

序号	事项	准备内容
1	选定产品要安排连续生产	◆ 改善周内连续生产
2	流程调整期间的生产安排	◆ 第三天流程重新调整和产线布局变化时，可能会部分影响生产线，计划系统和生产车间，需要提前做好计划交货的提前期或备料，以避免影响交期 ◆ 流程调整期间，员工工作安排准备
3	重新布局需要的空间安排	◆ 为即将实施的车间布局准备好必要厂房空间
4	流程调整需要物资与工具	◆ 流程变化，产线布局和设备调整搬动，安装需要的气管、木板、接头等布局物品，包括精益管、工装夹具制作材料，确保在重新布局时这些资源可得 ◆ 可能需要一些备用的设备来满足连续流设计的需要

> **有益提示**
>
> 有经验的 KPO，应能在改善周之前尽可能提前预知或设计出改善周需要的线材、设备、工装等硬件，并提前做好必要的准备。

六、改善周的数据收集

改善周开始前，要收集一些改善区域相关的数据和信息（见表 28-3），以提高改善周期间的工作效率，这些数据和资料整理好后，打印出来给到团队成员。

表 28-3 改善周数据收集清单

序号	数据分类	数据收集内容
1	产品订单需求	◆ 过去 8 周实际需求 ◆ 未来 2~8 周的需求 ◆ 最好以 PQ 分析的格式
2	产线的人员安排	◆ 产线、班次人数 ◆ 各工位人员状况
3	生产效率	◆ 过去 8 周的生产效率，可包括： 整个产线或车间的总效率（产量/上班时间段/总人数） 整个产线或车间的人均产出［数量/(小时·人)］ 各工位的效率

(续)

序号	数据分类	数据收集内容
4	工艺流程图	◆ 产品的工艺流程图，与实际生产一致 ◆ 最好以PR分析的格式
5	产线布局图	◆ 选定改善区域的工位布局
6	空间与面积	◆ 目前生产线总的占地面积
7	在制品（WIP）数量	◆ 各个工序间的在制品数量
8	生产周期（天）	◆ 完成一个产品或一个订单的生产周期
9	设备清单	◆ 整条生产线的设备清单及数量 ◆ 列出与其他生产线共用的设备清单
10	工序照片	◆ 各工位的照片，如果可能，可录制各工序的短片

改善周的各项准备活动检查清单见表28-4。

表28-4 改善周活动准备事项总检查表

类别	序号	准备项目	准备要求	检查
1 改善范围	1.1	选择改善的产品	确定产品	
	1.2	实施改善的区域	确定车间、区域和生产线	
2 改善团队	2.1	组建改善团队	-10~20人，在一周内全职参加 -团队成员的分布要求： ·1/3来自改善区域的员工、主管、生产经理 ·1/3来自与生产相关的工程、品质、计划、IE ·1/3来自与生产不直接相关部门，财务、人事等 ·最好有一位工人，产线班组长 ·需要与成员的上司沟通和批准 ·有一定的决定能力及权力	
	2.2	组建支援团队	-主要来自厂房维修、生产、人事等 -可能包括外部供应商，如机械加工厂 -支援团队要求在改善活动过程中随时提供快速支持	
	2.3	改善团队识别	-改善团队统一服装，T恤或其他服装 -颜色鲜艳，耐脏 -印有"改善"或"Kaizen"等字样	

(续)

类别		序号	准备项目	准备要求	检查
3	前期沟通	3.1	与产线员工沟通	-提前与改善区域员工沟通，消除其顾虑，使其积极配合改善	
		3.2	与改善团队沟通	-提前一周与改善团队开会 -对改善团队传达要求，主要要求有： ·全职参加改善（做好工作临时安排） ·积极参加、乐于改变 ·可能需要晚上工作	
		3.3	与支援团队沟通	-对支援团队的要求： ·不必全职参加 ·随时候命，当改善活动需要时随时提供支持 ·准备好相关的物料、工具等	
		3.4	与公司高层沟通	-邀请高层（最好是总经理）在改善开始前讲话	
4	生产准备	4.1	选定产品安排连续生产	-改善周内连续生产	
		4.2	流程调整期间生产安排	-第三天重新布局产线时，可能会部分影响产线，需要提前做好生产、人员准备	
		4.3	重新布局需要空间安排	-为即将实施的车间布局准备空间	
		4.4	流程调整需要物资工具	-设备及产线搬动安装需要的气管、接头等布局物品 -精益管、工装夹具制作材料 -确保在重新布局时这些资源可得	
5	数据收集	5.1	产品订单需求	-过去8周实际需求 -未来2~8周的需求 -最好以PQ分析的格式	
		5.2	产线的生产人员	-产线、班次人数 -各工位人员状况	
		5.3	生产效率	-过去8周的生产效率，可能包括： ·产线或车间总效率（产量/上班工时/总人数） ·整个产线或车间的人均产出［数量/（小时·人）］ ·各工位的效率	

(续)

类别		序号	准备项目	准备要求	检查
5	数据收集	5.4	工艺流程图	-产品的工艺流程图,与实际生产一致 -最好以PR分析的格式	
		5.5	产线布局图	-选定改善区域的工位布局	
		5.6	面积	-目前生产线总的占地面积	
		5.7	在制品数量	-各个工序间的在制品数量	
		5.8	生产周期(天)	-完成一个产品或一个订单的生产周期	
		5.9	设备清单	-整条生产线的设备清单及数量 -列出与其他生产线共用的设备清单	
		5.10	工序照片	-各工位的照片,如果可能,可录制各工序的短片	
6	文具资料	6.1	改善会议室	-最好改善会议室在改善区域附近	
		6.2	投影仪	-培训用投影仪	
		6.3	白纸	-110cm×80cm规格白纸40张(最好是整卷的)、	
		6.4	白板笔	-白板笔红色、黑色、蓝色各一盒	
		6.5	告示贴	-黄、绿、蓝各5本	
		6.6	直尺	-短尺(2把),1米长尺1把	
		6.7	胶纸	-透明胶纸和美纹胶纸各5卷	
		6.8	秒表	-可用手机代替	
		6.9	油性笔	-红色、蓝色、黑色各10支	
		6.10	计算器	可用手机代替	
		6.11	小刀	-3个	
		6.12	铅笔、圆珠笔、橡皮	-铅笔、圆珠笔、橡皮各5	
		6.13	相机	-可用手机代替	
		6.14	横幅	-《××××公司精益改善周》	
		6.15	改善前的数据	-打印或复印上述数据,改善周开始时发给每个成员一份	
7	后勤安排	7.1	小食及饮料	-改善活动中的瓶装水、小食、饮料等	
		7.2	伙食安排	-改善周成员及顾问师的伙食安排	
		7.3	改善庆祝活动	-改善活动结束当天安排改善团队的庆贺活动	
		7.4	活动相片	-安排专人负责照相,记录相关改善过程	

第 29 章 Day 1-培训与定义：可能是改善周团队最轻松的一天

> 改善周终于来了，第一天可能是五天当中团队成员最轻松的一天。但对改善周导师而言，却是关键的一天，通过动员会、团队破冰、技术培训，把临时组合的团队成员从思想意识、行为准则和工具方法上整合成统一强大的团队。

JIT-SKB 改善周第一天主题是：培训与定义。

第一天，团队成员的心态是期待而紧张的，这可能是改善周团队最轻松的一天，因为主要是在培训室里接受改善周导师的培训。

本日的工作设计见表 29-1。

表 29-1 JIT-SKB 改善周第一天工作设计

Day 1 培训与定义	Day 2 测量与设计	Day 3 实施与模拟	Day 4 运行与改进	Day 5 固化与报告

本日目标	实施与主题相关改善技术培训，完成改善目标的定义和确认			
重点任务	日程分解Daily Agenda			
	WHAT	WHO	WHEN	STATUS
任务1：改善周启动会	改善周启动会	KPO	Day1	⊕
	团队破冰培训	引导师	Day1	⊕
	精益改善技术培训	引导师	Day1	⊕
任务2：团队破冰培训	精益概述	引导师	Day1	⊕
	价值分析与浪费	引导师	Day1	⊕
	JIT准时化生产	引导师	Day1	⊕
	Jidoka自働化	引导师	Day1	⊕
任务3：改善技术培训	均衡生产	引导师	Day1	⊕
	标准化作业	引导师	Day1	⊕
	5S/目视化	引导师	Day1	⊕
任务4：目标评审定义	改善突破法	引导师	Day1	⊕
	预期目标评审与定义	引导师/KPO	Day1	⊕
	每日改善公报	KPO	Day1	⊕
	每日改善心得	团队成员	Day1	⊕
	KPO评审	引导师/KPO	Day1	⊕
预计时间：9:00~17:30				

第29章 Day 1-培训与定义：可能是改善周团队最轻松的一天

一、改善周启动会

改善周正式开始前，一个简短的启动会是有必要的（图29-1）。但是改善周启动会的仪式也不必弄得太隆重、太复杂，时间上也不允许。一般情况下，邀请公司领导做个简短的开场发言即可。

图29-1 改善周启动会

- ❖ 启动会发言人：最好是公司的总经理、总裁、董事长级别的高管，级别越高越好，团队能感受到公司在管理层级的重视。
- ❖ 启动会的时间：控制在30分钟以内，切记不要占用太多的改善周时间。
- ❖ 参与的人员：改善周项目组成员、公司高管、部门经理、主管、工程师、精益办专员等，条件允许的情况下，尽可能邀请多一些人参加启动会。
- ❖ 发言的内容：一般情况下，发言者要表明精益战略在企业中的地位和意义，对改善周模式认同，以及对本次改善周的期待和要求，特别是要表明公司对改善周活动过程的资源和管理支持。

二、团队破冰训练

改善周的人是组合到一起了，但意识和行动准则还没有整合，如何实现从团伙到团队的转变呢？接下来，改善周引导师要对团队进行一个必要的破冰训练。

引导师要向团队成员阐明改善周模式的特征、工作流程、团队工作八大原则、纪律管控等要素，确保团队成员充分理解并接受改善周的要求，特别是本书23章的内容。随后，签订改善周承诺书（图29-2）。

团队破冰是一个非常关键的环节，很多改善周组织者容易忽略这个过程。事实上，团队如果不从意识和思想上达成共识，并且通过必要的约束来管理大家的行为，使大家形成共同的行动准则，那么，很难保证团队在整个改善活动中都能始终按照改善周的要求来进行。

图 29-2　签订改善周承诺书

三、改善技术培训

引导师需要根据改善周的主题来设计不同的培训内容，针对 JIT-SKB 改善周，主要应用的是精益生产 JIT 和 IE 改善的工具方法，培训的内容包括精益概述、价值分析与浪费、JIT 准时化生产、Jidoka 自働化、均衡生产、标准化作业、5S/目视化、IE 改善手法等。不要求团队掌握所有的知识点，但改善周需要用到的工具，是必须要确保充分理解的，包括单件流、时间测量方法、意大利面条图（Spaghetti Diagram）、节拍（Takt Time）、OCT 柱状图/平衡图等。

培训的内容可以在第一天集中完成培训，也可以在改善活动的过程中根据任务的需要穿插进来，必要时，也可以尝试在改善周之前提前实施培训。

每次改善周，无论成员是否参加过，只要有新的成员加入，就有必要对团队成员实施完整的培训（图 29-3），以确保所有的成员有共同的语言和行动准则。

> **有益提示**
> 不是所有熟悉改善周流程的专家或 KPO 都能成为优秀的培训师。切记不要草率安排不能胜任的人去承担第一天的培训，糟糕的培训过程会使团队的第一天就埋下失败的种子。

四、目标评审定义

一般来讲，本日的培训结束后，需要与团队进一步确认和定义本次改善的关键要素，包括：

图 29-3　对团队成员实施完整的培训

- 本次改善主题的说明。
- 改善实施的区域范围、车间产线、产品族等进一步确认。
- 初步梳理产品或产品族的加工流程，包括 PQ 和 PR。
- 再次确认本次改善的目标。
- 必要时，初步进行小组分工。

五、每日《改善公报》

在改善周活动过程中，时时需要使用到《改善公报》［Kaizen Newspaper，也有人称之"改善新闻"（见表 29-2）］来制定或记录所有的行动计划。改善公报格式简化了一些不必要的信息，应用 W（What）-W（Who）-W（When）模式，追求简洁高效，快速行动。

表 29-2　改善公报
Kaizen Newspaer / 改善公报

What (何事)	Who (何人)	When (何时)
		⊕
		⊕
		⊕
		⊕
		⊕
		⊕
		⊕

| Status Symbol 状态标识 | ⊕ Problem Checked 问题确认 | ◐ 1/4 Completion Responsibiling&Activities defined. 定义问题和职责 | ◑ 1/2Completion Action in Process. 改善进行中，完成1/2 | ◕ 3/4 Completion 完成3/4 | ● Full completion 活动完成，并确认效益 |

（续）

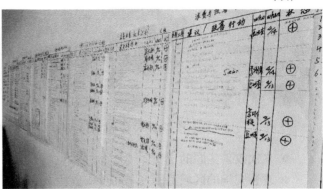

六、每日改善心得体会

每天改善周结束，要鼓励团队成员把今天的改善心得写下来，分享到改善周工作沟通群里面。这样做一方面是成员总结当天的收获，提炼学习和实践心得。另一方面，分享的过程，也能让其他改善周成员或非改善周成员，包括公司管理层，能够获知改善周的信息。这是一种非常快捷有效的宣传与提高。

❖ 电子格式的"改善心得体会"，图29-4所示就是微信版的改善心得体会。

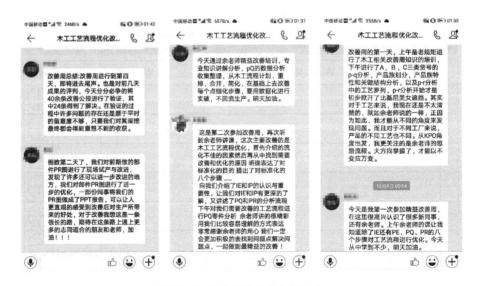

图29-4 微信版的改善心得体会

❖ 手写格式的"改善心得体会"，如图29-5所示。

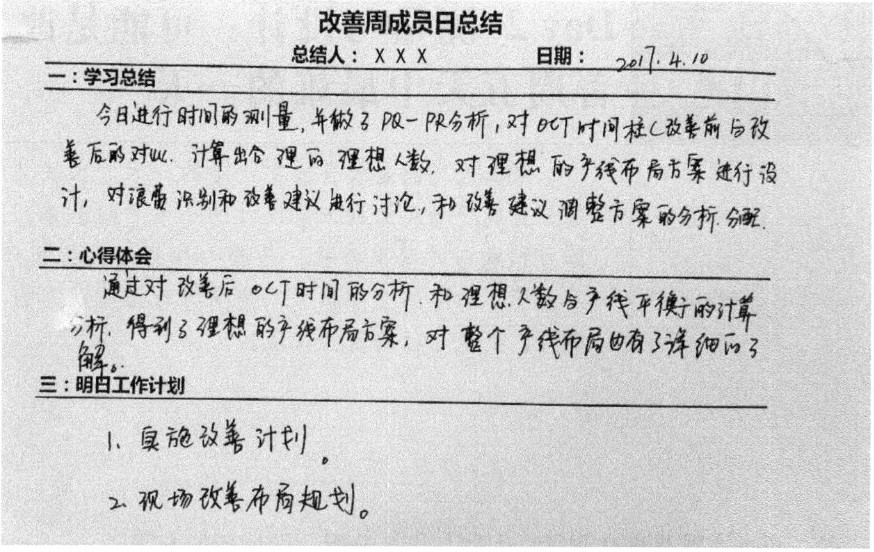

第29章 Day 1-培训与定义：可能是改善周团队最轻松的一天

图 29-5　手写版的改善心得体会

第 30 章 Day 2-测量与设计：可能是改善周五天中最难的一天

> 第二天可能是改善周中最难的一天。团队必须在当日完成现场观测到方案设计的一系列组合拳，是对体力和意志的双重考验，是脑力和智慧的终极碰撞，是激情与耐力的交替折磨，是导师与团队双方的共同挑战，更是导师的价值体现！

第二天的主题是现状测量，问题与机会分析，设计新的方案。

团队成员按照分工，到现场进行时间测量和相关数据采集，绘制现场物流的意大利面条图（Spaghetti Diagram，也有人形象称之为"浪费之旅"），识别现场改善机会，梳理浪费和改善建议，绘制OCT柱图，计算TT节拍时间，计算最佳人数和设备数量，对产线进行重新平衡，绘制未来的OCT-TT平衡图（或山积表），设计新的流程方案（或图纸），最后，制作明天要实施的《改善公报》。

本日的工作设计见表30-1。

表30-1 JIT-SKB改善周第二天工作设计

		Day 1 培训与设计	**Day 2 测量与设计**	Day 3 实施与模拟	Day 4 运行与改进	Day 5 固化与报告
本日目标		按精益方法进行测量分析和设计，完成新流程设计方案				
重点任务		日程分解 Daily Agenda				
		WHAT	WHO	WHEN	STATUS	
任务1：现场时间测量		现场观测	团队成员	Day2	⊕	
		PQ与PR分析	KPO	Day2	⊕	
		时间测量与分析	团队成员	Day2	⊕	
任务2：改善机会识别		意大利面条图	团队成员	Day2	⊕	
		OCT-TT	KPO/团队成员	Day2	⊕	
		确定节拍	引导师/KPO	Day2	⊕	
		理想人数	引导师/KPO	Day2	⊕	
任务3：新流程方案设计		头脑风暴	团队成员	Day2	⊕	
		产线平衡改善	KPO/团队成员	Day2	⊕	
		布局方案设计	KPO/团队成员	Day2	⊕	
任务4：新流程方案决策		布局方案决策	引导师/团队成员	Day2	⊕	
		改善公报	KPO	Day2	⊕	
		每日改善心得	团队成员	Day2	⊕	
		KPO评审	引导师/KPO	Day2	⊕	
预计时间：9:00~? 晚上下班的时间未知，任务完成了才能下班						

第30章 Day 2- 测量与设计：可能是改善周五天中最难的一天

一、现场时间测量

第二天的首要任务是进行作业时间测量，其目的是精准测量每一道工序的 OCT（Operator Cycle Time，工人操作时间）、MAT（Machine Automatic Time，机器自动时间）、MCT（Machine Cycle Time，机器周期时间），时间测量的几个要点：

- ❖ 依靠现场观察，亲自测量，不要依赖过往的经验或电脑中的数据。
- ❖ OCT、MAT、MCT 必须能够分开来。
- ❖ 对劳动密集型作业，一般采取最小重复数法，而不是平均数法。
- ❖ 成员分工，一般采取两两配对的模式（图30-1）。

图 30-1　改善周成员在现场做时间测量

现场观测使用的主要工具是《现场时间观测表》，见表 30-2。

表 30-2　现场时间观测表

工序:												设备:		观测人:		产品:	
序号	作业步骤（如有等待步骤，单独列出）	1	2	3	4	5	6	7	8	9	10	11	OCT-工人操作时间	MAT-机器自动时间	VA-增值/NVA非增值	备注（浪费、改善建议、批量、在制品…）
	一个周期的总时间												数量/成品 × = OCT/成品		VA 增值 / NVA非增值	
产品切换/换模信息/其他信息:												机器周期时间MCT（单件产品）= 装料时间(Load) + 机器自动时间(MAT) + 卸料时间(Unload) = 机器周期时间(MCT)				

注：小数点保留至秒后一位小数点。

通过现场测量的时间，进一步绘制出 OCT 柱状图（图 30-2）或"山积图"，这里说的 OCT 柱状图，只是每个工序纯粹的作业时间图，要与 IE 所指的平衡图区别开来。

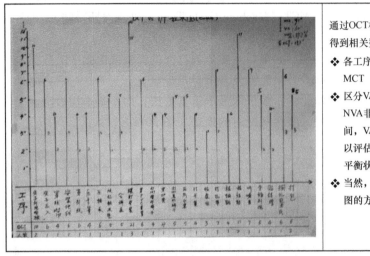

通过OCT柱状图，可形象得到相关数据：
- 各工序的OCT、MAT与MCT
- 区分VA增值(红色)与NVA非增值(蓝色)时间，VA%值。大致可以评估出产线当前的平衡状况
- 当然，也可以用山积图的方式

图 30-2　OCT 柱状图

二、浪费与改善机会识别

为何一定是要求到现场亲自测量时间，而不是依赖已有数据或经验呢？其中一个重要的原因是要团队深入现场，通过现场时间测量，识别流程中的各种浪费。

可以利用图 30-3 所示的《现场浪费识别表》《意大利面条图》来帮助我们观察和识别现场的浪费及改善机会。

三、新流程方案设计

❖ 设计要素一：节拍设计、理想人数与设备数量

对 JIT-SKB 改善周来讲，节拍设计是整个方案成功与否的关键，节拍设计合理，后续的产线设计、实施和运行都会顺利，反之，可能要导致后续的返工甚至不能实现目标。

节拍设计的一些要点如图 30-4 所示。

❖ 设计要素二：产线方案设计

接下来，要进行产线平衡和产线设计环节，这个过程需要团队成员充分利用的头脑风暴，综合应用精益 JIT 和 IE 改善手法，比如单件流、产线平衡、ECRS、TOC 等。

第30章　Day 2-测量与设计：可能是改善周五天中最难的一天

《现场浪费识别表》														要点：
区域/车间			组别				观察人							❖ 在观察过程中识别的浪费与改善建议,给每个小组一个数量目标,比如人均20条,数量胜于质量,尽可能多识别改善机会 ❖ 整理到改善公报中,合并重复项 ❖ 有必要对这些机会分析,快速判断是否可行,切勿深入讨论方案细节
序号	工序地点	有哪些问题或浪费？哪些地方需要改善？	属于哪一类浪费？										我的改善建议	
			等待浪费	不良浪费	动作浪费	搬运浪费	加工及法程	过量生产	库存浪费	新工艺新技术	55与目视化	省力化自动化	能源损耗	材料损耗	其他		
1																	
2																	
3																	
4																	
5																	
6																	
7																	
8																	

《浪费与改善建议》　　《浪费之旅：意大利面条图》　　　　团队快速讨论改善建议

图30-3　现场浪费识别表和意大利面条图

这个环节需要团队智慧的充分挖掘，最大的考验在于，此时往往到了第二天的晚上甚至深夜，是对团队体力和精益的挑战。改善周导师要正确地引导团队，必要情况下，不排除由导师提出更优的解决方案。

产线设计的要点和输出示例如图30-5所示。

❖ 设计要素三：整体布局设计

很多时候，需要进一步做车间或工厂的整体布局规划，如图30-6所示，前面设计的产线经过整体布局规划后，或许需要调整，这对改善周团队来讲，亦可能是一项令人崩溃的事情。

四、改善周第二天的考验

改善周第二天应用的工具方法中，从工具本身来讲，都不是什么多高深的技术。但改善周套路的精髓之处就在把这些单一的工具，比如时间测量、最小重复数法、头脑风暴、OCT柱图、生产节拍、理想人数、设备数量、产

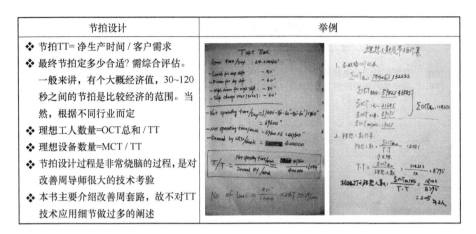

图 30-4 节拍设计的要点

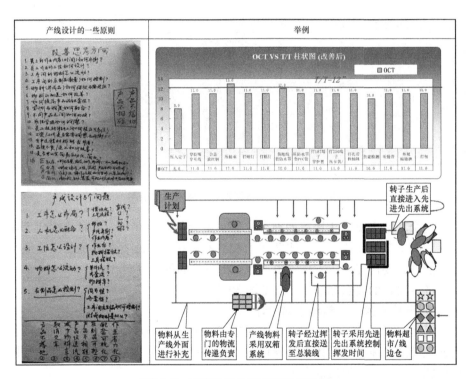

图 30-5 产线设计的要点和输出示例

线平衡、布局设计等简单的工具，串联成一种有逻辑的工作流程。从任何一个单独工具应用来讲，对广大的精益和 IE 人士，都是比较简单的基础技术，并不会存在明显的困难或困惑。

第 30 章　Day 2- 测量与设计：可能是改善周五天中最难的一天

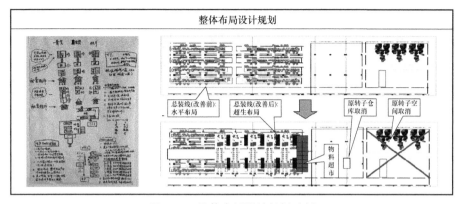

图 30-6　整体布局设计规划示例

> 这一天，可能是改善周几天中最难的一天，是体力和意志的双重考验，是脑力和智慧的穷尽碰撞，是激情与耐力的交替折磨，是导师与团队双方的共同挑战！更是经验和智慧的价值体现！

而真正挑战团队的，是要在一天之内高效地打完这一系列的组合拳套路！本日的最终任务是要完成新流程方案的设计，以便到第三天能马上开始实施新方案。团队的方案分析与设计过程一般都要延续到晚上完成，甚至到三更半夜是常见的体验。

笔者在初次参加 JIT-SKB 改善周时，第二天一直奋战到凌晨 2 点，在后续实践的大大小小近 300 个改善周中，第二天工作到次日凌晨基本上成为了一种常态。一方面是本日的任务比较多，工作量大，特别是某些企业的流程多，工序时间长；另一方面，在机会分析和方案设计阶段，本身就是一个革新的过程，在方案讨论的初期，团队要经历从迷惘到清晰的过程，甚至要经历在节拍优化→人数调整→产线平衡→产线设计等要素中反复的工作循环，方案可能常常要推倒重来，要穷尽所有的智慧和经验，这过程无疑要消耗团队大量的精力和脑力！再加上时间渐渐变晚，团队的体力消耗非常大，这是对团队意志的考验！

即使对于一个经验丰富的改善周导师，本日也是一周中压力最大的一天，每个 JIT-SKB 改善周的对象和范围不同，思路和方案也不同，新流程的方案设计直接关乎本次改善周的成败，这是最烧脑的一天，也是智慧和经验价值最大的一天。

> **有益提示**
>
> 需要调动团队激情的一些小技巧，比如玩些小游戏、统一喊喊口号、违反改善周承诺时兑现自罚措施，发发红包，饮料和点心服务……总之，让改善活动变得轻松些，让大家享受团队，享受改善，再累也开心。

第31章 Day 3-实施与模拟：可能是改善团队最有激情的一天

> 这是最具激情的一天！第三天的重点是实施改变，把前期设计的新流程方案变成现实，模拟新流程的作业方式，验证和完善修正新方案，培训员工新的流程和操作方法。这一天，让"马上行动"成为我们的行动准则！

行动起来！
一个字，就是"干"！
两个字，就是"速度"！
三个字，就是"动起来"！
四个字，就是"马上行动"！
一句话，快而粗好过慢而细！
一旦行动起来，团队的激情就来了！

今天的目标是"改变"，工作的准则是"马上行动"，追求的原则是"快"！

按照前一天设计的方案和任务分工，团队马上动手实施各项改善行动。改善周成员要么亲自动手，要么组织支援团队或其他资源，通过产线制作、布局调整、工装制作、设备搬迁等物理性变化，或者结合模拟手段，实现设计的方案。

本日的工作设计见表31-1。

一、行动起来，快速呈现

第三天的工作目标是确保第四天员工一上班时，就能按照新的流程进行作业（图31-1）。为了这个目标，必须要调动一切可能需要的资源和支持，包括内部资源和外部资源。

第 31 章　Day 3- 实施与模拟：可能是改善团队最有激情的一天

表 31-1　JIT-SKB 改善周第三天工作设计

Day 1	Day 2	**Day 3 实施与模拟**	Day 4	Day 5

本日目标	马上实施新的方案并模拟新流程，确保第四日能按新流程运作			
重点任务	日程分解Daily Agenda			
	WHAT	WHO	WHEN	STATUS
任务1：实施改善行动	实施新方案	团队成员	Day3	⊕
	现场重新布局	团队成员	Day3	⊕
任务2：实施新的布局	工装治具制作	团队成员	Day3	⊕
	模拟验证	团队成员	Day3	⊕
任务3：新流程模拟验证	新方案试运行	团队成员	Day3	⊕
	培训工人	KPO/团队成员	Day3	⊕
任务4：修正设计方案	改善公报	KPO/团队成员	Day3	⊕
	每日改善心得	团队成员	Day3	⊕
	KPO评审	导师/KPO	Day3	⊕
预计时间：9:00~？晚上下班的时间未知，任务完成了才能下班				

图 31-1　改善周第三天现场工作

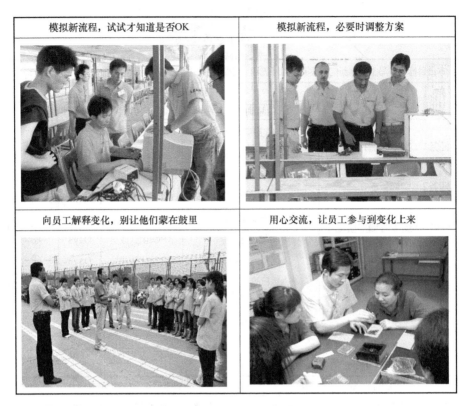

图 31-1　改善周第三天现场工作（续）

二、改善周第三天的考验

相对于烧脑的第二天，第三天基本上都是动手操作，对大部分改善周成员来讲，是富有激情的时刻。团队在第三天的意识和动手能力不必太担心。

第三天的工作目标是完成新流程的建设工作，确保在第四天员工能够全流程按新方法来运行。第三天实施改善需要很多工具、材料或设施，都要提前一天准备好，否则，第三天部分行动就没法实施，比如搬运设备的叉车，流水线改造的管线接头等。

> **有益提示**
>
> 即使部分资源没有提前预知到或准备好，也要尽最大努力去调动相关的资源来解决问题，不要吝惜你的勇气去寻求高层管理的支持。

第31章　Day 3- 实施与模拟：可能是改善团队最有激情的一天

今天的工作对 KPO 的考验在于如何分配和跟进团队的工作，有必要分成若干个小组来实施不同模块的工作，比如工装制作小组、现场布局小组等。特别需要提醒的是：要把产线的若干个工序分解到相关的小组或团队成员，确保每一个工序或区域都有明确的责任人。

现场模拟新流程时，要不断提醒团队成员，要注意验证新流程的操作时间是否能满足预期的节拍要求。如果需要调整或修正的，必须马上做出响应，涉及较大的偏差情况时，比如节拍不合理、布局搬迁有重大障碍等，这些情况必须马上跟改善周导师或组长沟通，寻找新的解决方案。

> 快而粗，好过慢而细！
> 有了想法，马上行动！
> 改善周，永远不要等待所谓的完美方案再去实施，
> 因为你永远不能在纸面上得到完美的方案。

千万不要忽视员工的沟通与培训，在现场流程变化阶段，有必要向员工解释这些变化，不要让员工不知所措，逐步让员工了解变化，让员参与进来一起改变，参与初期的模拟和验证操作，鼓励员工提出更好的解决方案。本日下班前，必须确保所有工序的员工得到新流程新方法的培训，并且得到员工的认同。另外，不要忽略了晚班的员工！

第 32 章　Day 4-运行与改进：可能是希望与失望交替的一天

> 胜利在望，理想很丰满，最终结果肯定也是好的，但现实却是骨感的，改善从来不会一帆风顺，第四天的过程往往不那么平顺。没有持续的激情和耐力，彩虹不一定呈现，这一天，考验团队，更考验改善周的导师和 KPO。

第四天，就是新流程运行和持续改进了。

团队成员是满怀期待来开始今天的改善之旅的，新流程运作的效果呈现会如何呢？能达到设计的效果和目标吗？

理想是美好的，最终结果肯定也是好的，但现实是骨感的，改善从来不会一帆风顺，第四天的过程往往不那么平顺。按照新的流程和方法运行，一边运行，一边发现问题和改善机会，马上实施新的改善行动，通过一天反复的持续优化和快速改善，最终确保新的流程和方法能达到设定的效果。在运行与优化的过程中，有些环节顺利，也可能有些环节不顺利，原方案可能需要不断做进一步的调整。

第四天的工作本质上是第二天和第三天的结合，既要反复做第二天的测量、分析与设计，更要快速实施新的改进，两者交替进行，直到达成运行效果，形成一个 PDCA 工作循环。

本日的工作设计见表 32-1。

一、持续改善新流程

产线运行过程中，团队成员要持续对工序时间进行测量，如果某工序的 OCT 达不到节拍的要求，要寻找解决方案把 OCT 优化下来，直到所有的工序都能达到设定节拍的要求，即使某工序跟节拍还有差距，也应该有相应的解决方案。

新流程持续改善过程如图 32-1 所示。

追求节拍达成的持续改善是重要主线，也是影响改善成果大小的重要指标，改善周团队必须高度关注每个工序乃至整个产线的节拍达成效果。

其中一个重要的节拍管理要素是按小时来管理每个时段的产量达成情况，而不是传统的按照天或班来管控。

第32章 Day 4-运行与改进：可能是希望与失望交替的一天

表32-1 JIT-SKB改善周第四天工作设计

		Day 4 运行与改进		
本日目标	按新的模式运行、验证与优化			
重点任务	日程分解Daily Agenda			
	WHAT	WHO	WHEN	STATUS
任务1：新线全流程运行	新方案运行	团队成员	Day4	⊕
	继续观测与优化	团队成员	Day4	⊕
	节拍跟进	导师/团队成员	Day4	⊕
任务2：持续改善新流程	持续改进平衡	团队成员	Day4	⊕
	新平衡图	KPO/团队成员	Day4	⊕
任务3：让物料流动起来	优化物流	KPO/团队成员	Day4	⊕
	确定SWIP	KPO/团队成员	Day4	⊕
	确定WS	团队成员	Day4	⊕
任务4：策划改善报告会	目视化管理	团队成员	Day4	⊕
	改善公报	KPO/团队成员	Day4	⊕
	每日改善心得	团队成员	Day4	⊕
	KPO评审	引导师/KPO	Day4	⊕
预计时间：9:00~? 晚上下班的时间未知，任务完成了才能下班				

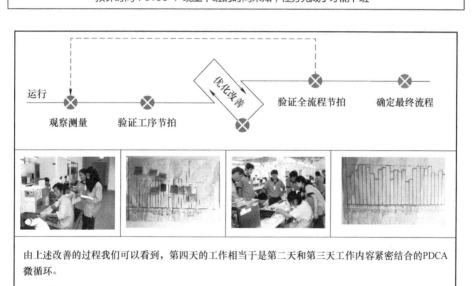

由上述改善的过程我们可以看到，第四天的工作相当于是第二天和第三天工作内容紧密结合的PDCA微循环。

图32-1 持续改善工作流程

关于小时节拍管理的具体要点如图32-2所示。

二、让物料流动起来

如果JIT-SKB改善周的对象是装配型的生产线，那么，后续需要设计产线物料的存放和配送，包括物料超市建设（Supermarket）、物料配送员（Wa-

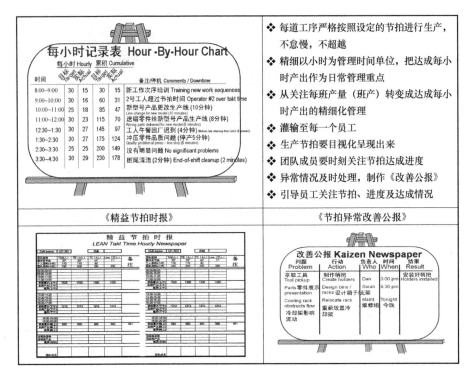

图 32-2　节拍管理时报

ter spider 水蜘蛛)、物料的放置点（POD）和使用点（POU）、双箱系统，以及物料配送模式、补充频率、搬运工具等方面的设计，如图 32-3 所示，以便使装配生产线的物料能够配合产线节拍有序地流动起来。

三、改善周第四天运行的关键

第四天是接近成功的一天，但越是临近成功，越需要持续的激情和耐力，特别是新流程需要二次优化甚至三次优化时，团队需要持续的热情来面对可能的异常情况。

> 成员们可能要在"尝试→希望→欠佳→失望→再尝试→希望→成功"中经历一种持续改善的复杂体验，是考验团队意志与改善力、激情与耐力的关键一天！

今天，除了团队成员之外，改善周导师应该充当关键的角色，经过第三天的激情后，团队可能认为已经成功，并不太清楚下一步应该做些什么，甚至有些员工，只是机械地测量时间，却不知测了时间后下一步应该做什么。此时，导师应该不断提醒团队成员：

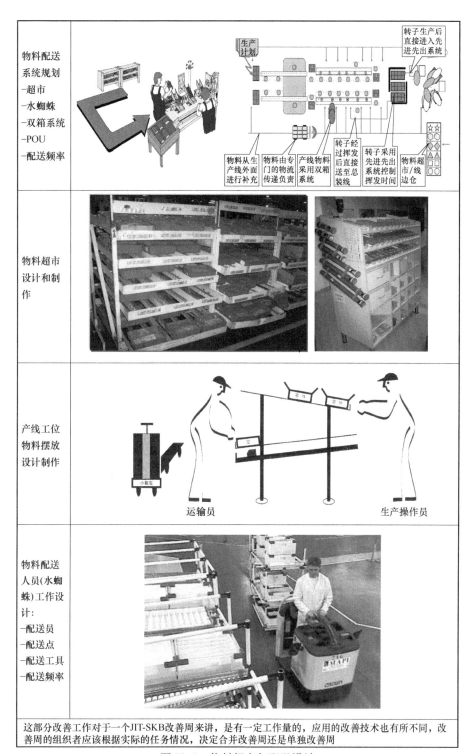

图 32-3 物料超市与配送设计

- ❖ 前面的改善行动是否已实施完毕？
- ❖ 员工是否已经培训到位并且按新方法操作？
- ❖ 每个工序的操作时间是否达到节拍的要求？
- ❖ 如果达到了，是否可以标准化？
- ❖ 如果达不到，采取什么措施？
- ❖ 全流程中的瓶颈在哪里？如何消除？
- ❖ 针对目前的瓶颈，后续有没有解决方案？
- ❖ 员工的作业方法是否最佳？
- ❖ 员工生产用的工具、工装是否合理？
- ❖ 产线的物料摆放是否合理？
- ❖ 连续流一旦建立，需要有哪些措施来保障连续流的稳定生产？
- ❖ 哪里需要目视化的工作？

……

总之，改善周导师必须像敏感的猎人一样，敏锐地把握现场每一个人的动态，引导好团队成员认清理想状态，并能识别偏差，从而采取进一步优化措施。同时，改善周导师还应该是新流程的验收者，他要站在最终验收人的角度，以高标准来检验新流程是否达到理想状态。

> **有益提示**
>
> 改善周导师应该是新流程的验收者，他要站在最终验收人的角度，以高标准来检验新流程是否达到理想状态，不断引导和提示成员识别偏差，并采取进一步行动。

四、关于爬坡计划

今天，同样不要忽略与员工的沟通，一方面，要制订一个产能爬坡计划，跟员工和团队达成共识。一般来讲，爬坡的目标要有挑战性，可设定基本目标和挑战目标，爬坡的周期不应该超过两个星期为宜。另一方面，要制订一个配合爬坡的激励计划，如图32-4所示。

第32章 Day 4-运行与改进：可能是希望与失望交替的一天

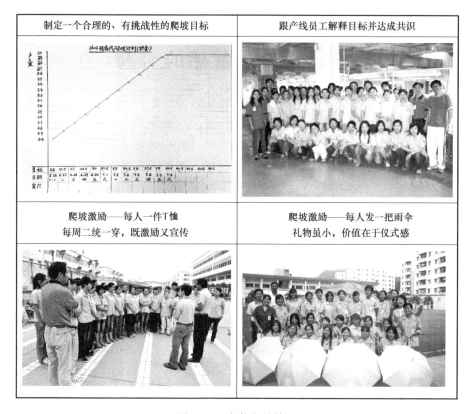

图 32-4　产能爬坡管理

第33章 Day 5-固化与总结：可能是团队最有成就感的一天

> 风雨之后终见彩虹！第五天是改善周团队紧张而又充满成就的一天。改善周发布会和庆祝活动，总结改善的过程和效果，既是记录改善历程，也是对改善周系统套路的梳理，更是对目标的评审和对团队工作成效的验收和激励。

第五天终于到来，今天的重点任务是标准化和成果发布，这是见证改善周突破性成果的一天，也是团队一周努力最终转化成收获的时刻。

经过第四天的运行和优化，新流程正常运作并能达到设定目标和预期效果，进行标准化作业，制订未来持续跟进的"30天行动计划"，总结改善成果，撰写改善报告，组织改善成果发布会，向公司管理层汇报改善过程和改善成果，同时，组织改善周团队进行庆祝活动。

本日的工作设计见表33-1。

表33-1 JIT-SKB改善周第五天工作设计

	Day 1 培训与定义	Day 2 测量与设计	Day 3 实施与模拟	Day 4 运行与改进	Day 5 固化与报告		
本日目标	实施标准化作业，改善总结与成果发布，团队庆祝						
重点任务	日程分解Daily Agenda						
	WHAT		WHO		WHEN		STATUS
任务1：现场标准化作业	标准作业		团队成员		Day5		⊕
	现场5S/目视化		团队成员		Day5		⊕
任务2：未来"30天行动计划"	"30天行动计划"		KPO/团队成员		Day5		⊕
	准备改善报告		KPO/团队成员		Day5		⊕
任务3：改善周发布会	成果发布		KPO/团队成员		Day5		⊕
任务4：团队庆祝活动	庆祝活动		KPO/团队成员		Day5		⊕
	每日改善心得		团队成员		Day5		⊕
	KPO评审		引导师/KPO		Day5		⊕
预计时间：9:00~17:30 晚上一般为庆祝活动							

一、标准化作业

要把改善成果巩固下来，不仅要编制标准作业指导书，还要指导员工按照标准进行作业。没有标准就没有改善，标准化作业是持续改进的基础，精益标准化作业跟传统的 SOP 相比，增加了节拍、循环时间、工作顺序、标准在制品四个关键要素，如图 33-1 所示。

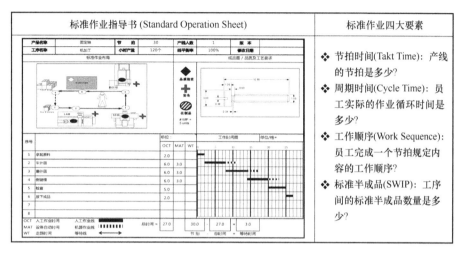

图 33-1　精益标准作业指导书

特别要注意的是，建立作业标准并不是标准作业的全部，如何实现真正的标准化作业仍有很多工作要做，比如培训员工新的作业方式、了解节拍达成情况、监督员工的作业时间和作业顺序等，这些标准化作业的落实，并不完全指望在改善周的最后一二天内就实现，还要有相应的跟进措施纳入后续的"30 天行动计划"中去。

> 没有标准，就没有改善
> "Where there is no standard, there can be no kaizen."
> ——Taiichi Ohno（大野耐一）

二、"30 天行动计划"

虽然改善周以急行军式的速度高效实施改善行动，但有些行动在一周内还是无法完成的，团队要制定未来持续跟进的"30 天行动计划"。跟传统的行动计划相比，改善周的"30 天行动计划"的时间限定为 30 天内要完成的任务，超过 30 天才能完成的，一般不纳入，这是保持改善周高效的原则，而且，超过30天才能完成的任务最好纳入项目管理中去。

有一些后续的行动必须要纳入"30天行动计划"中，比如：

❖ 改善周后1~2周内，每天要安排部分成员值班，现场跟进产线运行情况。

❖ 爬坡计划的数据通报与跟进。

❖ 每周要与团队总结"30天行动计划"的进展情况，如图33-2所示。

图33-2 "30天行动计划"

三、改善周成果发布会

最令人紧张和激动的时刻到了！经过一周的改善，要向管理层汇报一周的改善过程和突破性改善成果，这既是一次活动成果的展示，也是对改善效果的验收！

1. 发布会的目的

❖ 总结改善的过程，既是记录改善的历程，也是对改善周系统套路的梳理。

❖ 总结改善的成果，是对目标的评审，也是对团队工作成效的验收。

❖ 发布会的过程中，每一个上台发布的成员，一方面加深对改善周的认知，另一方面也提高了公众表达的能力。

❖ 发布会提供了一个让管理层认识和认可改善周成员的机会，为报告者的职业发展提供了一个展示的平台。

❖ 通过发布会，与会人员能够了解改善周的理念、工具、方法和套路，是一种直接有效的知识宣传和文化倡导。

第 33 章 Day 5-固化与总结：可能是团队最有成就感的一天

> **有益提示**
> 不要有顾忌，认为发布会是做秀或邀功。事实上，不总结，不发布，对个人或公司才是一种更大的浪费。

2. 发布会的形式

❖ PPT 报告：将改善的过程和结果制作成 PPT，这是最常用的做法。这个方式要求改善周的组织者，在改善周的过程中就要安排相关的人收集素材、准备 PPT。

❖ 会场展示：在改善周会场（或作战室），将改善过程的资料在墙上有序展开，报告成员逐个向大家介绍。

❖ 现场观摩：会场报告完后，最好带领与会人员到改善区域观摩，现场体验改善的内容和效果。

3. 发布会参与人员

❖ 尽量邀请公司的各级管理人员参加。

❖ 包括产线相关的人员，比如经理、主管等。

❖ 必要的情况下，邀请下一次改善周的成员参加，提前学习改善周模式。

4. 发布会的报告人员

❖ 由改善周的所有成员负责汇报，让团队成员来讲述，好过单纯的由 KPO 或某个人汇报。

❖ 由于很多需要汇报的人并没有亲自制作 PPT，提前让汇报人熟悉 PPT 的内容，组织预演或彩排是必要的。

5. 总结报告的内容

如果以 PPT 的形式展示，报告的内容一般可以参考表 33-2。

表 33-2 改善周报告内容清单

序号	内　　容		形式	报　告　人
1	报告开场	发布会议程	PPT	改善周组长或 KPO
2		发布会的会场规则	PPT	改善周组长或 KPO
3	改善周策划	改善周背景介绍	PPT	改善周成员
4		改善团队	PPT	改善周成员
5		改善范围 + 改善目标	PPT	改善周成员
6		改善周的基本介绍	PPT	改善周成员

（续）

序号	内容		形式	报告人
7	改善过程	改善周进程总结	PPT	改善周成员
8		精益理念（与本周特别相关的关键）	PPT	导师或 KPO
9		现场时间观察	PPT	改善周成员
10	改善前现状	现场问题与改善建议	PPT	改善周成员
11		OCT 与节拍柱状图（改善前）	PPT	改善周成员
12		车间物流路线（改善前）	PPT	改善周成员
13		PQ-PR 分析	PPT	改善周成员
14	方案设计	确定节拍与理想人数	PPT	改善周成员
15		OCT 与节拍柱状图（改善后）	PPT	改善周成员
16		车间物流路线（改善后）	PPT	改善周成员
17		新流程设计方案	PPT	改善周成员
18	改善案例	关键的改善案例分享	PPT	改善周成员
19		案例分享（1）	PPT	改善周成员
20		案例分享（2）	PPT	改善周成员
21		案例分享（3）	PPT	改善周成员
22		案例分享（4）	PPT	改善周成员
23		案例分享（5）	PPT	改善周成员
24		案例分享（6）	PPT	改善周成员
25	改善效果描述	标准化作业	PPT	改善周成员
26		改善效果总结	PPT	建议区域负责人
27	持续改善计划	30 天跟进行动	PPT	改善周成员
28	改善心得与总结	改善感言	PPT	挑选几位成员分享
29		改善周导师点评	讲话	导师
30		公司高层点评	讲话	公司高管
31		庆祝活动	活动	改善周成员＋部分高管

注：具体 PPT 可参考后续章节中的总结报告。

四、改善周第五天的关键

1. 关于改善周的结束时间

理想中，第五天应该是改善周的圆满结束时间，但在现实中，改善周有可能需要稍稍多一些时间来充分实施改善，或者中间遇到一些不可抗力的异常，这时改善周导师可以根据实际情况来调整改善周的结束时间。

标准改善周采用五天模式是基于欧美日企业理想的五天工作制而设定的。

在中国的大部分企业中,上班时间比较都比较弹性,周六正常上班也是常见的,因此,改善周的结束时间也可以根据现场情况做适当的调整。

2. 关于标准化实施的时间

在一些改善周实践者的流程中,一般把标准化作业安排在第四天,根据本人的经验,过早地仓促进入标准化环节可能导致改善效果变得粗糙,个人建议前期应该更充分地运行和优化,而非匆匆忙忙地呈现一些还不成熟稳定的做法,或者只是为了发布而发布。

3. 关于改善周的发布时间

笔者注意到,有一些关于改善周流程的介绍或培训中,改善周发布会的时间很多都安排在周五上午,下午往往是提供外来成员的返程,这是典型的欧美式工作时间,依笔者的经验来看,这是比较匆忙的,适当的延后更有利于改善周的输出。

4. 关于改善周的庆祝活动

报告会结束后,本次改善周的最后一个环节就是庆祝会了(图33-3)。庆祝会的活动形式可以根据各企业的情况而定。

有益提示

不要吝惜安排团队成员的庆祝活动,那是团队一周辛劳后的尽情释放和美好回忆,要做好必要的资金预算。

图33-3 改善周庆祝活动

第 5 篇 如何实施 VSM 价值流计划改善周

改善周实践 2

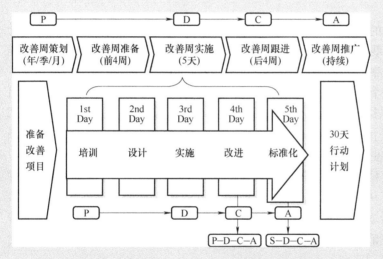

VSM 价值流分析与设计作为一个系统的方法体系,如果只是由个体的工程师在计算机中独立完成,则是毫无意义的做法。很多人都知道价值流,知道 VSM 价值流图的用途,但是很多人从事精益 IE 改善很多年,对价值流的应用却仅仅是停留在绘制企业的现状价值流图,对价值流工具的后续应用并没有展开。VSM 价值流改善周,以企业或工厂为直接对象,用一周的时间,完成从 VSM 价值流分析、设计到计划的全过程!

本篇将系统地阐述在一周内完成价值流测量、价值流分析、价值流设计、价值计划全过程的组织流程和工作方法,这是精益工作者的必修课。

第 34 章 什么是 VSM 价值流改善周

> VSM 价值流分析与设计作为一个系统的方法体系，如果只是由个体的工程师在电脑中独立完成，则是毫无意义的做法。应利用改善周的组织模式，遵循价值流的改善原则和系统套路，有效地指导企业的精益变革之旅。

越来越多的企业走上精益之路，在这条路上，很多人在询问，我们为什么要做精益，我们在工厂做过一系列的改善活动，比如5S、TPM、设备产能提升、人员效率提升等。做了一系列的改善活动，那么企业是不是就精益了呢？有没有一个好的衡量方式呢？答案是有的。精益这条路很漫长，我们可能要经历过很多挫折，我们可能会面临很多问题，甚至有人会丧失信心，那么，如果在这个过程中，有这么一条主线来牵引我们前进的方向的话，这条路可能会走得更顺利，这条主线就是价值流。

价值流是精益生产浪费识别的系统化工具，它的主要目标是遵循一种系统的原则，从宏观层面，帮助我们确认流程中存在的对客户不增值的浪费活动，然后逐步消除这些浪费。利用价值流分析技术，可以让企业沿着一条主线，在消除浪费的同时也能消除浪费的根源，从根本上提升企业的价值链。

精益价值流是任何企业展开精益改善之初的必要工具，既可作为企业内部沟通的工具，也可作为企业的精益战略规划工具，将企业流程所有相关的物流、信息流和现金流以图示的方式加以表达，有利于企业了解目前的经营现况和未来的经营现况。

价值流图（VSM）是一个用手工方法通过特定的图标绘画来表现整个价值流的过程，包括物流、信息流和过程流。绘制一幅现有系统的整体价值流程图，可以让所有人直观看出流程中的浪费情形，未来面貌的理想价值流程图可显示期望实现的未来远景，并有助于识别出价值流程中最能减少浪费的机会，借助它你可以找到最明显的未来3~5年甚至5~10年精益价值流改善的方向和步骤，制订消除浪费的计划并加以执行。精益价值流分析是所有企业展开精益之旅的必由之路。

第34章 什么是VSM价值流改善周

很多人都知道价值流，知道VSM价值流图的用途。但是很多人，从事精益IE改善很多年，对价值流的应用却仅仅是停留在绘制企业的现状价值流图上，对价值流工具的后续应用并没有展开。

为什么呢？因为他们没有找到一种价值流分析有效的组织方法。首先，价值流分析是一项团队的活动，而很多时候，它却成了少数精益或IE人员的个人行为。其次，价值流分析的过程是一个大家手工参与的过程，而很多人却将它变成电脑或软件的操作。最重要的是，没有找到一种有效的组织模式。

> VSM价值流改善周，以企业或工厂为直接对象，用一周的时间，完成VSM价值流分析、设计到计划的全过程！

一、VSM价值流改善周的特征

VSM价值流改善周的特点如图34-1所示。

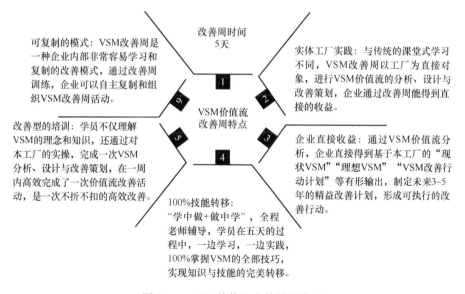

图34-1　VSM价值流改善周的特征

二、VSM价值流改善周的关键输出

与JIT-SKB改善周所呈现的现场物理变化和实际指标变化不同，VSM改善周的关键输出包括知识转移、技能转移、企业现状价值流图、未来价值流图和改善计划，具体见表34-1。

表 34-1　VSM 价值流改善周的输出

输出 1	知识转移	团队成员系统掌握精益生产理念、工具和方法，能够绘制、分析和改善企业的 VSM 价值流图，掌握精益价值流图的绘制和应用	
输出 2	技能转移	经过价值流分析，企业的团队将会全面认知精益推行的路径，能够识别价值流中的改善机会，为下一阶段的全面推行制订改善项目和计划	
输出 3	企业现状价值流图	对公司价值流进行数据收集。绘制公司的当前价值流图。对现有价值流进行描述，准确摸清现有状况	
输出 4	企业价值流改善点	识别当前价值流的浪费与改善机会。对现有价值流进行深入的分析诊断，找出增值/改善的机会，提高效率消除浪费	
输出 5	企业未来价值流图	绘制公司的理想价值流图。根据本公司远景规划，行业的发展趋势和未来新技术的出现，设计最优化的流程及运作方式，绘制未来规划蓝图	

（续）

| 输出6 | 企业精益改善计划 | 制订公司的未来 1~3 年的价值流改善项目计划 | 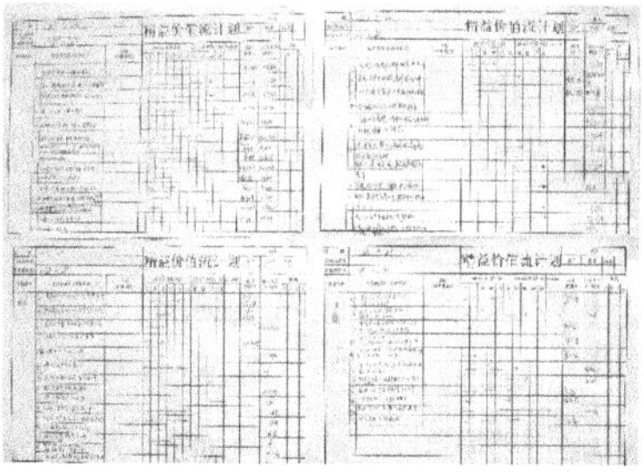 |

三、VSM 价值流改善周的全过程

VSM 改善周遵循前面所述的改善周所有原则和套路方法，所不同的是 VSM 改善周应用的改善工具手法，如图 34-2 所示。

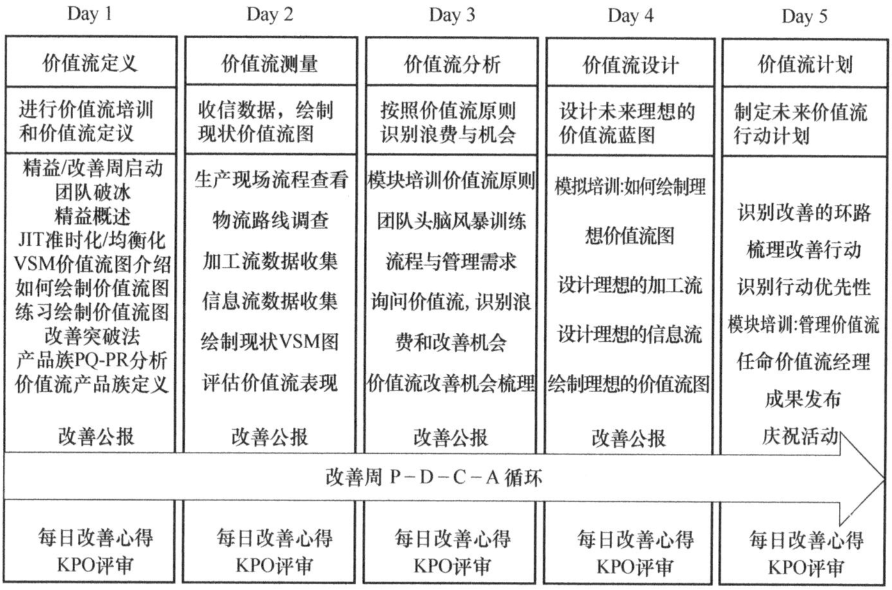

Day 1	Day 2	Day 3	Day 4	Day 5
价值流定义	价值流测量	价值流分析	价值流设计	价值流计划
进行价值流培训和价值流定义	收信数据，绘制现状价值流图	按照价值流原则识别浪费与机会	设计未来理想的价值流蓝图	制定未来价值流行动计划
精益/改善周启动 团队破冰 精益概述 JIT准时化/均衡化 VSM价值流图介绍 如何绘制价值流图 练习绘制价值流图 改善突破法 产品族PQ-PR分析 价值流产品族定义	生产现场流程查看 物流路线调查 加工流数据收集 信息流数据收集 绘制现状VSM图 评估价值流表现	模块培训价值流原则 团队头脑风暴训练 流程与管理需求 询问价值流，识别浪费和改善机会 价值流改善机会梳理	模拟培训:如何绘制 理想价值流图 设计理想的加工流 设计理想的信息流 绘制理想的价值流图	识别改善的环路 梳理改善行动 识别行动优先性 模块培训:管理价值流 任命价值流经理 成果发布 庆祝活动
改善公报	改善公报	改善公报	改善公报	
改善周 P-D-C-A 循环				
每日改善心得 KPO评审	每日改善心得 KPO评审	每日改善心得 KPO评审	每日改善心得 KPO评审	每日改善心得 KPO评审

图 34-2 VSM 价值流改善周的系统流程和改善工具方法

【VSM 改善周第一天】 培训与定义

第一天的主要任务是为改善周团队进行价值流知识的培训。

培训内容分三个部分：第一部分是对改善周团队破冰和团队建设；第二部分是 VSM 价值流基础知识培训；第三部分是团队成员练习绘制价值流图。

本日还要对价值流分析和改善的对象、范围、产品族进一步定义和确认，确保团队所有成员明白本次改善周的内容和目标。

【VSM 改善周第二天】价值流测量

第二天的主要任务是流程测量和数据采集，绘制现状价值流图。

团队成员按照分工，到现场进行价值流相关数据的采集和测量，包括产品的加工流、物料流和信息流，基于收集的信息，绘制企业的 VSM 现状价值流图。

【VSM 改善周第三天】价值流分析

第三天的主要任务是分析现状价值流，识别浪费和改善机会。

遵循精益的五大原则、八大浪费和七个准则，采用循序渐进询问以头脑风暴相结合的方式，对现状的价值流进行评审和分析，识别流程中的浪费，并转化成价值流改善建议。

在团队进行价值流分析之前，一般要进行价值流改善准则的培训。

【VSM 改善周第四天】价值流设计

第四天的主要任务是设计企业未来理想的价值流图。

基于价值流改善的原则，经过前一天的充分析和讨论，结合本公司远景规划、行业发展趋势、未来的新技术新模式，描述出企业最优化的流程及运作方式，绘制企业产品及流程的未来蓝图。

【VSM 改善周第五天】价值流计划

本日的主要任务是制订价值流改善计划。

对比目前的现状价值流图和未来的理想价值流图，识别出为了达到理想蓝图需要实施的项目和课题，制订一个阶段性的价值流改善计划。同时，进一步培训团队如何管理企业的价值流。最后，对本次价值流改善周做总结和发布（图 34-3）。

图 34-3　VSM 价值流改善周发布会

有益提示

与 JIT-SKB 改善周发布会不同,VSM 价值流改善周发布会不建议采用花过多的时间去制作 PPT 的形式来汇报,改善周作战室中五天的工作内容展示已是最好的报告呈现。

第 35 章 VSM 价值流改善周的前期策划及准备

> VSM 价值流改善周的参与成员一般以企业中高层为主，活动的组织者（KPO）或导师需要进行更加周密的策划和准备，才能确保一次成功的价值流分析和改善。

与 JIT-SKB 改善周不同，VSM 价值流改善周并不涉及现场的实际改变，它的策划的准备工作也有所区别，如图 35-1 所示。作为 VSM 价值流改善周的 KPO 或导师，要充分理解价值流分析和改善的目的和意义，以及活动过程应用到的工具和方法，才能较好地完成前期的策划和准备工作。特别是由于价值流改善的团队成员一般以企业的高管为主，前期的策划和准备工作要加倍周密。

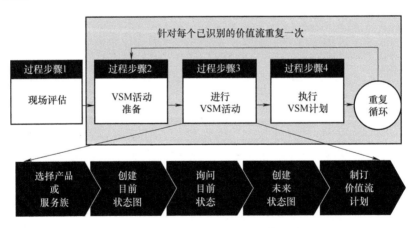

图 35-1　VSM 价值流改善周总体流程

一、VSM 价值流初步分析

改善周之前，KPO 要初步定义好产品的价值流，识别贯穿全过程的价值对象，完成产品族流程矩阵，进行 PQ 与 PR 分析，最终确定进行 VSM 价值流改善周的范围。

1. 定义产品的价值流

识别创造价值和不创造价值的过程、产品流、信息流、组织边界,从起点到被顾客接收,是产品或服务通过的主要流程,该流程对于提供产品和服务来说必不可少。

2. 识别贯穿全过程的价值对象

价值对象是指单一实体或信息对象,经过从起点到被顾客接收的价值流中所有的过程步骤,在后续的价值流分析过程中,用来按图沿价值流移动,并计算各生产过程的库存水平,也是用来展示其通过生产过程向顾客移动时如何创造价值。

比如,气缸体可以作为汽车发动机的价值对象,因为这个单一的实体自始至终者贯穿着流程中的所有步骤。

3. 确定 VSM 价值流分析的产品族

产品族(Product Family)是具有相同或相似加工流程和加工特征的一组产品或零件的汇总,它们在加工步骤、加工顺序、加工设备等方面具有一致性。当然,产品族中的单个产品可能在尺寸、光洁度、颜色等方面有所不相同。

确定产品族最常用的工具是进行 PQ 产品数量分析和 PR 产品工艺路线分析,制作产品族矩阵,通过产品族矩阵,可以进行产品或零件的分类和重组。

识别好产品族对 VSM 价值流分析是非常重要的,因为我们很难仅仅对一个单一的产品进行价值流分析,那样的代表性以及改善后对企业的核心业务影响并不足够大。

确定好产品族后,要进一步了解或收集客户的需求信息,以便评估该产品族对企业核心业务及运营绩效的影响。

4. 最终确定 VSM 改善周的实施范围

经过前面的分析,确定好产品价值流、价值对象、产品族后,再进一步确定产品族所在的工厂或车间,于是,改善周的范围也就基本上锁定下来了。

以上工作是 VSM 改善周组织者在组建团队之前需要初步进行的分析工作。当然,在改善周的过程中,要进一步对价值流、价值流对象、产品族深入地定义和统计分析,但不能取代前期作为改善周组织者的必要工作。

二、初步识别 VSM 改善机会

如果你是 VSM 价值流改善周导师,那么,前期必须要深入了解产品流程,按照价值流的设计准则,初步识别改善方向和可能的课题导出,以便有效地引导改善周团队。

三、确定 VSM 改善周团队成员

价值流改善周的团队成员选择在遵循 1/3 原则的同时，要适当提高成员的职位和级别。因为价值流相当于站在万米高空从宏观来策划流程的改善计划，如果参与人员级别太低的话，很难结合企业战略的高度从宏观的角度来制订改善计划。一般情况以下，要满足以下几个要点（图 35-2）。

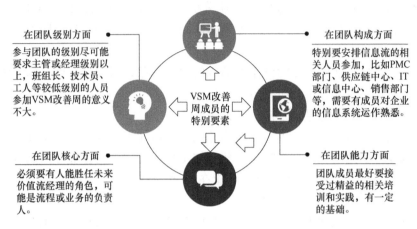

图 35-2　VSM 改善周成员的特别要求

四、准备收集相关的资料与数据

VSM 改善周，重点需要收集的资料和数据见表 35-1。

表 35-1　VSM 改善周的资料准备

序号	数据分类	数据收集内容
1	产品族订单需求	❖ 过去的实际需求（3~12 个月，记住：是客户需求） ❖ 未来的产品规划及客户需求（至少 6 个月以上） ❖ 最好以 PQ 分析的格式
2	价值对象流程图	❖ 构成产品族的主要价值对象（个体的零件或部件） ❖ 构成产品族的主要零件或部件的工艺流程 ❖ 以流程图的形式
3	物流与布局	❖ 选定产品族价值对象的布局图 ❖ 现场物流图（意大利面条图） ❖ 目前生产线总的占地面积
4	库存状况	❖ 选择产品族的原材料库存 ❖ 选择产品族的半成品库存 ❖ 选择产品族的成品库存

(续)

序号	数据分类	数据收集内容
5	周期（Lead Time）	◆ 完成一个产品或一个订单的生产周期 ◆ 完成订单的交付周期
6	瓶颈工序	◆ 瓶颈工序或设备的识别 ◆ 瓶颈工序的设备稳定性、切换时间、故障率、OEE等 ◆ 瓶颈工序的需求节拍及差异
7	信息流数据	◆ 从接到订单到产品交付的信息流程 ◆ 包括各流程的LT（周期时间）
8	供应链信息	◆ 涉及原材料的供应商信息 ◆ 部分外协工厂的相关信息
9	生产计划	◆ 月度生产计划（3个月的数据） ◆ 周生产计划（3个月的数据） ◆ 计划完成率（3个月的数据） ◆ 异常分析统计（3个月的数据） ◆ 计划变动率（月/周/日计划、计划变动率）
10	绩效指标	◆ 工厂、计划部门、车间的绩效指标 ◆ 生效率评价方法、数据统计、绩效表现 ◆ 生产日报表
11	其他	◆ 价值流数据盒中包括相关数据

> **有益提示**
>
> 任何数据和资料的提前收集，并不能代替改善周过程中安排团队分工进行实际的现场收集。

五、其他准备工作

其他准备工作，比如活动场所、后勤安排、文具用品、数据资料等准备工作见表35-2。特别要注意的是，VSM改善周需要的会议室或场地需求较大，桌子最好是可以挪动组合的。

表35-2 VSM改善周的准备工作

项次	分类	物品	数量	备注
1	生产准备	生产安排		选定的产品 第二天要连续生产，以便观测
2	活动场所	培训室或会议室	1间	要求空间较大（100m² 以上）
		白板及白板笔	2套	白板规格1.2m×0.8m以上

（续）

项次	分类	物品	数量	备注
3	文具用品	投影仪	1台	讲解演示用
		笔记本电脑	1台	每个小组至少一台，数据汇总等
		剪刀	2把	绘制价值流图时使用
		直尺（短）	4把	绘制价值流图时使用
		直尺（长）	2把	也可以拿工厂材料制作
		A0号白纸	20张	建议采用滚筒式的，可以任意裁
		硬纸板	2个	制作价值流图模板
		白纸A4	100张	现场调研使用
		记号笔（大小头红黄蓝三色）	各1盒	现场调研写字用
		白板笔（红黄绿三色）	各1盒	绘制价值流图时使用
		打印厂区布局图A1纸	1份	物流分析用
		告示贴	10本	红、黄、绿三种颜色
		VSM数据收集表（A4纸）	20张	现场调研写字用
		计算器	2个	也可以用手机代替
		橡皮	若干	绘制价值流图时使用
		透明胶带（宽、大卷）	2卷	绘制价值流图时使用
		铅笔	若干	绘制价值流图时使用
4	数据资料	前期收集的数据资料	1份	
		前期价值流图资料	1份	现状VSM、理想VSM、价值流行动计划
		价值流培训教材	1份	
5	后勤服务	小食品及饮料		改善活动中的瓶装水、小食品、饮料等
		伙食安排		改善周成员及顾问师的伙食安排
		改善庆祝活动		改善活动结束当天安排改善团队的庆祝活动
		活动照片		安排专人负责照相，记录相关改善过程
		交通安排		延迟下班后的交通服务

第 36 章 Day 1-价值流定义：简单又抽象，似懂又非懂

踏上 VSM 价值流改善周的旅程，团队成员可能是新鲜、期待而又迷惘的。即使经过第一天的价值流培训和价值流定义过程，团队成员可能仍然觉得"简单又抽象，似懂又非懂"。

VSM 改善周第一天的主要任务是实施价值流培训和价值流定义。

本日对价值流改善周团队来讲，可能是新鲜而期待的，因为改善周成员中，可能大部分人听过价值流，知道一些但又从来没有直接操作过，并没有感性的认知。同时，对本次改善周的价值流对象、产品族定义要进行分析和确定。

VSM 价值流改善周第一天的工作设计见表 36-1。

表 36-1 VSM 改善周第一天工作设计

Day 1 价值流定义				
本日目标	实施价值流相关的知识培训，对价值及价值流进行定义和确认			
重点任务	日程分解Daily Agenda			
	WHAT	WHO	WHEN	STATUS
任务1：改善周启动会	精益/改善周启动	KPO	Day1	⊕
	团队破冰	引导师	Day1	⊕
	精益概述	引导师	Day1	⊕
	JIT准时化/均衡化	引导师	Day1	⊕
任务2：团队破冰培训	VSM价值流图介绍	引导师	Day1	⊕
	如何绘制价值流图	引导师	Day1	⊕
	练习绘制价值流图	引导师	Day1	⊕
任务3：VSM知识培训	改善突破法	引导师	Day1	⊕
	产品族PQ-PR分析	引导师	Day1	⊕
	价值流产品族定义	引导师	Day1	⊕
任务4：价值流定义	改善公报	引导师/KPO	Day1	⊕
	每日改善心得	团队成员	Day1	⊕
	KPO评审	引导师/KPO	Day1	⊕
预计时间：9:00~17:30				

改善周启动会、团队破冰两个环节跟其他改善周的模式是一致的，本章不再赘述，下面对 VSM 知识培训和价值流定义作进一步的阐述。

一、VSM 价值流培训

从严格意义上来讲，价值流改善周不是一个绝对意义上的改善，因为 VSM 本身是一个分析、诊断和计划的工具而已，价值流图的绘制和设计本身并没有对企业实施任何实质性的物理性变化或改善，但是，价值流分析和计划是指引企业持续改善的主线。VSM 改善周的另外一个重要目的之一，是教会团队成员如何认知企业的现状并且应用价值流理念和方法去实践精益的改善。所以，价值流培训是非常重要的环节（图 36-1）。

图 36-1　VSM 价值流培训

价值流改善的培训需要注意以下几点：

1）价值流培训的内容不一定在第一天全部讲完，最好是根据每日的进度穿插在每天的工作任务中，见表 36-2。

表 36-2　VSM 价值流培训的内容设计

天数	主题	培训内容	预计时间
Day 1	价值流定义	❖ 精益概述 ❖ JIT 准时化/均衡化 ❖ VSM 价值流图的原理 ❖ 如何绘制价值流图 ❖ 产品族 PQ-PR 分析 ❖ 改善突破法/改善周模式	4h
Day 2	价值流测量	❖ 价值流数据收集方法 ❖ 如何绘制现状价值流图	1h
Day 3	价值流分析	❖ 价值流分析的基本准则 ❖ 价值流询问循序渐进步骤	3h
Day 4	价值流设计	❖ 如何设计未来价值流运作模式 ❖ 如何绘制理想价值流图	1h

(续)

天数	主题	培训内容	预计时间
Day 5	价值流计划	❖ 如何制订价值流行动计划 ❖ 如何有效管理价值流	1h

2）价值流改善周的团队成员职位和级别相对较高，承担培训的导师相对要求要高一些，除了对 VSM 的理解和实践之外，对他的培训技巧也必然有更高的要求。这种情况下，聘请外部专家顾问是较佳的选择，如果是内部导师，那么，他的职位和级别也要相对高一些。

3）第一天的培训之后，团队成员对价值流的整体认知总体上还是"简单又抽象，似懂非懂"的，简单来说，就是一幅图而已，但是这个图有什么系统作用呢？价值和价值流似乎理解了一些但又不明白。

二、价值流定义和确认

尽管在改善周之前，组织者已经做了前期的策划和准备，改善周导师还是要要引导团队成员进一步定义产品的价值流，识别贯穿全过程的价值对象，通过 PQ 与 PR 分析完成产品族流程矩阵，明确进行 VSM 价值流改善周的范围和对象。

1. 识别贯穿全过程的价值对象

价值对象是指单一实体或信息对象，经过从起始点到被顾客接收的价值流中所有的过程步骤，在后续的价值流分析过程中，用来按图沿价值流移动，并计算各生产过程的库存水平，也是用来展示其通过生产过程向顾客移动时如何创造价值。

通常，我们是选择产品族中代表性产品中工艺流程较长的产品或零件来作为价值流分析对象，表 36-3 列举了一些典型的价值流对象。

表 36-3 典型的价值流对象

	产品或服务	典型的价值对象
1	汽车发动机	气缸体
2	离心泵	铝铸件
3	印制电路板	电路板
4	工业洗涤产品	基础化学品
5	沙发	木条
6	电机	转子或定子
7	眼镜	镜框或镜片

一些装配性的产品，由多个零件或组件装配而成，那需要尽量把主要零件或组件的流程展开，如图 36-2 所示。

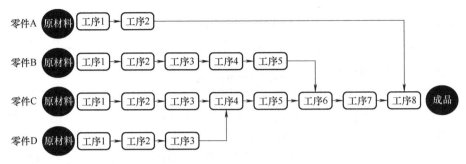

图 36-2 产品价值流工艺路线

这个流程分解的过程非常有必要，也是容易出错的环节，主要是因为很多企业的产品工艺流程并不清晰，标准工艺文件不健全，如果不事先把流程梳理清楚，常常会出现工序或流程缺失的情况。

在梳理价值流对象的时候，导师需要进一步向团队成员解释什么是价值流，这是大家普遍比较难于理解的环节。什么是价值？价值是附加在产品、零件或服务的流程中而体现的。在上述的流程展开图中，产品由零件 A、零件 B、零件 C、零件 D 这四个零件组成，其中每一种零件从第一道工序至最后一道工序的全过程，就是该零件的价值流动的过程，都可以是一个单独的价值流。

我们可以选择某一个零件的价值流进行分析，也可以对多个零件的价值流进行综合分析。在上述的流程展开图中，可以对零件 BCD 进行分析，但零件 A 的工序比较少，没太多分析的必要性。

2. 确定 VSM 价值流分析的产品族

对产品进行 PQ 和 PR 分析，展开其工序路线，确定用于价值流分析的产品族，见表 36-4。

表 36-4 产品族定义

	零件#	数量	占比%	工序名称							
				CNC	车床	磨削	滚轧	清理	切削	装配	包装
1	OBR-026	420	35	①	②	③		④		⑤	⑥
2	OBR-030	288	24	①	②			④		⑤	⑥
3	OBR-008	276	23	①	②			④		⑤	⑥
4	320147	84	7	①		②	③	④		⑤	⑥
5	330033	48	4	①		②	③	⑤	④	⑥	⑦
6	330003	24	2	①	②	③		④		⑤	⑥
7	330030	24	2	①	②	③		④		⑤	⑥
8	320148	12	1	①	②	③		④		⑤	⑥
9	320087	12	1	①	②	③		④		⑤	⑥
10	OBR-004	12	1	①	②	③		④		⑤	⑥
	总计	1200	100								

第37章 Day 2- 价值流测量：除了一张图，还有触目惊心的数据

> 从似懂非懂的认知，到触目惊心的VA%，团队经历了第一轮的价值流图绘制。从现场数据收集，到群策群力完成现状价值流图，当一幅完整的价值流图呈现出来时，你会享受到一种小小的成就感。

今天的主要任务是价值流数据收集，绘制现状价值流图。

带着第一天似懂非懂的感觉，今天开始进行价值流分析的实操环节，团队需要收集流程和数据，绘制企业的现状价值流图。今天也是大家开始从迷惑走向清晰的时刻，随着现状价值流图的绘制，当现状价值流图呈现在大家眼前时，团队会产生初步的成就感。

VSM价值流改善周第二天的工作设计见表37-1。

表37-1 VSM改善周第二天工作设计

		Day 2 价值流测量			
本日目标	收集加工流及信息流数据，绘制现状价值流图				
重点任务	日程分解Daily Agenda				
	WHAT		WHO	WHEN	STATUS
任务1：加工流数据采集	生产现场流程查看		KPO/团队成员	Day2	⊕
	物流路线调查		KPO/团队成员	Day2	⊕
	加工流数据收集		团队成员	Day2	⊕
任务2：信息流数据采集	信息流数据收集		团队成员	Day2	⊕
	绘制现状VSM图		KPO/团队成员	Day2	⊕
任务3：绘制现状VSM	评估价值流表现		引导师/KPO	Day2	⊕
	改善公报		KPO	Day2	⊕
	每日改善心得		团队成员	Day2	⊕
	KPO评审		引导师/KPO	Day2	⊕
预计时间：9:00~？晚上下班的时间未知，任务完成了才能下班					

一、绘制现状价值流图的一些基本要点

绘制现状价值流图,不是简单地绘制一张关于产品的工艺流程图或布局图,必须要遵循价值流分析的一些原则(图37-1),来进行流程分析和数据采集,综合呈现产品的加工流、物料流和信息流。

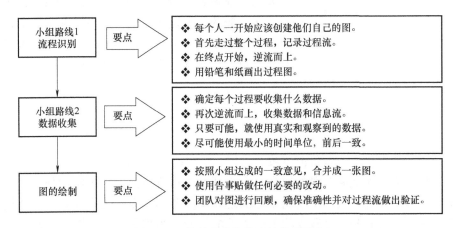

图37-1 绘制现状价值流的基本要点

二、现状价值流图的绘制步骤

现状价值流图的绘制,一般按照以下步骤进行:

【步骤1】了解客户需求

- ❖ 每一个零件的需求计划
- ❖ 工艺工程预算的产能
- ❖ 生产的控制模式(每月/每周的预测)
- ❖ 生产的历史(分析每天的差异,月度间的差异)
- ❖ 销售信息(产品更改,新业务等)

这个环节一般需要销售部门、PMC计划部门、产品规划部门的人共同来讨论,以便尽量准确地获知产品的需求信息和未来趋势。

【步骤2】收集流程信息

团队分工负责到现场去收集价值流需要的相关数据和信息,我们常常也称之为(GEMBA WALK)。

现场GEMBA WALK有三个主要目的,如图37-2所示。

需要对GEMBA WALK进行一个简单的说明,包括活动时间的大致计划、活动任务、时间控制、工作分工等,分小组分区域,每一个小组调查一个区域范围,区域可以根据产品的工艺流程图来进行设定。需要跟大家详细说明

第37章 Day 2- 价值流测量：除了一张图，还有触目惊心的数据

图 37-2 现场 GEMBA WALK 的三个主要目的

整个活动所需要注意的环节，比如现场数据收集的时候，尽量不需要采用历史数据，到现场的时候会有些问题，可以及时请教现场员工和相应人员。

现场 GEMBA WALK 的一些要点：

① 团队分组时，尽量将组员按两两配对的原则分组，一个熟悉流程的成员和一个不熟悉流程的成员混合搭配。

② 总体上，团队成员需要收集三大部分的信息和资料

A. 从原材料到成品的加工流。

B. 从接订单到出货的信息流。

C. 从供应商到客户的物料流。

③ 产品的加工流部分，常常可以把原材料至成品之间的工序根据流程图分成几段大的宏观流程（Macro Process）。这是因为很多产品的流程多达几十步，需分成几个大的部分，易于进行下面的步骤，如果流程在十个以内，则不需要这步。

④ 信息流和物料流，建议单独分一个小组出来，由熟悉信息流的成员同步进行，一般由熟悉销售业务、IE 和 ERP 系统、采购和供应链管理、生产计划、生产控制和现场控制等业务体系的成员组成。

⑤ 要清晰地解释分派的任务，解释需要收集的每一个数据的定义和收集方法。同时，指引团队成员在现场时要同步识别浪费和改善机会。

⑥ 根据本公司的实际需要制作相关数据盒，表 37-2 的数据可供参考。

表 37-2　VSM 数据收集表

#	数据收集清单	样　例
1	工序名称	工序名称：断料 操作员数：7 生产： 单件加工时间(秒) 18.7 产量(目前实际产量) 160.7 设备故障率 (%) 0 品质不良率 (%) 100% 计划按期达成率(%) 100% 产品切换时间(分) / 搬运： 与前工序搬距离(米) / 搬运批量(每次搬运数量) 52.7 库存： 工序在制品/库存数量 / 半成品仓库存(中间仓、半成品仓) / 本工序存在的问题、浪费与改善机会：
2	加工设备数量 Machine#	
3	操作工人数 Operator#	
4	每天工作时间 Working Hour（Hours）	
5	班次 Shift	
6	与前一道工序的搬运距离 Distance	
7	合格率 Yield%	
8	报废率 Scrap%（可选）	
9	加工循环时间 Cycle Time（Sec）	
10	每小时产量 Hourly Output（PCS）	
11	换型号时间 Changeover Time（Min）	
12	设备故障停机率 Down Time%	
13	加工批量 Batch Size	
14	在制品数量及时间（待加工）WIP（to be processed）	
15	半成品/成品数量及时间（已加工）(Finished processing)	

> **有益提示**
> ❖ 数据盒末端要开放，以便随时加入其他特性数据。
> ❖ 所见即所得，现场收集数据，不依赖现有的资料。
> ❖ 数据不必要做到100%精准，但其方向必须正确。

【步骤3】绘制过程流

绘制产品的工序流程图，这也是工厂内的基本生产过程，我们将能够连续进行的过程列入一个框内，无法连续的，在两框之间用库存三角分开（图37-3）。

下面介绍一些绘制现状价值流图的一些小技巧（图37-4）。

【步骤4】绘制物料流

绘制从供应商到客户的物流（图37-5），包括原材料物流、半成品物流、成品物流，特别要注意了解供应商的物流信息，以及成品交付的物流模式。

第37章 Day 2-价值流测量：除了一张图，还有触目惊心的数据

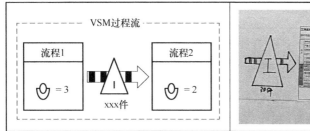

图 37-3 VSM 过程流图

	❖ 制作流程图的标准模板
有益提示	❖ 一些连续流的工序，既可以合并，也可以展开来。有时碰到比较长的总装流水线，如果合并成一个的话，并不能充分打开流程的黑箱子，一般建议把每个工序流程展开来，在绘制的时候，工序间的数据盒连在一起，不必断开
	 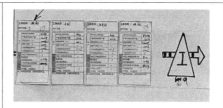
	❖ 可以在白纸上画流程图，也可以直接把数据盒贴上去 ❖ 绘制前一定要统计好流程的数量，大致计算需要的总长度

图 37-4 绘制过程流的一些小技巧

【步骤5】绘制信息流

了解和绘制顾客订货、销售接单、生产计划、原材料订货过程的信息传递途径及信息处理过程（图37-6）。

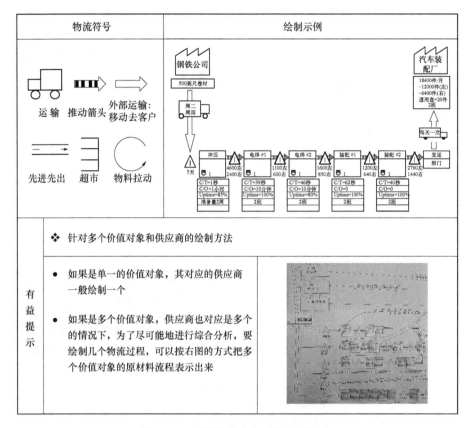

图 37-5 绘制从供应商到客户的物流

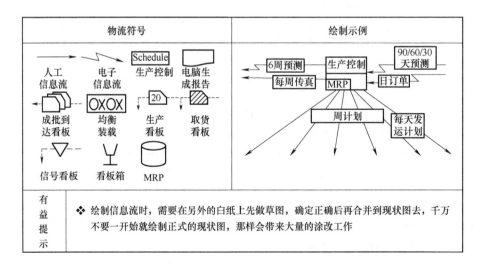

图 37-6 信息传递途径及信息处理过程

第37章 Day 2-价值流测量：除了一张图，还有触目惊心的数据

【步骤6】绘制时间线

在加工流的下方绘制价值流时间线，上方的线代表非增值流程（NVA），通常以天或小时为单位的库存时间，下方的线代表增值流程（VA），通常以分或秒为单位的加工时间（图37-7）。

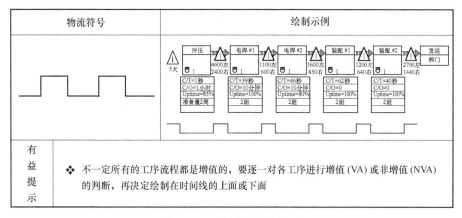

图37-7 时间线的绘制方法

【步骤7】计算周期时间，VA和VA%

各工序的周期时间：将库存数量按照顾客需求节拍转化为时间，与生产过程时间数据一同画在时间线上，如图37-8所示。

$$库存时间 = 库存量 \div 每天客户的需求$$

将所有的周期时间相加，得到总周期时间，它是单件产品从原料接收到发到客户的成品所经历的总时间，即价值流分析关注的门到门的时间（DTD：Dock to Dock）

$$总周期时间 LT = 库存时间 + 工序时间（VA + NVA）$$

通常情况下，VA部分占比非常小，几乎可以忽略不计。

最后计算出价值流的增值比：

$$VA\% = 增值时间(VA) / 总周期时间(LT) \times 100\%$$

至此，一张完整的价值流图就呈现在我们的面前了（图37-9）!

站在这张图面前，团队成员相当于站在万米高空了解企业的运作过程全貌。绘制价值流图现状图的意义之一在于从宏观到微观发现全流程中存在的浪费，当最终的VA%数据呈现我们面前时，这个数字是如此之小，可能会让团队成员非常吃惊！在图37-8所示某公司的价值流图中，整个周期时间25天，其中真正有价值的时间只有200秒，有价值的生产时间占整个周期时间的比例竟然不到1%，大量的时间浪费在库存和等待上了。而价值流改善的过程，就是要通过系统的分析和设计，找出关键的浪费和改进的方案并予以实施——即通过消除浪费来加快流程速度。在改善周的后面几天，团队成员需要通过价值流分析，设计理想的价

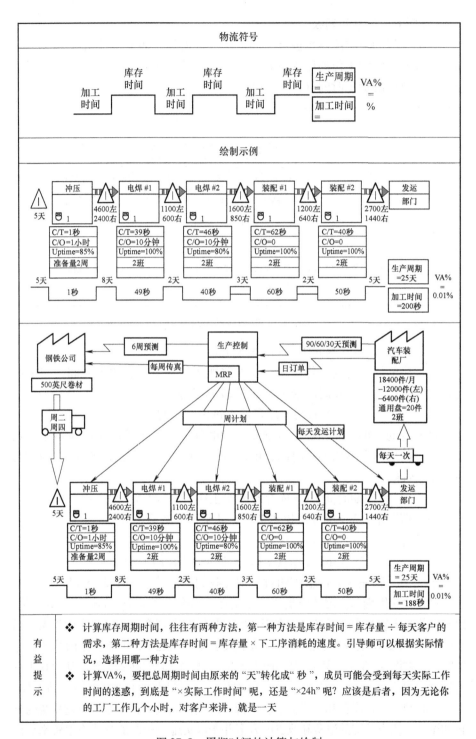

图 37-8　周期时间的计算与绘制

第 37 章　Day 2-价值流测量：除了一张图，还有触目惊心的数据

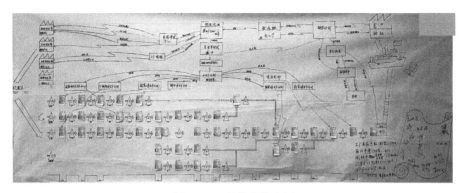

图 37-9　现状价值流图

值流图，制订价值流行动计划，持续提高价值流的增值比（VA%）。

> **有益提示**
> ❖ 指定一个价值流经理，即使有多人参与，也只能由 1 个人来汇总 VSM。
> ❖ 在现场用铅笔绘制，避免用电脑制作（图 37-10）。

图 37-10　团队绘制现状价值流图过程

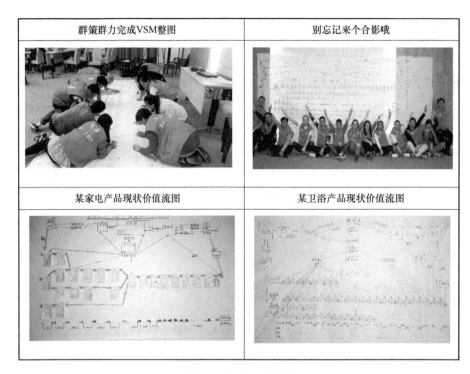

图37-10 团队绘制现状价值流图过程（续）

第38章 Day 3- 价值流分析：不深入分析，哪来的系统性改善

> 如果不对现状价值流图进行深入的分析和改善，那么，昨天绘制的 VSM 现状图是没有任何意义的。遵循精益五大原则、八大浪费和七个基本准则的主线，循序渐进地询问当前价值流，导出系统性的改善机会。

今天应该是 VSM 改善周最精彩的一天，主要任务是对现状价值流进行深入分析，识别浪费和改善机会。

如果不对现状价值流图进行深入的分析和改善，那么，昨天绘制的 VSM 现状图是没有任何意义的。很多精益和 IE 的改善人员，对 VSM 的应用还是停留在 VSM 现状图的阶段，只有通过改善周的方式，团队在导师的带领下，按照价值流改善的原则，通过团队的价值共创头脑风暴，才能有效完成价值流分析的过程。

VSM 价值流改善周第三天的工作设计见表 38-1。

表 38-1　VSM 改善周第三天工作设计

	Day 3 价值流分析			
本日目标	按照价值流准则，系统识别价值流中的浪费与改善机会			
重点任务	日程分解Daily Agenda			
	WHAT	WHO	WHEN	STATUS
任务1：团队脑力风暴	模块培训:价值流原则	引导师	Day3	⊕
	团队头脑风暴训练	引导师	Day3	⊕
任务2：询问当前价值流	流程与管理需求	KPO/团队成员	Day3	⊕
	询问价值流，识别浪费和改善机会	团队成员	Day3	⊕
任务3：识别改善机会			Day3	⊕
	价值流改善机会梳理	KPO/团队成员	Day3	⊕
	改善公报	KPO/团队成员	Day3	⊕
	每日改善心得	团队成员	Day3	⊕
	KPO评审	引导师/KPO	Day3	⊕
预计时间：9:00~? 晚上下班的时间未知，任务完成了才能下班				

一、价值流分析的几个要点

价值流分析是一个团队工作的过程,首先要把握好以下几个要点:
要点一:由绘制当前状态价值流图开始。
要点二:站在流程外审视流程。
要点三:未来状态必须持续地逐步发展成理想状态。
要点四:成为实施计划的基础——像一幅"蓝图"。
要点五:永远需要一个未来状态构想与一个实现此未来状态的计划。
要点六:思考和回答一些主要问题。

二、如何对现状价值流进行分析?

【分析方法一】精益生产的"五大原则"

任何时候,都要充分理解精益五大原则(图38-1),这是精益改善放之四海皆准的原则,由于篇幅所限,本章不对五个原则做进一步的叙述。

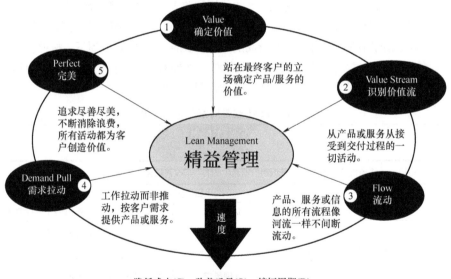

图38-1 精益五大原则

【分析方法二】精益价值分析之"八大浪费"

凡是超出增加产品价值所必需的、绝对最少的物料、机器、人力资源、场地、时间等各种资源的部分,都是浪费,具体见表38-2所述的精益八大浪费!

面对现状价值流,结合前一天的现场观测,我们要从中识别浪费的表现,并识别改善机会。

第38章 Day 3-价值流分析：不深入分析，哪来的系统性改善

表 38-2 精益八大浪费

序号	制造系统八大浪费	业务流程八大浪费	浪 费 解 释
1	不良的浪费	错误和返工	提供有缺陷的产品或不满意的服务
2	等待的浪费	等待的浪费	上游不能按时交货或提供服务而等候
3	搬运的浪费	过多的搬运	不必要的物品移动
4	动作的浪费	过多的动作	人员在工作中不必要的动作
5	库存的浪费	过多的材料	因无需求造成的积压和多余的库存
6	过量生产	过量生产	过多准备或提前准备产品或者服务
7	加工及流程	不必要的处理	实际上不需要的加工和程序
8	员工智慧的浪费		

【分析方法三】精益价值流的"七个基本准则"

价值流改善的主线，就是这关键的七个基本准则（表38-3），沿着这七个基本准则进行持续改善，就能一步一步地达到精益化的理想境界！

表 38-3 价值流改善的七个基本准则

级别	基 本 准 则		简 单 解 释
初级水准	准则一	按节拍生产	按顾客节拍生产，使得生产过程的节拍与顾客节拍保持一致，实现准时化生产
	准则二	尽可能开发连续流	尽一切可能实现连续流动，尽量消除和减少库存和等待，这样生产过程就可以连续进行
中级水准	准则三	在连续流无法向上游扩展时使用超市和看板控制生产	在无法实现连续流动的地方，采用看板拉动管理，对于节拍相差悬殊、种类繁多的流程，如冲压和焊接这样的无法流动工序，采用超市或看板管理来控制生产
	准则四	尽可能将顾客订单只下达到一道生产工序	在整个价值流中，确定一个定拍工序，努力使得顾客的订单只发到一个定拍工序，保证信息流的一致性
	准则五	在定节拍工序均衡分配多品种产品的生产时间	在价值流动过程，按时间均匀分配多品种产品的生产实现均衡生产
高级水准	准则六	定调增量，在定拍工序下达一定的工作量来拉动均衡生产	在价值流启动过程中，通过启动一个单位的工作来实现初始拉动，这个拉动的"动力源"一定要来自顾客
	准则七	在定节拍工序的上道工序，开发"每天制造每种零件"的能力	在价值流启动过程中，上游工序形成每天能够制造各种零件的能力，多品种、小批量的混流均衡生产，要求上游过程通过减少换型时间和生产批量来提高对下游过程变化的反应速度，这样可以尽可能地减小库存和在制品。实现每班、每小时、每集装箱或每定调增量

三、循序渐进询问现状价值流

为了更直观地应用价值流七个基本准则,我们把它转化成价值分析过程中要循序渐进提出的问题(表38-4)。

表38-4 价值流循序渐进问题

问题1	客户需求是多少?节拍是多少?
问题2	产品是进入成品超市还是直接发运出去?
问题3	哪些工序可以建立连续流生产?
问题4	目前过程否达到节拍要求?影响产能的瓶颈在哪里?
问题5	哪里需要进行工艺突破来实现连续流生产?
问题6	哪些不能流动的过程可以采用超市拉动或先进先出的方式?
问题7	你会在哪个点(定拍过程)上确定生产进度?
问题8	你将怎样使生产计划均衡化?
问题9	需要执行哪些计划模式/生产调度上的改变?
问题10	哪里需要改善物料的齐套性与同步性来支持高效的流动?
问题11	还需要什么信息流与信息化改进?
问题12	在哪里需要改善设备稳定性?或连续工作时间的改进?
问题13	在哪里需要考虑产品切换时间的改善?
问题14	生产效率提高的机会在哪里?哪里有降低劳动力成本的机会?
问题15	哪里可以实施省力化、少人化、自动化作业?
问题16	哪些过程需要提高质量(提高一次通过率,降低不良率)?
问题17	需要什么样的管理变革来支持高效的运作?
问题18	还需要什么样的其他过程改进? (产品设计、工艺改良、物料损耗、能耗、库存……)

四、团队价值共创

VSM改善周最精彩的时刻来了!

团队成员按照价值流改进的准则和问题,通过头脑风暴的方式,循序渐进地探讨流程中的改进机会。将流程中的问题转化成改善的课题,以爆炸图

第38章 Day 3-价值流分析：不深入分析，哪来的系统性改善

的方式展示出来，如图38-2所示。

图38-2 价值流团队共创

> **有益提示**
> 头脑风暴识别改善机会的时候，爆炸图的描述要避免过于概念性的笼统描述，尽量转化成具体的项目描述（图38-3）。

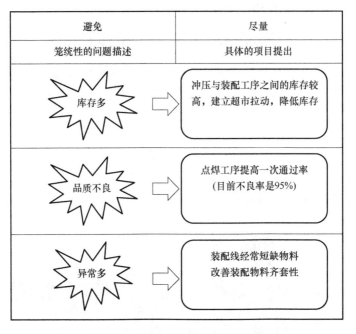

图 38-3 爆炸图问题与建议描述

第39章 Day 4-价值流设计：看到了理想价值流图，就看到了未来

> 随着新价值流的设计和绘制，当 VSM 理想状态图呈现时，我们能够清晰地看到企业未来的蓝图！这个蓝图指引着企业及改善团队始终朝着这个目标而展开下一步的改善项目。

本日的任务是设计未来新的流程，绘制理想价值流图。

经过前一天的头脑风暴团队价值共创的过程，想必团队成员已经对未来的蓝图有个想象了。那么，今天需要把新的运作模式设计出来，同时，绘制一个未来理想状态的价值流蓝图。这个理想状态是未来 1~3 年甚至花费更长时间才能实现的蓝图。

VSM 价值流改善周第四天的工作设计见表 39-1。

表 39-1 VSM 改善周第四天工作设计

		Day 4 价值流设计		
本日目标	按新的模式运行、验证与优化			
重点任务	日程分解Daily Agenda			
	WHAT	WHO	WHEN	STATUS
任务1：新线全流程运行	新方案运行	团队成员	Day4	⊕
	继续观测与优化	团队成员	Day4	⊕
	节拍跟进	导师/团队成员	Day4	⊕
任务2：持续改善新流程	持续改进平衡	团队成员	Day4	⊕
	新平衡图	KPO/团队成员	Day4	⊕
	优化物流	KPO/团队成员	Day4	⊕
任务3：让物料流动起来	确定SWIP	KPO/团队成员	Day4	⊕
	确定WS	团队成员	Day4	⊕
	目视化管理	团队成员	Day4	⊕
任务4：策划改善报告会	改善公报	KPO/团队成员	Day4	⊕
	每日改善心得	团队成员	Day4	⊕
	KPO评审	引导师/KPO	Day4	⊕
预计时间：9:00~? 晚上下班的时间未知，任务完成了才能下班				

如何设计未来的理想状态图?

理想状态图是消除浪费、实现精益的蓝图。在开始时,应该重点放在短期内,无须太大投资就可以立即改善的项目。我们的目标是建立一个连续的生产流,让每一个单独的工序都能够连续,由拉动系统与下游工序相互连接,在顾客需要时启动生产。

价值流中的某些浪费可能来自产品的设计,或者是现有设备,或者是某些外部工序(比如电镀)。在当前状态下,这些问题难以在短时间内进行改善,因此,在绘制第一轮理想状态图时,可以暂时不考虑这些因素,而将重点放在找出与这些因素无关的浪费,等到后续的几轮改善中,再来考虑产品设计、工艺突破等问题。

经过前一天的价值流分析,我们遵循价值流准则识别出问题和改善机会,当这些问题得到解决,改善的课题得到实现后,新的流程会怎么样呢?我们可以开始设计新的流程,绘制未来的理想状态图。

具体绘制过程见表39-2。

理想价值流图的设计和绘制过程要求由价值流经理或其他有经验的KPO来担任是比较合适的,他在设计和绘制的过程中,能够充分理解未来的理想状态,有助于后续改善计划的制订和跟进。

表39-2 理想价值流绘制过程

步骤		绘制示例	说明
步骤1	再确认客户需求		❖ 客户的需求必须经过确认,以确保正确和考虑到未来的业务发展
步骤2	画出理想状态的加工流		❖ 列出流程改善的项目 ❖ 绘制改善后的工序流程 ❖ 重点是实现连续流的工序
步骤3	画出理想状态的物料流		❖ 在不能实现连续流的工序之间,采用超市或先进先出通道,实现拉动式生产 ❖ 确定整个生产系统的一个定拍工序

第39章　Day 4-价值流设计：看到了理想价值流图，就看到了未来

（续）

步骤		绘制示例	说明
步骤 4	画出理想状态的信息流		❖ 实现连续流和拉动生产模式后，信息流的运作模式
步骤 5	计算总体生产周期		评估价值流改善前后对比，包括库存、周期、交期、VA%等 ｜ ｜卷材｜冲压件｜焊接装配在制品｜成品｜周期时间｜全部库存周期数｜VA%｜ ｜以前｜5天｜7.6天｜6.5天｜4.5天｜23.6天｜10天｜0.009%｜ ｜连续流和拉动｜2天｜1.5天｜0天｜4.5天｜8天｜30天｜0.027%｜ ｜均衡生产｜1.5天｜1天｜0天｜2天｜5天｜48天｜0.044%｜
步骤 6	识别关键环路		❖ 环路是为实现未来状态而需要对目前状态所做改进的逻辑分组 ❖ 环路被用来将价值流计划中的改进活动按逻辑排序，这样通过逐步地分期贯彻得以实现未来状态，而不是"一蹴而就"

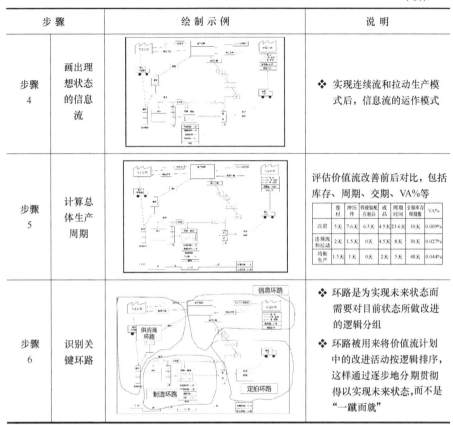

一幅代表未来的理想价值流图终于呈现在大家面前了（图39-1）。

❖ 最好在白板上，对未来理想价值流图进行讨论和描绘，再进行最终的绘制

❖ 看到了理想价值流图，你就看到了企业的未来，这是一个持续改进的蓝图
❖ 这个蓝图指引企业的改善团队始终朝着这个目标而开展改善项目

图 39-1　理想价值流图

图 39-1 理想价值流图（续）

最后，拍个合影。

第 40 章 Day 5-价值流计划：制订价值流计划，方知 VSM 的意义

> 第五天无疑是团队成员豁然开朗的一天，经过价值流定义、价值流测量、价值流分析、价值流设计和价值流计划，今天终于可以走出"简单又抽象，似懂又非懂"的状态了！一个未来蓝图和行动计划，将引领企业走向理想的彼岸！

本日的任务是制订未来价值流行动计划，改善总结与成果发布。

现状图也好，未来图也罢，价值流图都只是一个工具。除非我们能够把这张图变成行动计划并逐步向理想的蓝图前进，否则，这些图都是没有什么意义的。

VSM 价值流改善周第五天的工作设计见表 40-1。

表 40-1　VSM 改善周第五天工作设计

		Day 5 价值流计划		
本日目标	制定未来价值流行动计划，改善总结与成果发布，团队庆祝			
重点任务	日程分解Daily Agenda			
	WHAT	WHO	WHEN	STATUS
任务1：价值流模块培训	现状与理想价值流比较	KPO/团队成员	Day5	⊕
	识别改善的环路	KPO/团队成员	Day5	⊕
任务2：制订价值流改善计划	梳理改善行动	KPO/团队成员	Day5	⊕
	识别行动优先性	KPO/团队成员	Day5	⊕
任务3：成果发布与团队庆祝	模块培训：如何管理价值流图	引导师	Day5	⊕
	成果发布	团队成员	Day5	⊕
	庆祝活动	引导师/KPO	Day5	⊕
预计时间：9:00~17:30　晚上一般为庆祝活动				

作为 VSM 改善周最关键的输出，需要制订一个为了实现理想状态图的阶段性的年度价值流计划，如图 40-1 所示。

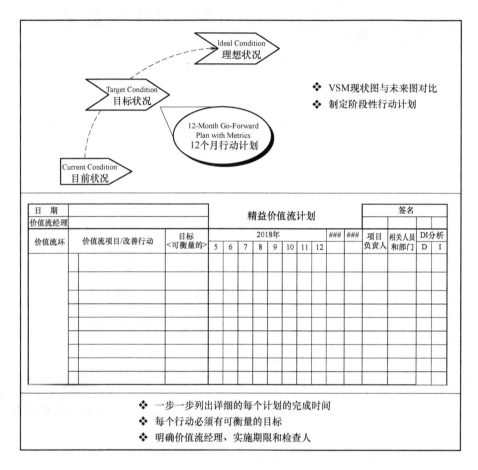

图 40-1　价值流计划

一、现状价值流图 VS 理想价值流图

首先，我们要详细对比现状价值流图和未来理想价值流图，看看哪里发生了变化？为了实现这个变化，需要做什么样的改善（图 40-2）？前面价值流分析的爆炸图中，是否包括了这些行动？如果没有，要补充上去。

这个环节容易被忽略，因为之前团队进行价值流分析，识别浪费和改善机会时，虽然是遵循价值流改善原则来进行的，但还没有看到未来的理想蓝图，所以，我们需要再一次对现状图和未来图进行对比并梳理改善项目。

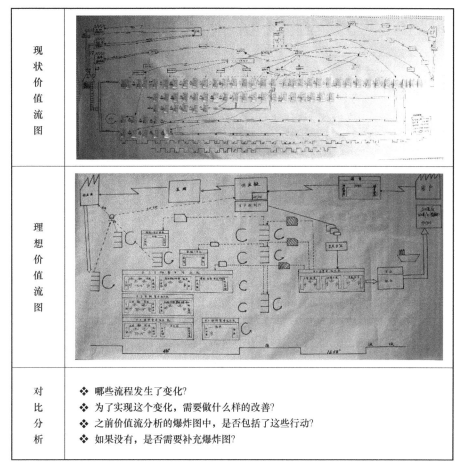

图40-2 现状图与未来图比较分析

二、按价值流环，分步实施

价值流图覆盖了工厂所有工序的整个过程，包括加工流、物料流和信息流，而不仅限于某个单独的区域。改善的事项很多，很难一蹴而就地实现理想状态，必须将整个实施过程分几个步骤来完成。

我们把整个价值流过程划分成几个部分或几个环。一般情况下，大部分企业的价值流图，可以分信息流环、供应商环、定拍环、制造环等（图40-3）。划分这些环，是将整个理想状态划分成段落，比较容易组织实施改善。

针对每一个环，我们需要定一个基本的目标，比如组装环：

- ❖ 从焊接到组装的工序建立连续流生产模式。
- ❖ 单元线的生产效率由67%提高到95%以上。

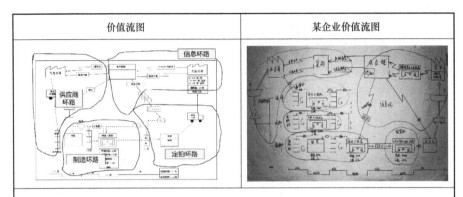

- **定拍环**：包括从顾客到定拍工序的所有物料和信息流。这是工厂最下游的一个环，如何管理这一环，将影响到价值流中所有上游工序
- **其他环**：在定拍环的上游拉动系统中有若干物料流和信息流形成的环，其中每一个拉动系统的库存超市，一般都对应一个环
- **制造环**：如果有多个价值对象或流程较多的情况下，制造环也可进一步分几个不同区域的环，比如冲压环、注塑环、总装环等

图 40-3　价值流图

- ❖ 将焊接工位的设备 OEE 提高到 85% 以上。
- ❖ 单元作业人数由目前的 7 个优化到 5 个。
- ❖ 各工序之间的半成品库存为零。

对每一个环的改进，通常可以遵循一个正确的模式来引导改善计划（图 40-4）。

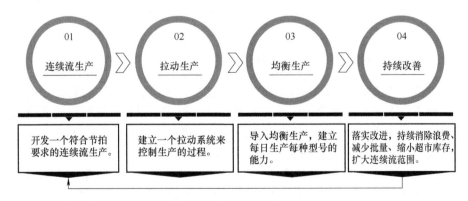

图 40-4　价值流环改善步骤

这个思路可以方便地指引我们梳理每一个环的改善行动。保持最小浪费的连续流，意味着消除过量生产，使工作单元标准化，每个工序与生产节拍

一致。然后，创建一个拉动系统，为整个连续流下达生产指令。最后，需要使用均衡生产来建立一条精益的连续流，在任何时间都能生产多种产品。

> 如果不实现均衡生产，那么意味着仍然需要采用批量生产的方式来生产不同的产品。切记：即便只有一种产品，也需要实现不同产量的均衡生产！

在创建价值流行动的时候，非常重要的是要不断地提醒大家一个问题"为了实现理想的价值流，哪里需要进行工艺和技术上的突破？"比如，为了实现连续流，可能要努力把造成流程中断的退火工艺进行攻关突破，直至最终取消；为了让流程能够满足稳定的持续生产，是否需要做产品结构和工艺的改进来稳定流程？

当然，我们也会面临一个可能的矛盾：这些行动的优先次序如何决定呢？哪些优先放在第一次序？是工艺改进、创建连续流生产、拉动系统还是均衡生产模式？虽然在某种程度上它们都可以同时进行，但是，从优先顺序出发，应该首先实施连续流，然后通过连续流的需求来推动工艺技术的突破，在改善的前期，千万不要过多地依赖工艺技术的突破来获得。

另外，有一个小小的工具可以帮助我们快速对优先顺序进行选择，这就是"D/I 分析"（困难度与影响度分析），D/I 分析方法把每一个行动通过实施的困难度与影响度两个维度来评价，如图 40-5 所示。

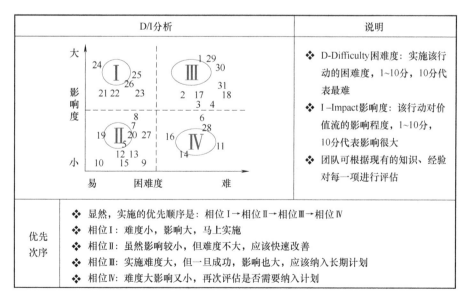

图 40-5　困难度和影响度分析

三、创建"价值流计划"

现在，团队已经理清了实现理想状态的行动内容和优先次序，开始制订整体的年度价值流计划，当然，我们也可以适当地延长1~3年的计划，以免漏过那些有价值的改善行动。

一个典型的价值流行动计划见表40-2。

表40-2 价值流行动计划

日期																			签名		
公司部经理		李景力															生产	技术	品质		
价值流经理		张含风		**精益价值流计划**																	
价值流环		价值流项目	目标 （可衡量的）	XXXX年												XXX年			项目负责人	团队成员	状态
				1	2	3	4	5	6	7	8	9	10	11	12	Q1	Q2	Q3	Q4			P D C A
冲压环	1	高冲机实施快速换模	换模时间由2.5h缩短至1h																	李主任		
	2	冲压与后处理建立连续流生产	LT由5天缩短至2.5天 生产效率提高30%																	黄世安		
	3	提高转子与定子的配套性	配套性由86%提升至98%																	李主任		
	4	转子与定子建立超市拉动	减少在制品50%																	张含风		
	5	高冲机实施TPM/OEE改善	设备OEE提高30%																	廖开		
	6	模具备件申购业务流程改善	备件周期由135天缩短50%																	张后日		
	7	浇注后转子免去毛刺工艺改善	节省去毛刺人员28人																	黄世安		
转子环 定子环	8	转子线实施连续流单元生产	转子LT由3天缩短至1天 转子线生产效率提高30%																	李柏景		
	9	定子线实施连续流单元生产	定子LT由5天缩短至3天 定子线生产效率提高30%																	欧阳超		
	10	转子与定子的配套率改善	配套性由76%提升至95% 转子与定子库存降低30%																	彭力		
总装环	11	总装线实施连续流单元生产	生产效率提高30%																	杨湖		
	12	总装生产计划达成率改善	计划达成率由78%提高至95%																	丁兴升		
	13	总装自动包装改善	每单元节省1人，预计节省28人																	杨盼盼		
	14	总装自动压卡簧改善	每单元节省1人，预计节省29人																	陈小奇		
	15	总装建立超市拉动生产模式	降低库存30%																	丁兴升		
	16	总装线MES电子看板信息建设	数据自动采集																	杨在里		

当一个完整的"价值流行动计划"呈现在我们面前时，本次改善周的任务基本完成了！当然，后续同样需要制订"30天行动计划"。

下一个环节：如何进行价值流管理？导师要对团队进行充分的培训，必要的任务要纳入"30天行动计划"中去。对于如何进行价值流管理的细节，本书不做重点阐述。

四、改善周总结和成果布会

至此，五天的VSM价值流改善周终于大功告成！

现在，团队成员应该可以走出"简单又抽象，似懂又非懂"的状态，我们亲身体验了价值流定义、价值流测量、价值流分析、价值流设计、价值流计划的全过程！

作为成果发布环节，最好的方式就是改善周作战式现场进行了（图40-6），不必再花太多的精力和时间去制作PPT。

第40章 Day 5-价值流计划：制订价值流计划，方知VSM的意义

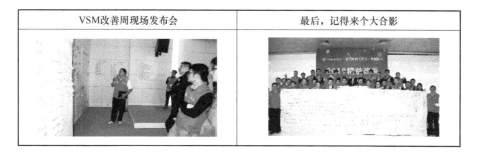

图40-6 价值流改善周发布会

第6篇 如何实施BPK业务流程改善周

改善周实践 3

　　精益不仅仅适用于制造系统,它也适用于所有的非制造领域。

　　同样,改善周也可以应用于办公系统和业务流程的突破改善。

第 41 章　什么是 BPK 办公业务流程？

> 精益是一种系统的识别和消除浪费的理念和方法，通过消除非增值活动来加快流程速度。它不仅仅适用于制造系统，也适用于所有的非制造领域。同样，改善周也可以应用于办公系统和业务流程的突破改善。

早期制造业中精益生产尚未大力推行时，不少企业都引入了 2P 或 3P 的概念。2P 即 Production & Preparation 生产和生产准备，3P 即 Product & Production &Preparation 产品设计、生产及生产准备。单从字面上我们不难理解，它们都是为生产做准备的，与精益的支柱 Jidoka 有个相似功能，即保证品质从源头开始。精益另一支柱 JIT 的推行不仅进一步保证品质，还保证了使用最少的设备、场地、物料和人工。

但所有人都把重心放到生产线并引入适当的工具加上良好的执行之后，我们会看到工厂内部巨大的改善：生产力提高了，不良率降低了，成本降低了，生产周期缩短了……，但是，我们仍然在一些方面停滞不前：比如原材料库存、产品开发周期、交货周期、供应商管理、服务生产的业务流程，甚至在员工流失率等非直接生产因素等，而这些因素阻碍了我们在市场上远超我们的竞争对手，赢取更多订单。业务流程改善（BPK）：Business Process Kaizen 在这个时候就会变得尤为重要了。

曾经，我们使用的手机从研发到上市需要 1.5 年以上，这如果放到当前市场上来讲是不可想象的，也许当你的产品生产出来时市场上已经更新换代了。现在，优秀的手机企业，这个周期时间已经缩短到 6 个月之内。我们不得而知其中具体改善过程的艰辛，但至少可以想象，单纯依靠改善生产过程是做不到的，必须是加工流、物料流、信息流、设计流、业务流及资金流的全面改善。

本章，我们关注的是业务流程改善。

我们通常把生产系统的改进称之为现场改善（SKB 即为现场改善突破之意），而把生产之外的流程改善称之为业务流程改善（BPK-Business Process Kaizen，或 BPI-Business Process Improvement），如图 41-1 所示。

第 41 章 什么是 BPK 办公业务流程？

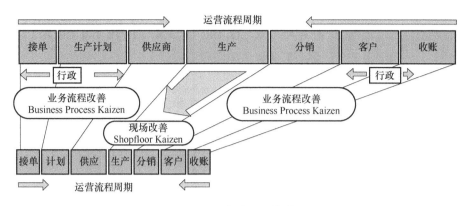

图 41-1 业务流程改善范围

业务流程是指那些跨部门之间运作流程，是完成某一目标或任务而进行的一系列逻辑相关活动的有序集合，这些流程把企业中各个职能部门或组织的工作串联起来，形成一个点、线、面结合的工作关系。

这些流程往往具有以下特征：

❖ 不断发生而且一般都是不标准的活动。
❖ 这些流程往往影响着企业运营的核心能力。
❖ 涉及不同部门之间的协调和工作次序。
❖ 工作流程上的员工一般都具有较少的变革经验。

常见的业务流程，比如：

❖ 产品开发流程
❖ 订单处理流程
❖ 投诉处理流程
❖ 报价处理流程
❖ 开立账户流程
❖ 现金申请或报销流程、
❖ 应收账款流程
❖ 信用卡办理流程
❖ 个人贷款业务
❖ ……

在企业的业务流程系统实施精益管理，有些企业亦称之为 LEAN Office（精益办公），本书采用 BPK 业务流程改善的称谓。

第42章 BPK业务流程改善周的前期准备工作

> BPK业务流程改善周的准备工作关键在于如何选择合适的改善课题,由于这个领域的人员比较缺乏变革经验,组织者要慎重地筛选适合的、思想开放的人来参加BPK改善周。

BPK改善周最重要的前期策划和准备工作莫过于改善课题的选择。这主要是与大家在这个领域缺乏变革经验有关,无论是流程中的工作人员,还是改善组织部门负责人,过去的重点都是在生产现场进行变革和改善,在办公系统和业务流程的改善实践较少,大家对业务流程的选择和定义均比较模糊。

一、如何选择BPK的改善课题

BPK的改善课题可以从企业战略目标、VSM价值流分析、KPI关键指标、部门问题诉求等方面来展开,也可以通过头脑风暴的方式来识别,如图42-1所示。

图42-1 业务流程课程选择

无论什么样的课题,业务流程改善的目的在于缩短周期时间,提高流程效率。比如某企业的精密模具,其配件从申购到验收合格的整体周期需要108天,这么长的周期时间,带来的管理结果是,要么准备大量的库存,要么影响模具的及时维修，通过改善，把原来的 108 天缩短到 46 天，解决了很多管理上的问题。

如果企业是初次组织业务流程改善的话，聘请外部专业顾问来指导团队选择课题是非常必要的。

二、业务流程需要收集的资料

不要等待！宣布改善活动的日期以后马上开始收集资料工作。这些资料可能包括但不限于下面内容。

① 现有的流程图：从业务需求开始至业务结束。

② 流程总周期时间：从开始到结束的全过程周期时间，不要估算，一定是真实的案例中提取出来的真实数据。

③ 流程分段周期时间：尽可能把流程中间环节的周期时间收集上来。

④ 流程使用表格表单：流程中所用到的各种表格、表单等资料。

⑤ 流程的操作时间：各步骤的工作人员完成指定工作的有效工作时间。

⑥ 相关的库存资料：业务系统中未完成的流程的数量或工作时间。

⑦ 流程的作业人员：从开始到结束的全过程，需要处理该流程的人员

⑧ ……

> **有益提示**
>
> 由于业务流程并非时时刻刻都在发生和流转，可以通过抽取过去真实流程来获取具体的流程资料和信息，收集过程中，要留意发现的问题。

三、BPK 改善周的团队组建

与其他改善周一样，根据选取的主题和范围确定团队成员，需要成员具有一定的决定权以及推动其他部门做事的权力。另外，团队不要有太多类似功能人员，避免偏向性，不易于突破，注意比例分配。

BPK 团队成员必须包括该流程中需要接触的所有组织部门的人员。

由于业务流程领域人员变革经验较少，尽量要选择比较热衷于改善、思想比较开放的人员来参加改善周。

四、其他准备工作

前期沟通、文具用品、后勤服务等准备工作，基本上与 VSM 价值流改善周的要素一致，不再赘述。

第43章 Day 1-培训与定义：原来精益不仅仅应用于生产系统

> 由于业务流程上的员工一般都具有较少的变革经验，特别是一些 IT 或财务系统的人员。不仅要培训精益方面基础知识，也要培训改善的方法和工具，更重要的是，在意识层面要达成改善的共识。

本日的任务是实施 BPK 业务流程的培训，定义改善的范围和目标。

由于业务流程上的员工一般都具有较少的变革经验，今天的培训显得尤为重要。他们往往不太熟悉精益的理念和工具方法，更不了解精益如何应用于非制造系统，或者他们本质上对改善还有抗拒和观望心理。因此，不仅要培训关于精益方面基础知识，也要培训改善的方法和工具，更重要的是，在思想和意识层面要达成改善的共识。除此之外，还要对本次改善的业务流程范围和目标进行初步的确定。

BPK 业务流程改善周第一天的工作设计见表 43-1。

表 43-1 BPK 改善周第一天工作设计

Day 1 培训与定义	Day 2 数据与分析	Day 3 实施与模拟	Day 4 运行与改进	Day 5 固化与总结

本日目标	实施价值流相关的知识培训，对价值及价值流进行定义和确认			
重点任务	日程分解 Daily Agenda			
	WHAT	WHO	WHEN	STATUS
任务1：改善周启动会	改善周启动	KPO	Day2	⊕
	团队破冰	引导师	Day2	⊕
	精益原理	引导师	Day2	⊕
任务2：团队破冰培训	业务流程特征	引导师	Day2	⊕
	浪费识别与消除	引导师	Day2	⊕
	目视化管理	引导师	Day2	⊕
任务3：BPK知识培训	标准化作业	引导师	Day2	⊕
	改善突破法	引导师	Day2	⊕
	业务流程改善工具	引导师	Day2	⊕
任务4：业务流程定义	BPK改善效益评估	引导师/KPO	Day2	⊕
	定义目标及范围	KPO	Day2	⊕
	每日改善心得	团队成员	Day2	⊕
	KPO评审	引导师/KPO	Day2	⊕
预计时间：9:00~17:30				

一、精益与业务流程培训要点

传统的精益生产,由于有"生产"两字,大部分人以为精益只是与生产部门相关,精益的改善也只是局限于生产制造环节,而与其他部门的关系不大,导致精益在推进时,常常只是由生产部门的一部分人在参与和组织改善,而其他部门只是观望。

事实上,精益是一种系统的识别和消除浪费的理念和方法,通过消除非增值活动来加快流程速度。**精益思想由最初在制造系统的成功实践,逐步延伸到企业各项管理业务(这里说的管理业务是指企业跨部门之间流转的办公业务流程),也由最初的具体业务管理方法,上升为战略管理理念。**它能够通过提高顾客满意度、降低成本、提高质量、加快流程速度和改善资本投入,使企业价值实现最大化。

进入21世纪后,精益思想逐步延伸至企业经营活动的全过程,扩展到服务型企业和非营利性组织,发展成为"精益管理",其核心是最大限度地降低和消除各种形式的浪费。美国企业从20世纪90年代以来,在全社会大力推进精益管理,已取得巨大的成效,极大地提升了美国企业在全球市场的竞争力。

二、精益流程的原则和特征

一般情况,企业推行精益首先由制造部门导入,实现生产流程的优化。而精益推进至一定程度后,即开始在包括财务、人事、采购、开发、营销、行政等非制造系统的部门展开,对企业的核心业务流程进行优化,提高企业的管理效率。通过持续的精益改善,逐步实现精益流程,在有些企业中,也有流程再造的说法。

> 精益流程是为特定客户和市场提供产品或服务而实施的一系列精心设计的高效、快速、有序的创造价值的活动最优组合。

精益流程的具备的原则和特征如图43-1所示。

三、精益流程改善的基本原理

精益业务流程改善的三大原理:一是识别增值与非增值,重视增值部分;二是消除流程中的浪费,理顺流程,减少变异;三是调整工作流程速度,满足客户要求。这里有三个关键词:增值与非增值,浪费,节拍。

【关键词一】增值与非增值(VA与NVA)

这是经常让很多人费解的一个概念,也是较多时候会出现争议的一个定

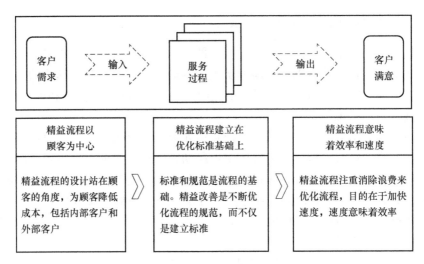

图43-1　精益流程的特征

义。基本上,你可以通过问3个问题去做出判断该流程是否为增值:

① 物料或信息是否被转化为产品或服务?

② 客户是否愿意为此买单?

③ 是不是第一次就做好的?

很多时候,一些非增值部分不得不在流程中存在,我们叫它必要非增值。比如,来自一些政府或者公司政策的要求。

【关键词二】浪费(Waste)

比较典型的在业务流程上有八个浪费表现:

① 缺陷与回环的工作;

② 过程中的浪费,表现在交接点过多过杂,需多方决策;

③ 过量的生产,表现在超过需要的数量和时间;

④ 多余流程,超出要求的精细处理;

⑤ 物料信息的过多积压;

⑥ 超频率,超距离运输和传递;

⑦ 等待,包括人员,设备,物料,文件,资金的等待;

⑧ 员工智慧,员工创造性的忽视。

【关键词三】节拍(Takt Time)

很多人以为只是在生产线上需要节拍,事实上,业务流程也需要节拍来进行管理。

节拍时间决定满足客户要求的作业速度,在此基础上去平衡必要的资源。简单地举例,客户对一份质量报告的时间要求,决定你安排多少人去工作以及是否需要加班等。

四、业务流程改善之工具

组织一个成功的业务流程改善,需要用到如下工具,当然其中很多的工具并不是独有的,在合适的时候选用合适的工具,这是一个改善周引导者需要具备的能力。

① 现场行走示意图(Spaghetti Map);
② 流程图(Process Flow Map);
③ 直方图(Histogram);
④ 影响度/难度矩阵图(Impact/Difficulty Analysis);
⑤ 头脑风暴法(Brainstorming);
⑥ 改善公报(Kaizen Newspaper)。

五、业务流程改善之目标设定

业务流程改善的目标设定可以参考表43-2。

表43-2 业务流程典型改善目标

一些典型的目标	改善效果体现
❖ 缩短流程时间	❖ 财政收入增加
❖ 优化流程内各步骤;合并、简化、取消部分非增值部分	(销售额增加)
❖ 减少文件数量,文件电子化,同步化	❖ 生产力提升
❖ 界定及消除浪费	(每人财政收入)
❖ 减少核实/审批环节	❖ 品质改善
❖ 减少非增值文件/信息的传递	(返工比例减少)
❖ 减少不必要的存档	❖ 前置时间缩短
❖ 减少返工,消除延误	(未完成数减少)

六、定义业务流程改善的范围和目标

完成相关的培训后,团队成员对业务流程改善有一定的认知,接下来,引导者要跟团队一起,明确本次改善的相关要素,包括:

改善的主题:改善什么业务流程?
改善的背景:当前业务流程的焦点问题是什么?
改善的范围:业务流程的起点和终点在哪里?
改善前状态:目前业务流程的周期是多少(天)?
改善的目标:改善后目标提高到多少?
涉及的部门:整个业务流程涉及哪些组织或部门?
团队的构成:目前改善周团队成员是否满足改善的要求?

有益提示

由于业务流程人员的变革经验相对较少,与JIT改善周比较,BPK改善周的团队破冰过程尤为关键,特别是来自IT、财务系统的人员,他们更容易趋向于保守的做法。

第44章 Day 2-测量与分析：打开黑箱子方知问题的症结在哪里

> 只有把流程充分展开来，打开流程的黑箱子，才能看到里面的浪费和机会。绘制业务流程的流程图，利用精益价值分析和浪费识别的工具，初步制订业务流程改善的方案。

今天的任务是了解现状，绘制业务流程图，找出改善机会。

从某种角度上来说，今天的工作任务与VSM价值流改善周的做法有相似之处，两者都需要收集流程信息，都是要绘制现状流程图（Process Map），然后在流程图的基础上分析现状，识别浪费和改善机会。所不同的是，VSM和BPK所用到的流程图工具有所区别。

BPK业务流程改善周第二天的工作设计见表44-1。

表44-1 BPK改善周第二天工作设计

	Day 2 测量与分析			
本日目标	了解现状，绘制业务流程图，找出改善机会			
重点任务	日程分解 Daily Agenda			
	WHAT	WHO	WHEN	STATUS
任务1：收集流程资料	宏观流程识别	KPO/团队成员	Day2	⊕
	收集流程资料	团队成员	Day2	⊕
	测量流程数据	团队成员	Day2	⊕
任务2：绘制业务流程图	绘制现状流程图	KPO/团队成员	Day2	⊕
	评估流程的表现	导师/团队成员	Day2	⊕
任务3：评估流程的表现	界定浪费及机会	KPO/团队成员	Day2	⊕
	制定初步改善方案	KPO/团队成员	Day2	⊕
任务4：制定初步改善方案	改善公报	KPO/团队成员	Day2	⊕
	每日改善心得	团队成员	Day2	⊕
	KPO评审	引导师/KPO	Day2	⊕
预计时间：9:00~?	晚上下班的时间未知，任务完成了才能下班			

组织一个成功的业务流程改善,需要用到一些简单而有效的工具,包括现场行走示意图、业务流程图、困难矩阵图、头脑风暴法等。当然,其中的很多工具并不是独有的,在合适的时候选用合适的工具,这是一个改善主导者需要具备的能力。

改善周第二天理想的工作进度是制订初步的改善方案,但能否进行到这一步,取决于改善课题的大小,如果改善课题的流程较简单,可以顺利完成这些步骤。但如果流程较长而且信息量较大,那么,浪费分析和方案制订的工作可以调整到第三天来实施。

一、绘制业务流程的行走示意图

业务流程是跨部门或组织之间运转的流程,这些工作往往需要在不同区域、不同楼层、不同部门之间进行流转,我们用意大利面条图的方法把这些流转的工作表示出来(图44-1)。从精益的角度来分析,这些流转工作是一种搬运的浪费,需要识别出来并尽可能地消除掉,实现无间距的连续流。

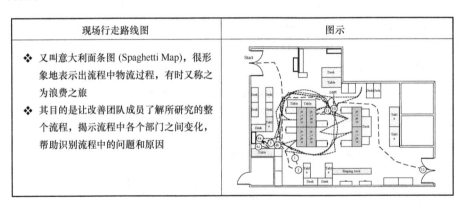

图44-1 现场行走路线图

二、绘制整体业务流程的流程图

绘制流程图,打开流程的黑箱子!

如果不把流程的黑箱子打开,我们永远不能系统地看到黑箱子里面的浪费。

这是改善周中最重要的一个图,如同 VSM 改善周的现状价值流图一样。把流程充分展开来,帮助组员取得目前流程资料,识别流程,分清各部门责任,显示部门间的交接方式,并通过界定增值与非增值部分,确立改善方向和改善点。

绘制业务流程图的步骤如图 44-2 所示。

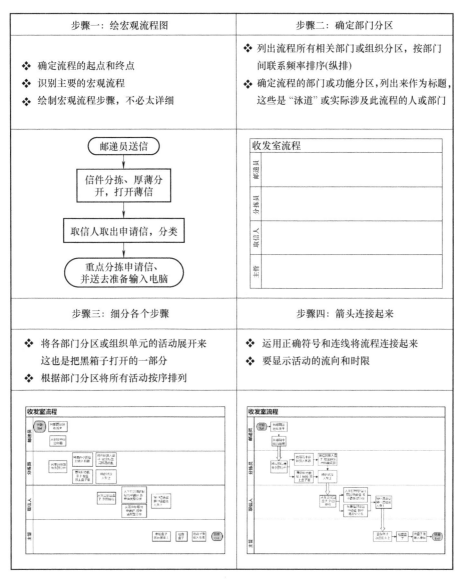

图 44-2　绘制业务流程图的步骤

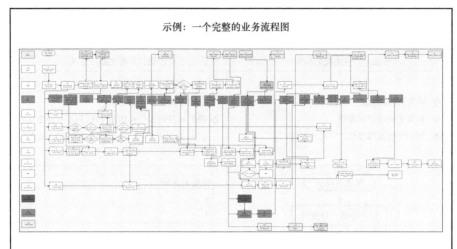

示例：一个完整的业务流程图

小提示：在绘制业务流程图时，尽量将流程中使用到的表格、表单、已有的制度收集过来，并且贴在对应的位置，以便后续分析时使用

步骤五：检讨流程的完整性并定义VA和NVA部分，初步计算流程时间

- 流程数量，VA流程，NVA流程
- 周期时间，VA时间，NVA时间
- 接触流程人数，交接次数
- 延误次数，时间
- 审批流程数量
- 使用表单数量等

- 采购流程步骤：　　56个
- 作业时间：　　　　23天
- 平均延误次数：　　38次
- 平均延误时间：　　94天
- 总平均周期：　　　117天
- 表单数量：　　　　8个

图44-2　绘制业务流程图的步骤（续）

在绘制业务流程图的时候，有一些规范的符号帮助我们较好地完成绘制过程，这些符号如图44-3所示。

第 44 章 Day 2-测量与分析：打开黑箱子方知问题的症结在哪里

符号	符号含义	绘制技巧
 始点和终点	流程开始与结束点	用3in×3in绿色便条纸
 检查与决策	所有任务与活动	用3in×5in黄色便条纸
 推迟	将资料与标准相比较，做出检查，并决定下一步工作	用3in×3in蓝色便条纸
 储存	资料或产品放在仓库里（例如档案柜、档案夹等）	用3in×3in紫色便条纸
 →	单线箭头——同一个人或区域之间没有实际移动的工作	箭头用3in×3in或3in×5in紫色便条纸
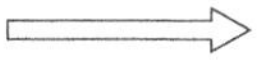 ⇒	双线箭头——资料或产品从一个人或部门实际移动到另一个人或部门	箭头用3in×3in或3in×5in紫色便条纸
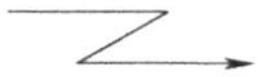 ⤻	折线箭头——资料或产品从一个人或部门实际移动到另一个人或部门	箭头用3in×3in或3in×5in紫色便条纸

图 44-3　业务流程图符号

三、如何识别流程浪费及改善机会？

接下来，团队需要开始分析流程的问题，识别流程中的浪费，制订初步的改善方案。

1. 头脑风暴法（Brainstorming）

头脑风暴法又叫集思广益活动，一个常规的工具应用在集体讨论流程改善中，记住四个原则：

① 任何建议都是好建议。
② 每张便条纸只写一条建议（或每轮每人次只提一个建议）。
③ 不要立即讨论建议，不做出任何批判性评论。
④ 数量比质量重要。

研究这些建议，做出必要的澄清。对类似的建议进行合并和重新表述，同时，对这些建议进行评审，排出优先次序，绘制关系图，进行影响/困难分析。选择最好的 3~5 个难度小但影响大的建议做进一步研究。

关于"D/I 困难度和影响度分析",请参考第 40 章,本章不再重复。

2. 寻宝活动,从流程中识别浪费

如何从流程中识别浪费呢?我们首先要识别浪费中增值与非增值的作业,应用精益八大浪费的方法(表 44-2),找到流程中的各种改善机会(图 44-4)。

表 44-2 业务流程中的常见浪费

	浪费分类	浪费描述	浪费举例
1	时间的无谓消耗	客户时间与精力的等待浪费	例:柜台排队、等待服务;内部审批、排班导致的客户服务诉求等
		员工有效工作时间的消耗	例:产线中的有效作业容易识别,而单纯从事管理工作的,其有效工作时间难于识别统计
2	人力的冗余储备	人力投入冗余	例:对人浮于事视而不见;或为特定任务安排了多余的人力等
		粗放的人力储备	例:波峰与波谷的人力储备不当
		未做减少人力资源的尝试	例:未积极尝试减少人力来满足现有工作
3	员工智慧未能得到利用	—	例:员工的参与积极性和智慧未激发出来;员工未得到技能提升的机会
4	物的不当与粗放投入	物质资源粗放投入	例:办公耗材未被充分利用;大量的单证、宣传彩页等;设备疏于维护,桌面设备不停机等
		物质资源的不当或过度投入	例:任务或项目导向时,过多投入相关的资源
5	无价值的形式化日常管理	为管理而管理的工作	例:从部门自身利益出发设计的工作,如运动式的检查、种类繁多的上报材料、形式的调研
6	不适当的信息与文档	不适度的信息收集与传递	例:收集不需要的信息,或重复收集已经收集过的信息等
		过多无实质意义的文档	例:无实质意见的通告、存档等

(续)

	浪费分类	浪费描述	浪费举例
7	无价值的流程活动	不当流程	例：流程的冗余，收集不必要的信息、重复收集、过度收集信息等 过度审批、因授权不合理产生多余的审批 检验、检测、返工等质量控制环节
		不增值活动	例：搬运、走动、动作不合理等
8	设计不当的质检与控制机制	—	例：应多关注事前与事中控制 合适的控制机制，嵌入流程以自动方式进行
9	偏离需求的产品设计与服务提供	—	例：一是不能准确把握客户的需求；二是过度提供，增加成本
10	不当的中间及最终产品与服务	—	例：中间过程的作业差错，最终的投诉与投诉的处理，待处理事项占用相关的资源等

3. 流程优化的十大考虑点

总原则：把流程中创造价值的活动排列成连续的价值流，在消减成本的同时提高质量，见表44-3。

表44-3 流程问题识别的三个步骤

第一步	观察流程时询问和自问的第一个问题	1）员工正在从事的工作或者正在操作的作业步骤，为客户创造价值了吗？ 2）它的需要来自哪里？是不是客户？
第二步	管理者需要观察的内容（可能有，不限于）	1）员工所做的工作与上下环节之间，是连续还是中断？ 2）员工是否处于工作状态，如果是，需要他即刻处理并处于排队状态的任务有多少？如果没有正在处理和等待处理的任务，那么他在等待什么样的任务？由谁分派？
第三步	管理者需要询问了解的内容（可能有，不限于）	1）员工所做的工作处于哪一个端对端，该端对端流程的大致流程时间 2）同类工作投入的大致人力、大致产能 3）所处的流程及其配套支持是否适用？是否充分发挥了作用？ 4）员工对质量是否关注？是否了解质量的要求？所处流程是否总能产出所需的质量？在当前流程中，如果试错是否能够被流程的实时检测措施发现？ 5）员工拥有什么样的决定权？工作过程中的灵活性如何？可以灵活处理哪些事项？ 6）员工在不同作业内容之间是如何切换的？

面对当前的业务流程，最简单、最常用也是最好用的工具，莫过于IE技术中的ECRS手法了。面对任何作业，首先看它能不能取消（E）？如果不能取消，能否合并（C）？然后，作业的次序是否可以优化（R）？最后，能否考虑简化的技术（S）？

基于ECRS法则，我们进一步细分成10个考虑点，见表44-4。

表44-4　业务流程优化的10个考虑点

考虑点1	取消流程，把一些不必要的流程取消
考虑点2	合并流程，如表格合并，流程合并
考虑点3	简化流程，如简化表格，电子流程等
考虑点4	减少交接，减少接触流程的人员
考虑点5	消除延误，减少延误时间，加快流程速度
考虑点6	改善品质，消除返工，提高一次合格率
考虑点7	减少审批，尽可能减少审批的人员和次数
考虑点8	减少浪费，取消一些不必要表单、存档等
考虑点9	流程优化，如调整流程顺序，并行作业
考虑点10	标准作业，将流程和作业标准化

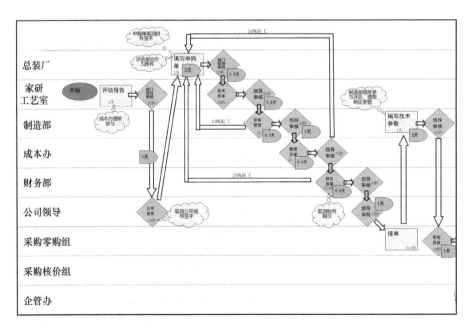

图44-4　业务流程改善机会爆炸图

四、初步制订改善方案

至此，通过以上的集思广益，改善的思路已经非常清晰，团队可以初步制订改善方案，制作"改善公报"（图 44-5）。

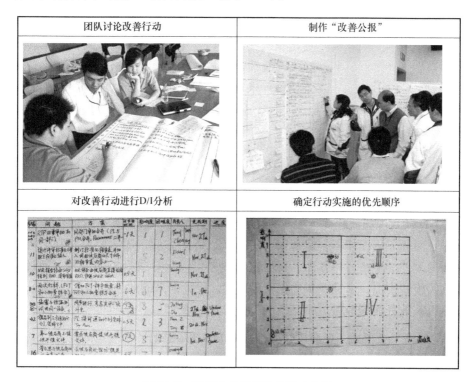

图 44-5　制订业务流程改善行动方案

第45章 Day 3-实施与模拟：其实业务流程改善并不难

> 当我们真正开始实施那些改善措施，或者模拟新的运作流程时，你会发现，业务流程的改善其实并不难。通过改善实施和模拟操作，来进一步优化改善方案，设计未来的业务运作流程。

本日的主要任务是实施改善措施，模拟新的流程，优化改善方案。

JIT-SKB 现场流程优化改善周不同，生产系统一般都有持续的生产计划安排，而业务流程却不一定每天都有。所以，一方面，团队要识别马上可以实施的改善措施；另一方面，要界定哪些是可以运行或模拟的流程。通过局部的实施和模拟，来进一步优化改善方案，设计未来的业务运作流程。

BPK 业务流程改善周第三天的工作设计见表 45-1。

表 45-1　BPK 改善周第三天工作设计

Day 1 培训与定义	Day 2 测量与分析	**Day 3 实施与模拟**	Day 4 运行与改进	Day 5 固化与总结

本日目标	实施业务流程改善措施，模拟新流程，优化改善方案			
重点任务	日程分解 Daily Agenda			
	WHAT	WHO	WHEN	STATUS
任务1：实施改善措施	梳理/实施改善措施	KPO/团队成员	Day3	⊕
	界定可以运行或模拟的局部流程	KPO/团队成员	Day3	⊕
任务2：模拟流程运作	模拟新的流程运作	KPO/团队成员	Day3	⊕
	完善改善方案	KPO/团队成员	Day3	⊕
任务3：优化改善方案	设计未来的业务流程（图）	KPO/团队成员	Day3	⊕
	检讨改善目标	KPO/团队成员	Day3	⊕
	改善公报	KPO/团队成员	Day3	⊕
	每日改善心得	团队成员	Day3	⊕
	KPO评审	引导师/KPO	Day3	⊕
预计时间：9:00~? 晚上下班的时间未知，任务完成了才能下班					

一、马上实施改善措施

针对前一天制订的改善措施,是否都可以实施呢?可以通过 D/I 分析的方式,梳理实施的优先性。

对简单有效的措施要马上进行落实,比如:

- ❖ 取消或合并流程中的表格表单,制作新的表格表单。
- ❖ 需要取消的审批环节,与相关人员进行确认。
- ❖ 如果需要走电子化流程,联络 IT 人员进行落实。
- ❖ 容易出错的环节,采取合适的防错措施(Poka-Yoke)。
- ❖ 需规范管理的部分,明确相关的规范要求,形成可执行的规范。

一些流程变化可能涉及外部资源,比如供应商配合,需要联系外部资源来实施(图 45-1)。

图 45-1 现场实施 BPK 改善措施

二、模拟新的流程操作

基于上述的改善措施,团队要安排流程来模拟新的做法。虽然不一定有

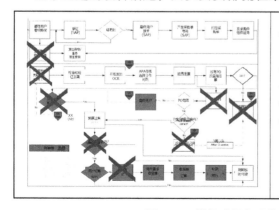

- ❖ 要培训好流程的人员,特别是一些新的做法
- ❖ 哪些是可以直接取消或合并的流程
- ❖ 哪些是可以直接取消或合并的审批
- ❖ 哪些流程的次序需要调整
- ❖ 每一个步骤中,人员的操作方法有何变化?

图 45-2 模拟过程中需关注的问题

真实的业务流程供团队进行运作,但可以进行模拟流程。

模拟过程中,要特别关注图45-2中所描述的一些问题。

三、不断优化改善方案(图45-3)

- ❖ 在模拟中,优化原有的改善方案
- ❖ 注意测量改善措施实施后的数量,对比每一个改善措施变化前后的效果
- ❖ 同步构思和设计未来理想的运作流程

图45-3　持续优化流程

> **有益提示**
> 　　实施和模拟过程,往往需要企业高管和部门负责人的参与来做最终的决策,组织者要做好相关沟通与协调工作。

第 46 章　Day 4-运行与改进：理想和现实并不远

> 持续改进流程并最终标准化。当改善后的业务流程图呈现出来，对比前后数据的变化时，我们会发现改善的效果让人吃惊！像生产系统的现场改善一样，改善无处不在。

本日的主要任务是继续运行新的流程，绘制最终流程图，实施标准化作业。

经过前一天改善措施的实施和方案优化，新的业务流程已经确定，今天要绘制最终的业务流程图，并且全流程按照新的流程进行运作。同时，实施必要的标准化作业。

BPK 业务流程改善周第四天的工作设计见表 46-1。

表 46-1　BPK 改善周第四天工作设计

		Day 4 运行与改进		
本日目标	按新流程运作，持续改善，绘制新的业务流程图			
重点任务	日程分解 DailyAgenda			
	WHAT	WHO	WHEN	STATUS
任务1：按新流程运作	持续改善	KPO/团队成员	Day4	⊕
	绘制未来的业务流程（图）	KPO/团队成员	Day4	⊕
任务2：绘制新流程图	设定关键控制点	KPO/团队成员	Day4	⊕
	评估和总结改善成果	KPO/团队成员	Day4	⊕
任务3：评估改善结果	准备成果发布会	KPO	Day4	⊕
	改善公报	KPO/团队成员	Day4	⊕
	每日改善心得	团队成员	Day4	⊕
	KPO评审	引导师/KPO	Day4	⊕
预计时间：9:00~？晚上下班的时间未知，任务完成了才能下班				

一、绘制改善后的业务流程图

这个环节有点类似于 VSM 价值流改善周的理想价值流图绘制，经过前期的改善，现在可以绘制未来新的流程图了（图 46-1）。

绘制改善后业务流程图之前，有几个问题需要确认：

- ❖ 改善前后流程的变化点在哪里？
- ❖ 涉及流程的组织或部门有没有变化或减少？
- ❖ 业务流程相关活动的次序有没有调整和改善？
- ❖ 取消、合并了流程中的哪些表格表单？
- ❖ 哪些环节进行了简化操作？
- ❖ 能否达到设计的预期目标？
- ❖ 还需做哪些进一步的改进？

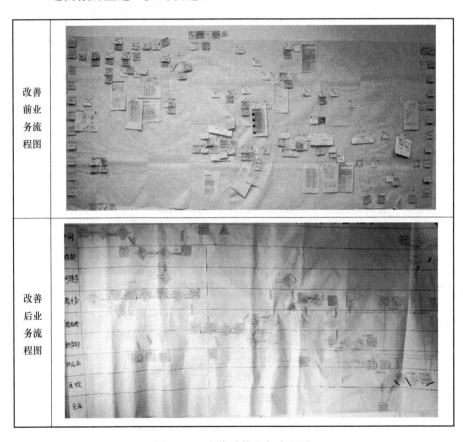

图 46-1　改善后的业务流程图

二、总结改善前后的变化

通过对比,我们会发现改善前后的各种数据得到了明显的改善,见表46-2。

表46-2 改善前后数据对比表

项 目		改善前	改善后	改善效果
流程步骤	步骤数量/个	56	38	减少18个步骤(-32%)
	VA-增值数量	22	20	减少2个VA步骤
	NVA-非增值数量	34	18	减少16个NVA步骤
作业时间	总作业时间/天	23	21	减少2天
	VA-增值时间	20.5	20	—
	NVA-非增值时间	4.5	2	减少2.5天
延误	延误次数	38	29	减少9次延误
	延误时间/天	94	23	减少71天的延误
周期时间	业务开始至结束总周期/天	117	45	缩短72天(-61%)
交接	流程作业人数	23	15	减少8个(-35%)
	交接次数	60	34	减少26次(43%)
审批	审批的次数	34	18	减少16次审批(-47%)
使用表单数量		8	6	减少2个表单位
直通率		29%	58%	提高100%

第47章　Day 5-固化与总结：改善的成果总是令人鼓舞

> 如果前面的工作顺利，最后一天的任务是常规的标准作业，制订未来"30天行动计划"，组织改善总结和成果发布会。改善的成果总是令人鼓舞的，作为平常较少变革经验的业务系统工作人员，最后的庆祝活动无疑是最好的激励之一。

今天的主要任务是标准化作业和"30天行动计划"，改善总结与成果发布。

如果前面的工作顺利，对于一个有经验的KPO来讲，今天的工作并没有什么特别的了。

- ❖ 继续实施前期未完成的任务。
- ❖ 对新的流程制作标准化作业SOP。
- ❖ 制订后续跟进的"30天行动计划"。
- ❖ 总结改善成果，制作汇报PPT。
- ❖ 向管理层汇报改善周成果。
- ❖ 组织团队庆祝活动。

BPK业务流程改善周第5天的工作设计见表47-1。

表47-1　BPK改善周第5天工作设计

本日目标	制订标准化作业和"30天行动计划"，改善总结与成果发布，团队庆祝			
重点任务	日程分解 Daily Agenda			
	WHAT	WHO	WHEN	STATUS
任务1：制作标准SOP	继续实施未完成之行动	KPO/团队成员	Day5	⊕
	制作标准作业SOP	KPO/团队成员	Day5	⊕
任务2："30天行动计划"	制作改善报告(PPT)	KPO/团队成员	Day5	⊕
	制作"30天行动计划"	KPO/团队成员	Day5	⊕
任务3：成果发布与团队庆祝	召开总结发布会	引导师	Day5	⊕
	改善周庆祝活动	团队成员	Day5	⊕
	改善周心得	引导师/KPO	Day5	⊕
预计时间：9:00~17:30　晚上一般为庆祝活动				

为节省篇幅，不再对本日的任务做过多的阐述。

第 7 篇 全方位为改善周保驾护航

改善周保驾护航
的两个人和两个事

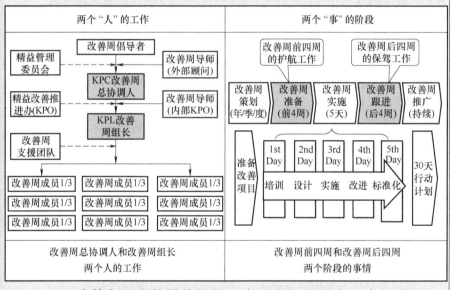

本篇介绍改善周关键的两个"人"和两个"事",即 KPC 改善周总协调人和 KPL 改善周组长的工作指导,以及改善周前四周和后四周的保驾护航工作。

第 48 章 KPC 项目总协调人的工作指导准则

> 改善周项目总协调人如同电影的制片人。作为改善周配合的关键人士，对改善周进行总体策划和过程管控，提供必要的资源，密切关注活动过程的安全问题，每日举行组长会议，传递正能量给团队成员，对改善周实施的全过程负责。

改善周项目总协调人（KPC，Kaizen Promotion Coordinator），通常是改善推进组织的领导，对规模较大的集团公司来讲，可能是集团改善推进办的负责人或分管领导，对集团下属子（分）公司的精益工厂总体策划和协调。在某种情况下，改善周总协调人与改善周倡导者可能是重复的。对规模一般的企业，改善周总协调人也可能是公司或工厂改善推进办的负责人或 KPO。

KPC 综合了项目责任者、协调人与支持者的角色于一身，如图 48-1 所示，负责管理改善活动，他或她必须准备或委派他人做好一切必需工作以确保活动正常进行，包括协助小组长配备资源，帮助解决关键分歧（对事情的不同看法以及人与人之间的矛盾）……如前面第 2 章所述，改善周总协调人如

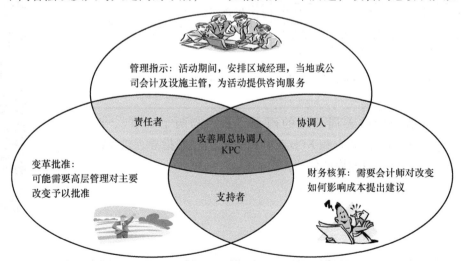

图 48-1　KPC 三大角色

同电影的制片人，对改善周进行总体策划和过程管控，对改善周实施的全过程负责，一个好的改善周总协调人对改善周来讲是如虎添翼！

一个好的改善周总协调人，应该如何系统开展他的工作来保障改善周呢？本章只提供一些工作的指导准则与建议而使 KPC 的工作简易化。

一、KPC 是配合的关键人士

KPC 监督每个改善活动，并确保其进展顺利。在活动过程中，KPC 经常和小组组长保持联系以提供必需的协助与指导。

有个错误的做法是，有些 KPC 喜欢把自己当成领导的角色，以为工作已经交给 KPO 或组长，自己可以不太关注和参与。这是极其不负责任的，试想，如果连 KPC 都不配合或关注改善周，还指望其他部门的管理人员参与和关注改善周吗？

❖ 前期要参与改善周主题和范围的选择和确定，并在管理层会议做出信息传递。

❖ KPC 要适当关注和参与改善周团队成员筛选。

❖ 准备其他备份材料以供随时参考，尤其准备好支援团队人员名单及其联络方式。

❖ 使用一些有效的手段以分辨支援团队、区域员工以及小组成员，比如颜色鲜艳的 T 恤或帽子等，要与工厂的工作服颜色区别开来。

二、监督活动的总体进度

KPC 要监督整个改善周活动的进度，完全交给小组长或 KPO，放任他们去开展，在某种程度上说是不负责任的行为，KPC 对项目的管控要点如图 48-2 所示。

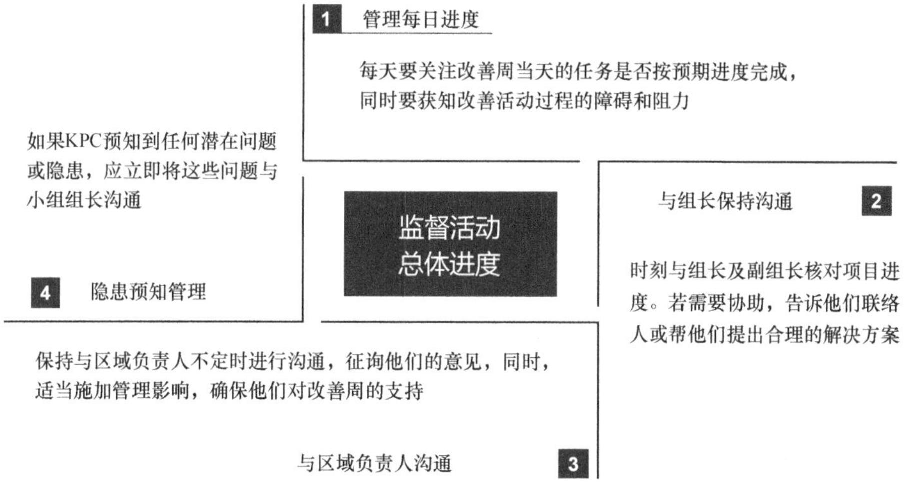

1 管理每日进度
每天要关注改善周当天的任务是否按预期进度完成，同时要获知改善活动过程的障碍和阻力

2 与组长保持沟通
时刻与组长及副组长核对项目进度。若需要协助，告诉他们联络人或帮他们提出合理的解决方案

3 与区域负责人沟通
保持与区域负责人不定时进行沟通，征询他们的意见，同时，适当施加管理影响，确保他们对改善周的支持

4 隐患预知管理
如果KPC预知到任何潜在问题或隐患，应立即将这些问题与小组组长沟通

监督活动总体进度

图 48-2　KPC 对项目的管控要点

三、重点关注安全事宜

KPC 在观察小组展开各项改善时，需密切注意活动过程的安全作业，确保团队成员随时遵守安全规则。如图 48-3 所示。

❖ 如果涉及工厂内部的电焊作业、化学操作时，必须知会工厂安全管理员，在安全管理员指导下展开操作。

❖ 当不常劳动的人员开始进行体力活动时，比如移动重物，包括设备、产线、物料等，要提醒团队成员做好自我保护。

❖ 当团队成员执行改善作业时，比如焊接、切割作业等，特别要提醒不具备操作资质的成员，不能做相关的危险性作业，比如开叉车、电工作业。

❖ 如果小组中有人违反安全操作时，应立即向其指出。

❖ 尽力支持组长执行活动的安全规则。

图 48-3　现场施工的安全作业

有益提示

切记：活动期间，安全是第一位的！

四、活动后勤与设施保障

KPC 要协助组长安排一些活动需要的关键设施和后勤保障。

团队的后勤保障，比如，是否能提供统一的用餐或者统一到公司高级餐厅就餐？是否弹性安排公司的班车服务？……这些看似简单的工作，往往却要 KPC 出面才能落实。

确保每个改善周团队有充裕的培训道具、活动空间以及文具用品。

一个小小的细节：**需要及时提醒并监督改善小组对活动的过程进行拍照和录像，记录活动的进程及每一个关键细节。**如果不做一些提示的话，大家忙起来时，可能谁都不记得这个简单又重要的工作。一个严格的 KPC，可能还要适当提示负责拍照的人学会一些基本的技巧。

五、举行组长会议或 KPO 评审

在前面改善周日程安排中，每天都有一个环节：组长会议或 KPO 评审。什么是组长会议或 KPO 评审？

在规范的改善周工作流程中，每天都需要一个评审会议。这个会议的目的是 KPO、KPC、KPL、公司关键高管和顾问老师（如果有）一起检查和评审当天的小组进度是否正常。会议要求简明扼要，切中要点。以 JIT 改善周第二天为例：

- ❖ 改善的对象、范围、目标与基准。
- ❖ 改善前的状况，包括流程、物流、布局等。
- ❖ 现场测量的表现，包括周期时间、节拍时间、柱状图等。
- ❖ 识别的重点浪费、问题与改善机会。
- ❖ 未来的节拍设计、产线平衡方案、布局设计方案等。
- ❖ 重点行动计划（当天、当晚或第二天），包括预期的结果。
- ❖ 潜在的困难、风险，需要支持的事项。

KPC 要协助组长的每日会议安排，并协助解决潜在的问题。

一般安排在当日活动结束前，如果活动较晚结束的话，也可以安排在次日早晨开始之前。

六、KPC 改善周期间每日重点安排

KPC 每天的工作重点如图 48-4 所示。

星期一	星期二	星期三	星期四	星期五
● 安排培训，协助组长进行改善周的组织工作	● 协调小组与目标区域之间的工作沟通	● 对目标与现状进行比较	● 准备并协调小组的现场巡视参观	● 安排培训，协助组长进行改善周的组织工作
● 组长会议/KPO会议	● 组长会议/KPO会议	● 组长会议/KPO会议	● 组长会议/KPO会议	● 组长会议/KPO会议

图 48-4 KPC 每日工作重点

适当的时候，KPC 要有意识地带领一些公司高管、客户或其他部门人员，到改善周作战室，或改善区域现场，进行简短的介绍和分享。这是非常有价值的一部分工作，尤其是客户或合作伙伴，这能增加相互的信心。

七、改善周成果发布会

在改善周最后的成果发布中,KPC 要负责组织发布会,包括发确定发布会时间、制订报告流程、邀请参会人员等。

KPC 特别要负责邀请企业高层领导、部门负责人来参加成果发布会。这个工作一般由 KPC 来协调,因为改善周组长或 KPO 可能受其职位的影响,不一定方便安排这些事项。

KPC 要对报告的流程、方式和内容进行讨论和把关,确保召开一次成功的发布会。

八、关于庆祝会的工作

KPC 要主导和参加庆祝会的重要工作,表 48-1 是 KPC 需要关注的几个工作要点。

表 48-1　庆祝会的关注要点

序号	要　点	具体描述
1	组织庆祝会	KPC 要与 KPO、KPL 共同安排庆祝会,包括庆祝会时间、地点和形式,特别是要在资金预算上提供支持
2	高层要认可团队价值	在庆祝会期间,可以安排一些重要的高层管理人员在庆祝会上发表评论,简要地提出建议与价值肯定
3	适当邀请庆祝会人员	适当多邀请一些相关人士参加改善周庆祝会,这样可以扩大改善周的影响,并且认可小组成员的工作
4	聚焦于小组而非活动本身	庆祝会的关注焦点应该放在庆祝小组上,而非活动本身。因为传统的改善可能通过在短时间内投入大量资金或资源来解决问题。但是,使用这些传统方法时,团队的工作态度或效率很难发生根本的改变。只有承认小组的团队精神是长期改善中的关键因素,才可能取得实实在在的改变
5	关注改善的结果而不是工具	认可应该基于结果而非简单地使用特定的工具。庆祝会必须关注达成的目标,而不仅仅是完成一次改善活动

有益提示

❖ 小组及区域员工集体合影留念,并记得分享照片。
❖ 安排高层管理人员在庆祝会的评论中做出适当的表扬。
❖ 庆祝会的时间要兼顾一些旅程计划,例如外地人士返程。

第 49 章　KPL 改善周组长的工作指导

> KPL 是改善周的将军，要带领和管理好改善小组，能够提出并验证改善建议，实施变化并跟踪活动的进度，制订后续的行动计划，总结改善成果和报告会，持续跟进改善成果。本章旨在为改善周组长提供一些重要的工作提示和指导。

改善周组长（KPL-Kaizen Promotion Team Leader）如同战场上的将军，再好的理念方法和改善机会，必须要有一位好的领导者来带领团队完成任务。KPL 的工作是管理改善现场的最前线，必须制订并执行计划以找出浪费并将其消除。毫无疑问，这是在整体改善周活动期间最为重要且艰难的工作。KPL 要具备管理的风格，能够像将军一样下发清晰的工作指令。KPL 必须致力于不断消除浪费，坚定地追求目标的达成，同时关注区域员工的畏惧及顾虑。

一、活动期间的安全管理

如前一章所阐述，安全始终是第一位的！

KPL 要确保所有的小组成员知道相关的安全工作规定。强调安全是每个活动的底线，也是每个人的职责。日常操作中该区域的安全规则与其他规则不仅适用于 KPL，同样的适用于参与改善活动的每一个人。

二、管理好改善小组

要精准和高效地分配角色和任务。确保所有小组成员清晰地了解各自的角色与任务，并且努力完成它。成员之间应该密切合作，不断地变换分组，每个分组的角色与期望必须清晰。改善小组的管理要点见表 49-1。

表 49-1　改善小组的管理要点

提　示		有益提示
提示 1	了解流程，严格检查	❖ 尽管改善周强调边学边做和快速改变，但一定要确保小组成员花时间亲自观察并了解流程 ❖ 必须亲自确认每一个时间测量的准确性，并获得对整个上游和下游流程的理解

（续）

提 示		有益提示
提示2	建立清晰及简单的优先顺序	❖ 千万不要设定太多的任务和目标压倒团队成员 ❖ 按优先顺序挑选2~3个最重要的目标，为它们投入所有资源并实现它 ❖ 试图实现太多的目标对一个改善周来讲是不现实的。完全达成设定的几个目标总比部分完成许多目标要好
提示3	目标与工作要求	❖ 切勿为了实现小组目标，对员工提出过度要求，从而给每位员工制造过大的压力为代价 ❖ 切记，员工应该满足特定的生产力要求
提示4	任务的最终期限	❖ 确保小组成员明白各项任务的最终期限（里程碑），并始终朝下一个目标努力 ❖ 在规定的时间内尽可能多地完成任务
提示5	避免冲突	❖ 如果KPL为每一个成员或小组规定了明确的分工和职责，则可以避免冲突 ❖ 记住，冲突通常是利己主义带来的冲突而非实质性的争议。因此，认识潜在的个性冲突并且相应地进行职责分配，则可以避免一些不必要的矛盾
提示6	管理人员的角色	❖ 当分配角色时，一定要给予管理人员可以实践的任务 ❖ 让小组成员看到管理人员的积极参与是非常有帮助的
提示7	计件员工管理	❖ 可能会有些计件制的员工参与改善活动，在此期间，要弹性地做出公平的安排

三、提出并验证改善建议

【重点说明一】KPL要起领头羊的作用

在活动过程中，KPL要以身作则提出各种想法并尝试和验证它，而不是一味地要求团队成员。尝试着担任引导者的角色而非支配者的角色。过多的监督和要求只会导致沮丧，遵循顾问的领导并尝试所有新的想法。

【重点说明二】引导员工及区域主管参与到改善中来

邀请改善区域的员工及其主管参与改善，给予他们贡献意见的机会。鼓励他们发表自己的观点。随着活动不断进行，强调改善的基本要素，随时解释小组的当前工作。让员工参与到流程中有利于改善收益，使改善融入员工意识中去，而非简单机械地工作。员工可能对于改善其工作流程拥有许多奇怪的想法。鼓励他们提出建议，切勿陷入对小组行动采取辩护的局面。

向员工解释活动的重点是不断尝试不同的创意，直到发现最佳可行的方案。在执行前，要通知区域主管并解释行动计划。表49-2是一些关于激发改善与创新的有益提示。

表49-2 改善与创新的有益提示

提 示		重 点 说 明
提示1	以更大的格局来提出想法	❖ 当发现改善机会时,大胆去想。不要受目标区域的限制。你的目标是更大流程的一部分 ❖ 记住,不要凭空想象 ❖ 当你实现了你的目标并且给出了有效且可行的建议时,理解更大的流程就会获得成功
提示2	不断创新尝试更多的建议	❖ 活动过程中,不断尝试新事物。避免分析过度而产生麻痹。必须始终前进。如果一些方面必须做出改变,则不要对首先应该做出什么改变进行争论 ❖ 你的目标应该是大家一致同意的,但不可能总会获得每个人的赞成。作为小组组长,你必须尝试尽可能多的建议,实现你的目标
提示3	必要的模拟验证	❖ 在你的小组做出决定前,应该对建议的布局进行模拟,并具体执行整个流程 ❖ 利用小道具将提议的流程付诸行动,帮助小组预测可行性
提示4	与员工对接和沟通	❖ 没有人能比员工及上级主管更能体会到改善带来的影响。他们需要不断地获知将要发生的事及正在发生的事 ❖ 员工与小组成员每天应该同时到达工厂,这样整个改善小组可以会面;如方便的话一起进行进度讨论并继续改善流程

四、做出改变并跟踪变化

【重点说明一】 对变化管理的检讨会议

与主管及员工举行检讨会议,解释已执行的变化并寻找更多改善建议。同时,要考虑对其他班次的影响。我们不能期待员工能自己学习并自主运作新步骤和新流程。可以让参与活动的员工(小组成员或该区域中的员工)培训非改善的员工。

每天至少两次,检查改善行动的状态(例如布局改变、执行情况等);向小组、区域员工及KPC活动协调者报告变化。

【重点说明二】 对员工进行变化的培训

临近活动结束之前,小组应该花时间对员工培训新的标准操作流程,并重新测量时间和检验结果。当然,允许至少3小时的培训和学习曲线活动。表49-3是关于变化管理的一些有益提示。

表 49-3 变化管理的有益提示

提示		重点说明
提示1	平衡解决方案	❖ 试图在创造性的试验及实际解决方案之间实时达成平衡
提示2	避免面面俱到的方法	❖ 保持关注意味着必须偶尔停下来考虑每一变化如何对整个流程带来的影响 ❖ 面面俱到的方法通常意味着完全混乱，在活动结束时不一定能运作 ❖ 保持关注并完成每一阶段的工作，包括对系统变化与培训进行文件编制
提示3	尽量自力更生	❖ 小组必须尽量自力更生，只有当任务需要时向设备或其他部门求助
提示4	任务跟踪	❖ 活动期间，组长必须对各小组或成员没有时间或资源完成的建议进行列表，充分应用改善公报，对跟进工作很有帮助

五、跟踪活动的进度

KPL 要积极地监督小组成员，确保小组在重要任务上获得进展。预测资源需要，确保小组了解可用资源以及获得这些可用资源的方法。进行检查，确保小组正在有效地使用资源并且可以及时地获得所需的资源。

【重点说明一】随时知会小组进度状态

每天的首要任务是讨论小组的目标。通知小组成员进度情况，通过定期的会议以了解进度，设定新的里程碑并认可所有的成果。

【重点说明二】更新"待做事项"列表

在会议区域，保持最新的改善活动列表（利用改善公报实现）。

有益提示

❖ 对小组成员或区域员工尽量多说"干得不错"或"谢谢"。记住，礼多人不怪。

六、跟踪与报告改善结果

【重点说明一】跟踪改善结果

如果在整个活动期间对结果进行跟踪，那么陈述准备与作业列表制订将会变简单。

【重点说明二】小组会议

定期将小组召集起来，分享改善结果，讨论流程中发现的问题并确定主要改善活动的焦点。

【重点说明三】积极发现效果

获得并产生切实的结果能给予相关人员一种成就感。不要过分悲观及消极地进行评价。积极发现结果并传递正能量很重要，因为活动的目的是改善生产力并获得切实且可量化的财务成果。

【重点说明四】目视化管理

使用目视化手法显示已经达成的目标。例如，在已经改善的工作站挂上标识牌，使用快速简单的目视化手法帮助工作的开展。

七、管理小组上轨道

引导小组成员进入改善的轨道，确保在最后期限前完成所有的标准化工作。均衡分配工作，需要时立即下达命令，切勿指责及威胁别人。鼓励所有小组成员及员工参与。要认识到，总有一些人会抵制并拒绝合作。要明白何时坚持、何时放弃，花费精力与资源以获得他们的合作，不要允许他们破坏改善活动。

【重点说明】坚持合理的时间安排

每天都要制订当日的任务计划，并坚持时间安排。若需要对日程进行改变，应立即与小组进行沟通。每日的活动尽可能在合理时间内结束。若当天工作已经结束，应提前下班，或在征得全体小组成员同意的前提下延长工作时间。

有益提示

让每个人参与并认可"微不足道"的成功，快乐是精力与成就的副产品。如果组长在工作中全力以赴且热情高涨，这种情绪是可以传染的。

八、建立跟进项目

每天或每个活动结束时，小组应该制作作业列表（改善公报），以便于跟进。

【重点说明一】每日作业

使用每日作业列表准备第二天的活动。每天开始时，检查并确定所有的作业项目已经完成，并且向小组汇报结果。

【重点说明二】活动结束时的作业

尽管活动的目的是在改善周内执行并完成所有的改善行动，但是有些项目需要在活动之后完成,改善周结束时的作业将驱动为期 30 天的跟进任务。对于那些遗留下来的改善建议,清晰地定义每个任务的 What（何事）、Who（何人）、When（何时）。若需要外部资源,必须联络有关人员并得到他们的时间承诺。

九、改善周总结与发布会

【重点说明一】总结发布会

为发布会准备提供指导,通过发布会交流想法并与大家分享小组改善成果。发布会不是确定谁赢谁输的竞赛。陈述中,应该突出实践体验,不应该只是对整个活动的逐字复述。

陈述时间不宜过长。如果在一次活动中发生众多改变,进行了彻底的改善,人人都积极参与,团队建设很好,但是最后却出现冗长且华而不实的陈述,则十分糟糕。

【重点说明二】克服压力

陈述时可能会感到有压力。团队成员可能不习惯于在大众面前公开自己的成绩,或者对于在公众场合发表讲话存有畏惧。在这种情况下,合理分配好小组成员的任务并予以演练指导就变得非常重要。

十、庆祝会

与 KPC 协调庆祝活动安排,尽可能邀请活动相关人士出席庆祝会。

感谢员工及支持人士的帮助,考虑向每一位成员及支持人士提供小小的活动纪念品。

就区域员工做出的贡献进行表扬。

第 50 章 改善周前四周的护航工作

> 改善周不会无缘无故地启动，更不会稀里糊涂地成功。所有成功的改善周背后一定少不了前期周密谋划和精准护航。这也是大 PDCA 循环中计划管理的一部分。

"谋而后动，周密组织，细致护航"是改善周前四周准备的工作原则。

所有的改善周必须经过正确的谋划和周密的组织才能有效进行。前面阐述了两个关键角色（KPC 与 KPL）对成功组织改善周的重要性，以及他们的工作指导。而本章要阐述的是从课题选择立项开始到改善周实施的一系列准备活动流程。但是，跟本书中所有其他章节的原则一样，我们重点在于介绍工作的流程，而不是介绍某个工具的使用。我们也相信本书所用的大部分工具或表格本身，对读者来讲都是比较简单而且熟知的，重要的是这些工具的串联关系以及使用的时机。

一、改善周前 4 周的准备工作

改善周前四周的主要任务是确定改善周的主题、范围和目标，与区域负责人达成一致，这是前提。然后，策划改善周所需的资源，包括是否需要外部专业顾问支持等。

具体工作任务如图 50-1 所示。

【重点说明一】确定改善周主题和范围

尽管在年度规划或半年度规划中已经初步策划了改善周计划，但还是必须要在改善周前四周左右的时间确定改善周的主题和范围。同时，要考虑采用五天标准改善周还是小型改善周。

【重点说明二】与区域负责人沟通并达成一致

这一步非常关键！如果不能与区域负责人沟通并达成一致意见，任何设想都无法实现。很多时候，区域负责人的意愿往往会变成精益组织部门最头痛的问题。如果连区域负责人都意愿不强或不积极配合，其他策划和准备工作也很难开展，搞改善周的风险太大。

| 前4周 | 前3周 | 前2周 | 前1周 | 改善周 | 后1周 | 后2周 | 后3周 | 后4周 |

改善周计划：活动前4周工作清单

	事项 WHAT	负责人 WHO	时间 WHEN	状态 STATUS	备注 NOTES
1	开展指导委员会工作	/	/	⊕	相当于改善周活动启动
2	确定改善主题和范围	/	/	⊕	同时确定改善周类型(标准五天或小型改善周)
3	与区域负责人沟通	/	/	⊕	确保达成共识，获取支持
4	界定改善所需资源	/	/	⊕	《改善周准备清单》
5	评审维修和支援要求	/	/	⊕	评审并与支援部门会谈
6	确定改善周导师/顾问	/	/	⊕	外部顾问或内部KPO
7	初步分析成本效益	/	/	⊕	与财务部门共同研究
8	改善周项目注册	/	/	⊕	《项目注册表》

图 50-1 改善周前 4 周工作清单

【重点说明三】确定改善周导师或顾问

要提前确定由外部专业顾问还是内部 KPO 来充当改善周导师的角色，这个工作越早完成越好！在以下几种情况下，我们强烈建议聘请外部专家来协助：

首次在企业中导入改善周模式。

实施新的改善周主题。

改善的范围和任务比较有挑战性。

内部 KPO 尚未训练成熟。

【重点说明四】改善周项目注册（表 50-1）

表 50-1 改善周项目注册表

改善项目名称：	
问题描述	改善目标（预期效果）
改善范围：包括（区域、产品、流程）	不包括（区域、产品、流程、外协）
开始日期： 预计结束日期：	辅导老师（改善周导师）：

第 50 章 改善周前四周的护航工作

(续)

项目发起人	改善小组长
总协调人（KPC/KPO）： 签名：	区域负责人： 签名：

二、改善周前 3 周的准备工作

前 3 周的重点工作是组织改善周团队，确定改善周组长（KPL），准备需要的资料和数据，特别是生产计划的安排。

具体工作任务如图 50-2 所示。

改善周计划：活动前3周工作清单

	事项 WHAT	负责人 WHO	时间 WHEN	状态 STATUS	备注 NOTES
1	确定团队规模/成员选择	/	/	⊕	队员组成：横向纵向1/3原则《改善周团队名单》
2	选择改善周组长(KPL)	/	/	⊕	KPL开始参与后续准备工作
3	锁定改善周时间计划	/	/	⊕	《改善周日程安排》
4	与团队成员沟通	/	/	⊕	一对一进行，确认全职参与
5	开始收集资料	/	/	⊕	《资料收集清单》
6	打印改善手册	/	/	⊕	
7	准备零件/工具/文具	/	/	⊕	《改善周物品准备清单》
8	评审生产计划的必要变动	/	/	⊕	与计划部门沟通

图 50-2 改善周前 3 周工作清单

【重点说明一】选择改善周组长（KPL）

改善周组长是成功的关键。

KPL 一旦选定，KPC、KPL、KPO 就要共同策划后续的准备工作了。

【重点说明二】锁定改善周的日程计划

需要为选定的改善周主题，策划改善周每一天的活动安排。为了达成改善目标，如何策划每天的工作内容，需要用到什么工具方法，如何控制每日的任务和进度。这个工作一般由改善周导师来完成，如果是外部顾问，可由顾问老师来提供，如果是内部 KPO，那么，内部 KPO 必须有能力完成这个策划任务。一个典型的活动日程计划见表 50-2。

表 50-2 改善周日程计划表

改善周主题					
改善周导师			KPO		
日期	时段	预计时间	活动内容	关键输出	备注
Day1	上午				
	下午				
	晚上				
Day2	上午				
	下午				
	晚上				
Day3	上午				
	下午				
	晚上				

【重点说明三】评审生产计划的安排

需要与生产计划负责人、生产经理等相关人员进行分析讨论。首先是进一步确认改善的对象和产品族；二是评估改善周期间对订单或计划是否有影响，如果有，应该采取哪些调整；三是要确保活动期间，改善对象有持续的生产计划，生产准备能支持持续的生产过程。

三、改善周前 2 周的准备工作

本周的主要准备工作是团队沟通与后勤安排。

越是临近改善周，各项准备工作越显紧凑，组织者们可能会明显感到压力。其中，有关正式团队、支援团队、改善区域的三个会议非常必要。

具体工作任务如图 50-3 所示。

【重点说明一】专职团队的沟通，召开专题会议

本周必须跟正式团队召开一个专题会议，把改善周的主题、范围、目标传递给团队，特别要强调改善周的工作原则，比如专职参与、开放心态等

第 50 章 改善周前四周的护航工作

| 前4周 | 前3周 | 前2周 | 前1周 | 改善周 | 后1周 | 后2周 | 后3周 | 后4周 |

改善周计划：活动前2周工作清单

	事项 WHAT	负责人 WHO	时间 WHEN	状态 STATUS	备注 NOTES
1	正式通知团队成员	/	/	⊕	可能议程： 范围目标 时间计划 餐饮供应 付款问题 队员作用 巡视工厂 (可能的话)
2	将改善团队名单通知管理层	/	/	⊕	
3	与团队召开预备会议	/	/	⊕	
4	召开项目改善区会议	/	/	⊕	与改善区域的管理人员和员工
5	打印手册	/	/	⊕	人手一册，包括教材、数据资料等
6	评估潜在风险	/	/	⊕	
7	组织餐饮/后勤服务	/	/	⊕	
8	确定培训室的要求	/	/	⊕	预订连续五天的场地

图 50-3 改善周前 2 周工作清单

（具体内容见本书第 23 章）。另外，改善周的部分准备工作要分派给合适的团队成员。

【重点说明二】支援团队的沟通，召开专题会议

支援团队也必须要召开一个专题准备会议，传递工作原则和准备事项。正式团队和支援团队的专题会议可以合并一起开。

【重点说明三】改善区域的沟通，召开专题会议

与改善区域的员工召开简短的会议，说明改善的目的和意义，消除他们的顾虑。同时，征求和收集员工的意见，改善周应该尽可能关注员工问题的解决。

【重点说明四】行政后勤的准备

具体工作内容参考本书第 26 章。

四、改善周前 1 周的准备工作

改善周前 1 周的主要工作是项目启动的最终准备工作了。

需要按照《改善周准备清单》对所有事项的完成情况进行排查，针对不同主题的改善周，清单的内容有所不同，就 JIT 改善周、VSM 改善周、BPK 改善周来讲，可以分别参考本书对应的章节。

具体工作任务如图 50-4 所示。

前4周 〉 前3周 〉 前2周 〉 **前1周** 〉 改善周 〉 后1周 〉 后2周 〉 后3周 〉 后4周

改善周计划：活动前1周工作清单

	事项 WHAT	负责人 WHO	时间 WHEN	状态 STATUS	备注 NOTES
1	巡视改善部门,与部门负责人沟通	/	/	⊕	讨论双方看法,解释背景情况,确认互相明白
2	就维修支援总量达成一致意见	/	/	⊕	支援团队成员开会沟通
3	最终确定后勤服务(餐饮交通)	/	/	⊕	特别是下班的交通安排
4	准备培训室所有事项	/	/	⊕	设施、视频、文具等
5	团队工具箱、团队服装	/	/	⊕	团队服装提前发给大家
6	再次发布改善周通知	/	/	⊕	所有经理、部门主管、必要的公司管理层
7	准备团队队长会议	/	/	⊕	第二、三、四天下午4点半
8	外部顾问行程安排与服务(如有)	/	/	⊕	包括外部参与人员

图 50-4　改善周前 1 周工作清单

【重点说明一】培训室准备

在笔者组织和参加的改善周中，培训场地常常是一个既简单又麻烦的事。简单在于它只是一个培训活动的空间，麻烦在于需要连续的五天，这和企业较多的会议使用要求常常有冲突。非常有必要提前 2~3 周预定场地，并且在改善周前 1 周再次确认。

【重点说明二】团队服装

团队服装要提前发给成员，以便成员选择合适的尺码，或者做必要的清洗工作。如果是夏天，建议发两件，以便更换。

第 51 章 改善周后四周的保驾工作

> 发布会与庆祝会并不意味着改善周的结束,而这恰恰是后续保驾工作的开始。通过后续 30 天、60 天、90 天的系统工作,保障新流程的持续改进和稳定运行,完全达到或超越预期的改善效果。

在改善周之后,还需要系统的 30 天、60 天、90 天工作计划来保障新流程正常运行,如图 51-1 所示,确保改善的理想效果。

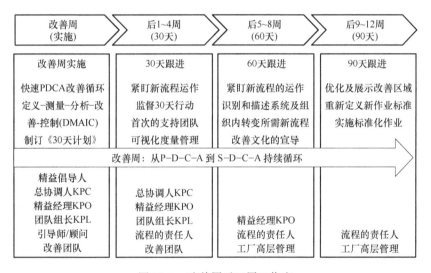

图 51-1　改善周后四周工作表

60 天与 90 天是大 PDCA 循环的构成部分,但本章重点对改善周后四周的工作提出指引。在笔者的实践体验中,有效地开展后四周的保驾工作更为关键,这也恰恰是众多企业较难执行的部分。如果不能系统地开展后四周的工作,更不必谈后续的 60 天与 90 天了。

> **有益提示**
> 物理改变容易，思维调整困难。在改善周活动后 30 天内，改善周团队依然需要高度关注现场及"30 天行动计划"！30～60 天之后，再逐步向现场流程负责人交接。

一、改善周后 1 周的工作

改善周后 1 周的重点工作清单如图 51-2 所示。

前4周 〉 前3周 〉 前2周 〉 前1周 〉 改善周 〉 **后1周** 〉 后2周 〉 后3周 〉 后4周

改善周计划：活动后1周工作清单

	事项 WHAT	负责人 WHO	时间 WHEN	状态 STATUS	备注 NOTES
1	每日现场跟进与持续改善	/	/	⊕	每天安排部分成员至少3小时现场跟进
2	爬坡计划跟进	/	/	⊕	每日跟进和检讨爬坡计划的达成情况
3	对所有参与和支持团队的感谢	/	/	⊕	邮件或文件形成
4	整理活动资料(总结报告)	/	/	⊕	在全公司范围内，利用各种渠道和平台进行宣传和分享，包括网站、微信、公众号、抖音等
5	在公司网站、公众号上公布报告	/	/	⊕	
6	在持续改善平台、数据库发布成果	/	/	⊕	
7	"30天行动计划"跟进	/	/	⊕	每周跟进"30天行动计划"的完成情况
8	对改善后的状况进行照相和存档	/	/	⊕	每天保持与团队队长的联络

图 51-2 改善周后 1 周的工作

【重点说明一】现场持续跟进

五天的改善周团队工作是结束了，可是，并不意味着团队解散，那样会使生产线的管理者和员工感到莫大的失落和冷清。所以，在改善周第五天制订"30 天行动计划"时，一定要加上非常关键的一条：

> 一定要避免"激情后就是可怕的冷清"，每日安排部分团队成员到现场值日，持续跟进和维护改善成果。

第 51 章 改善周后四周的保驾工作

一般情况下,我们建议,改善周结束的后 1 周和后 2 周,每天都要安排成员到现场持续改进,解决现场问题,维护改善成果。假如有 15 个成员,那么,以 3 人为 1 小组,周为单位循环。后 1 周每天到现场跟进至少 6 小时以上;后 2 周,现场时间可以减半。

至于成员在现场跟进的工作任务,除了解决现场的异常之外,其中一个最关键的任务是跟进产线的节拍和爬坡计划达成情况。

【重点说明二】爬坡计划跟进

一定要制订每日爬坡计划,并跟进达成情况,人们都喜欢有目标性的工作,爬坡计划也要跟员工和团队达成共识,可以设定基本目标和挑战目标,后 1 周实现基本目标,后 2 周实现挑战目标,每天达到阶段性目标后,应给予及时的响应,这些响应可能包括:

- 金钱的激励,比如直接发现金。
- 团队微信群发红包,还能起到造势宣传的作用。
- 一些礼品的发放。

无论什么样的形式,及时响应是一个必要的仪式,如图 51-3 所示。

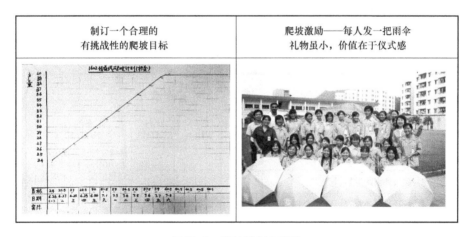

图 51-3　爬坡计划与激励

【重点说明三】宣传工作的开展

一定不要轻视宣传工作的重要性。很多人可能会有一种认知,认为宣传是一种邀功的做法,也会给人家一种太张扬的印象,而且企业本来是务实的,不需要宣传这些务虚的行为。事实上,那是一种非常落后的理解,我们要重新认识改善文化宣传的意义:宣传实际上是一种分享、培训与互动的技术!试想,如果做了改善不做宣传,只是藏在某些人的大脑或者电脑里面,这不是一种更大的浪费吗?

> 改善宣传实际上是一种分享、培训与互动的技术！

宣传的方式很多，简要地说，可以有活性化、静态化、动态化和常态化的方式：

- 活性化方式：结合企业文化，高层支持与参与，在企业的各项组织工作中渲染精益的理念和技术，如愿景、使命、口号等。
- 静态化方式：以目视化为手段，将精益推行过程中的相关信息展示于生产及办公的各个场所，全体员工能够方便获知相关信息。
- 动态化方式：以精益的名义，组织相关活动，以活动带动全体员工参与和体验，如知识竞赛、晚会等。
- 常态化方式：通过标准化，将精益生产的要素固化成各组织的日常化企业活动。如每日例行精益早会、精益月会等。

关于宣传的各种做法，限于篇幅所限，本章不做深入阐述。

二、改善周后 2 周的工作

改善周后 2 周的工作重点如图 51-4 所示。

改善周计划：活动后2周工作清单

	事项 WHAT	负责人 WHO	时间 WHEN	状态 STATUS	备注 NOTES
1	每日现场跟进（逐渐减至一半）	/	/	⊕	继续安排成员现场跟进，但时间可适当减半
2	爬坡计划跟进（目标达成）	/	/	⊕	理想情况下，本周达成爬坡计划的目标
3	统计过程的数据，验证成果	/	/	⊕	通过统计数据，验证改善的稳定性
4	KPC总协调者支援逐减	/	/	⊕	KPC的支援和参与逐减，但KPL要保持
5	验证成本与收益	/	/	⊕	综合分析改善周的投入和收益数据
6	30天行动跟进	/	/	⊕	要防止成员怠慢行动
7	安排30天结案会议（初次）	/	/	⊕	组织会议评审
8	与发起人巡视改善部门	/	/	⊕	再次到现场评审，评估改善是达到效果

图 51-4 改善周后 2 周的工作

【重点说明】"30 天行动计划"

人们很容易轻视对"30 天行动计划"的跟进和落实，特别是改善周一结束，改善周的组织者可能会把精力放在组织更多的改善周活动中去，对前面改善周的"30天行动计划"往往不太重视。

活动结束后的每一周都必须召开一次会议。区域主管与小组组长应该陈述活动结束后30天内所发生的情况，跟踪项目的完成进度并报告结果。小组组长、小组副组长、区域管理层与相关部门代表应该出席该会议。结果审查完毕后，最好对新项目进行讨论。

为期30天的项目输出包括一份活动前目标，活动中与作业期间所取得进步的备忘录，包括经验教训与最佳实践列表。

三、改善周后3周的工作

改善周后3周的工作重点如图51-5所示。

改善周计划：活动后3周工作清单

	事项 WHAT	负责人 WHO	时间 WHEN	状态 STATUS	备注 NOTES
1	为爬坡计划达成进行激励	/	/	⊕	实现阶段性爬坡目标或总体目标，实施激励
2	继续验证改善的数据和成果	/	/	⊕	
3	KPL团队队长支援渐减	/	/	⊕	
4	策划改善的推广计划	/	/	⊕	总结成功因子 策划推广至其他区域
5	与发起人巡视改善区域	/	/	⊕	
6	"30天行动计划"检讨跟进	/	/	⊕	召开检讨会
				⊕	
				⊕	

图51-5　改善周后3周的工作

四、改善周后4周的工作

改善周后4周的工作重点如图51-6所示。

改善周后的第4周，召开评审会议。本会议可以视为改善周活动的正式结束，将指挥棒传递给区域经理以便能持续获得效益，并做出进一步的持续改善。

最后，来概括一下后改善周时期的保驾工作关键要点：

图 51-6　改善周后 4 周的工作

1. 定期讨论和跟进所有未完成的任务。
2. 安排团队现场继续监督新流程运行的情况，直至新流程稳定运行。
3. 确保目视化度量指标和异常管理的实施。
4. 紧盯新流程的爬坡过程，设计阶段性的目标，并及时组织激励活动。
5. 要进行标准化工作评审，确保员工按新的流程标准进行作业。
6. 监测工人周期时间和节拍时间的一致性，如果有偏差，采取行动。
7. 应努力与部门主管协调工作，解决新流程后续运行中的问题。
8. 发起人和流程负责人应该推动后续的跟进工作，而非表现出与己无关。
9. 紧密监督 30 天跟进项目的完成，时时更新总体活动跟进表。
10. 组织团队和发起人共同评审跟进项目，维持量度指标；若有偏离，必须做出纠正行动。
11. 验证投资回报率是最好的做法，组织财务评审活动，包括投入成本和财务收益。
12. 进行 30 天、60 天和 90 天评审，召开跟进会议，30～90 天后验证降低运营成本的结果。
13. 向工厂报告评审结果，在指导委员会月度会议上评审该项目。
14. 定期召开计划和评审会议，对改善项目优缺点以及纠正行动进行评审。
15. 有计划地开展跨部门的培训和拓展工作。

认真地执行上述的关键要素，改善周取得完全的成功是没有任何问题的。
关于改善周跟进工作管理，可以参考表 51-1 和表 51-2。

表51-1 改善周跟进汇总表

项目编号	改善周日期	项目描述	项目目标	类型	改善周组长	改善周导师	成员数量	新成员数量	30天行动计划			改善成果		节省金额
									数量	完成数量	完成比例	公布成果	实际维持	

表 51-2 改善周保驾护航检查表

改善项目： 发起人： 团队队长：
活动日期： 改善目标： 团队队员：

	4周前		3周前		2周前		1周前		活动当周		活动后1周		活动后2周		活动后3周		活动后4周
1.01	价值流评审	2.01	确定团队队员	3.01	制作团队概况资料	4.01	召开被改善部门员工概况会议	5.01	检查活动进展	6.01	与团队队长会，评审30天跟进项目	7.01	与管理层团队开展评审-确保标准化工作和新方法仍在实施	8.01	与管理层团队开展评审-确保标准化工作仍在实施	9.01	评审结果-高级经理层所取部门跟进项目的所有进展情况
1.02	确定范围	2.02	联络队员并确定是否参加	3.02	收集安全问题资料	4.02	准备改善团队成员消耗品	5.02	进行第1天的培训	6.02	确认新的人手配置方案及标准半成品	7.02	30天跟进项目应该完成了50%	8.02	30天跟进项目应该完成了75%	9.02	跟进项目的所有不足都有了对应的措施
1.03	确定目标	2.03	活动前情况公布	3.03	收集质量问题资料	4.03	安排活动餐饮	5.03	制订每天计划	6.03	制订量化指标	7.03	沟通进展情况与未完成的工作	8.03	沟通进展情况与最后的工作	9.03	列出经验教训和最佳方法
1.04	与维修工程师/安全部门一起巡厂	2.04	行程安排	3.04	收集成本问题资料	4.04	准备安全设备	5.04	周二/四下午4:00团队队长会	6.04	评审节拍时间计算情况					9.04	发布活动总结
1.05	详细巡厂-发现的问题，安排工作	2.05	发出一般性通知，要求提供活动资料	3.05	收集交货问题资料	4.05	改善活动前对厂区进行照相-厂房前后/产品流/厂房布置	5.05	与工程和安全评审有关问题	6.05	评审工程和安全问题					9.05	更新价值链图
1.06	就设备准备工作达成一致意见	2.06	发出通知，召集活动及领导人会	3.06	收集厂房内其他区改善服装给团队队长	4.06	发放持续改善服装给团队队长	5.06	评审与移交维修活动	6.06	记录培训课里出席人数						
1.07	要求提供工程图纸，以备维修之用	2.07	安排持续改善服装	3.07	与工程部门评审进度	4.07	更新报告卡	5.07	评审与目标-绘制流程图与数据	6.07	30天跟进项目的25%应该已经完成						
1.08	确定团队人数	2.08	确定非现场观的同事	3.08	与维修部门巡厂，确定支援人员			5.08	周二的目标-实施新设计	6.08	沟通进展情况与未完成的工作						
1.09	顾问安排	2.09	更新报告卡	3.09	准备活动工具箱以及必要的消耗品			5.09	周四的目标-测试新设计								
1.10	安排培训室/休息室/传感器/电脑			3.10	给管理层发出活动通知			5.10	制订文件								
1.11	制作活动报告卡			3.11	员工被改善部门应该知会议			5.11	改善团队撰写报告								
				3.12	更新报告卡			5.12	更新网上的所有活动文件夹的报告卡								

定义活动	保证组建团队	准备活动数据	最终活动准备	撰写报告	维持一	维持二	维持三	最终评审结果
☐	☐	☐	☐	☐	☐	☐	☐	☐

第8篇 成功实施改善周的重要技巧

没有无缘无故的成功
和莫名其妙的失败

改善周，没有无缘无故的成功，也没有莫名其妙的失败。本篇介绍成功在企业中导入改善周模式的几个重要技巧，把握好这几个要点，能最大程度地保障改善周的持久开展。

第 52 章 没有专职团队哪来的改善周

> 专职团队是改善周的前提条件。对改善周来讲，有人不一定万能，但没有人却是万万不能的。如果一个企业连改善周团队都组织不起来，无论是企业负责人还是改善周组织者都要反思。

一个专职成员做不了改善周，可是，如果没有专职成员，改善周也无法完成。

> 对改善周来讲，有人不一定是万能，但没有人是万万不能的！

所以，实施改善周模式的前提条件是能够组建起一支在一周内专职参与的团队！

然而，现实中组建团队时可能并不是那么顺畅。很多企业的老板，或者部门负责人，刚开始听到需要一批人在一周内全职参加时，他们可能还不太清楚其中的含义而爽快答应了。但当你告诉他们，全职的意思就是五天内脱产参加改善时，他们的反应可能会让你沮丧了。

十几号人！

骨干团队!!

脱产参与!!!!

连续五天!!!!!

这是什么样的概念啊？他们从来没有体验过这种经历，各部门能抽出人来吗？脱产五天，手头工作怎么办？工厂怎么运转？订单怎么办？生产怎么办？客户怎么办？

这一刻，如果不能处理好这方面的顾虑，并妥善安排，改善周是组织不起来的。

在笔者组织和参与过的 300 多个改善周当中，有大至拥有十万员工的大型企业，也有小到 200 多人的小规模企业，经过精心策划，没有一个克服不了的！关键在于，作为改善周的导师，如何去消除企业方的顾虑，并且让他们能积极地想尝试这种全新的工作方法。

第52章 没有专职团队哪来的改善周

在本书前面的第21章中,也阐述过这个话题。由于这个问题太关键,本章要对它进行进一步的阐述。

一、如何让心存疑虑者对改善周跃跃欲试?

如果不能较好地展示改善周的优势,并让心存疑虑者确信这种方式能给企业或他的管理领域带来好处的话,很难让心存疑虑者产生跃跃欲试的冲动。

有几个技巧让心存疑虑者产生兴趣:

① 首先,要系统地介绍改善周模式的运作过程、开展的套路。
② 传统的改善组织模式的弊端:
- 拖拖拉拉,看不到进度。
- 个人设计,其他人不参与,事不关己,观望或质疑。
- 改善方案最终很难落地,或无人问津,胎死腹中。

③ 改善周的模式采用团队工作模式,高效行动,恰恰克服了传统模式的上述弊端。
④ 改善周模式的可复制性,容易在企业中形成体系和文化。
⑤ 改善周可预期的突破性效果:效率、库存、周期……

二、为何企业员工不能脱产?

如果一个组织,离开一个人就无法运转的话,那么这种管理是失败的。无论是站在企业还是改善周成员的角度,不妨思考一下:

① 作为管理者,你的组织是否暂时离开某个人员就无法正常运转?
② 作为参与者,你是否认为组织中,离开你就不行呢?

> 若临时某个人离开就无法运转,对管理者或员工都是一种失职。

而且,我们会做一些下面的弹性安排,以便减少脱产带来的影响。

三、如何减少成员脱产期间的影响?

前期充分做好管理上的合理安排,能够最大程度地消除脱产带来的影响。以下是一些非常有效的做法:

① 改善周前期策划时,必须在公司的高管会议中将信息传递给管理层,以获得管理层的认可。
② 改善周的成员,即使是自愿报名者或者KPO指定的某个人,也要在形式上让他的部门主管来提名,以便部门主管能支持他的脱产。
③ 改善周前一周,必须跟所有的成员开会,强调改善周的组织和纪律要求,特别是关于脱产的要求,一旦全职参加,不能随意退出。

④ 告知成员，改善周期间，他们的上司不是原来的领导，而是工厂总经理、改善周导师（特别是外部顾问）等，如果离开均需获得他们同意。

⑤ 改善周成员必须安排一个"工作代理人"来临时协助其处理他的日常事务。

⑥ 要求改善周成员在相关的邮件或系统中做一个自动回复的设置，比如自动回复内容"本人从周一至周五全职参加改善周活动，可以联络工作代理人李三，紧急事务可以……"，做此设置后，大部人都会理解并找到工作处理方式。

⑦ 改善周期间并非完全处理不了日常事务，改善周的工作时间，会适当安排一些时间给成员处理日常事务，比如，公司正常上班时间是早上8点，改善周可以从9点开始，下午公司正常上班时间是13：30，改善周可以适当晚半小时或一小时开始，如果真有重要工作，还可以利用中午的时间。

⑧ 现在，随着移动办公的普及，大家基本上都可以使用移动终端、笔记本电脑灵活处理日常事务，所以，并不用太担心影响工作的问题。

第 53 章 一定要让训练合格的 KPO 来组织改善周

> 千万不要草率安排未经过训练的 KPO 去承担改善周导师（内部顾问）的角色，那样会产生破坏性的影响！在此之前，必须接受"KPO 内部导师"的系统训练并达到合格标准。

如前面章节所述，好的改善周导师是成功的一半！对改善周而言，改善周导师如同电影的总导演，承担着培训老师、技术教练和活动导演三位一体的任务。改善周导师可以是外部聘请的专业顾问，也可能是内部训练的 KPO，

一个好的改善周导师对改善周的结果起着决定性的作用，为了改善周的成功，企业应该谨慎选择好每一次改善周的导师！

当改善周在企业逐步展开时，企业为了尽快普及改善周，或者为了节省外聘专家的成本，可能会草率地安排一些并不能胜任的内部人员充当改善周导师角色，这是非常危险的做法。

> 你可能是一个优秀的 KPO 或 KPL，但不一定是一个合格的改善周导师。

如前所述，改善周导师承担着培训老师、技术教练、活动导演三位一体的关键任务。很多 KPO 可能是一个优秀的管理者、改善周组长或活动导演，但不一定是一个合格的改善周导师。相对其他角色，改善周导师除了要做好技术教练之外，还要具备另一种非常重要的技能：培训师的技能。

要做好培训师的角色，有三方面的要求，一是要精通精益的知识，二是精通改善周的流程，三是要具备培训师的一些基本的培训技巧。否则很难胜任第一天的培训工作。

如果第一天的培训工作不能达到效果，会给后续的改善带来极大的隐患和风险。一方面不能通过培训达到团队破冰的目的，这是最大的风险。另一方面，团队对改善工具的理解不到位也会影响后续正确的改善作业。如果你是改善周成员，你能想象一下，经过第一天糟糕的培训后，你会带着什么样

的态度和情绪去开展后续的改善工作吗？

所以说，千万不要草率地安排未经训练合格的人去承担改善周导师的角色。

一个可能有能力胜任改善周导师的 KPO 应该具备以下的条件：

① 参加过由外部专业顾问辅导、规范的改善周，同类改善周至少 2 个以上。

② 在其他导师指导下，独立组织过改善周，至少 2 个以上。

③ 参加过专业顾问实施的"KPO 专业训练营"，并考核合格。

我们鼓励更多的内部改善骨干组织、参与和推动改善周活动，但切记：一定要让训练合格的、有能力胜任的人去做改善周导师。

第 54 章 不要把改善周变成企业的运动

> 改善周虽好,千万不要把改善周变成"来也匆匆,去也匆匆"的一场运动。坚定改善周模式的信念,找到一位长期合作的改善周专家顾问,有策略、有节奏地推进高质量的改善周,形成日常工作模式和持续改善文化。

毫无疑问,企业管理层一旦体验一个成功的改善周后,势必会被改善周的突破性改善模式所震撼!

这种震撼的冲击很快会转化成对改善周的推崇和热衷。

❖ 企业的领导们可能会指示快速复制和推广改善周的做法。

❖ 也有可能是改善的主管部门,为了彰显引进、消化、吸收和应用的能力而创造绩效。

❖ 更有甚者,有人认为改善周不过如此,可以代替外部顾问。

于是乎,后面的做法,我们可以想象到的:在短时间之内轰轰烈烈搞了大量粗制滥造的"改善周",一阵激情过后,寂静下去了!结果,来也匆匆,去也匆匆,留给企业的是无尽的伤害!

笔者曾经辅导的一家企业,当第一个改善周成功实施后,企业仿佛找到了灵丹妙药,工厂的领导指示要快速复制和推广。于是,才刚刚参加过第一次改善周的很多成员,风风火火地在内部到处组织所谓的"改善周"。

笔者及时与工厂管理者沟通,告诉对方几点:

❖ 不要把改善周当成一种运动,而要把改善周当成可持续的改善文化来打造,打造一个可持续的改善周文化远远胜过短期内的运动。

❖ 不要试图在短期内把改善周都做完,实际上也做不完,随着我们对改善周认知的深入,会找到更好的节奏来组织改善周计划。

❖ 一定要让训练合格的 KPO 来组织改善周活动,未经训练合格的人对精益的理解和改善周的套路并不完全了解,反而会砸掉改善周的套路和牌子,伤害团队对改善周的信念。

较好的做法是:

① 坚定改善周的信念,持续打造以改善周为核心模式、全员参与的持续改

善文化。不要今天倡导改善周，明天倡导项目制，后天用其他模式取代改善周。企业中可以有不同的改善模式并存，但同时，要做好改善周模式的固化工作，把改善周变成企业中的一种工作常态，让其成为日常工作的一部分。

② **找对一个优秀的改善周外部专家顾问，建立长期合作关系**。有外部专家不一定就能做好改善周，但没有稳定的外部专家合作是肯定不能持续做好改善周的。

> **有益提示**
> 即使企业内部已经培养了一批可以胜任的导师，外部顾问的稳定合作与持久支持也是必要的。

③ **在专家顾问的指导下，循序渐进地策划和导入不同主题的改善周**。虽然改善周的主题很多（如本书第 10 章描述），但是切记不要盲目一窝蜂地上，要根据价值流的原则，结合企业的现状，有策略、有序地根据企业改善的总体进度来导入不同的主题。比如，针对劳动力密集型的生产企业，在精益导入的初始阶段，其重点任务是 JIT-SKB 改善周，过早地导入 TPM 改善周或品质改善周，并不是一个明智的做法，而是应该扎扎实实地把 SKB 改善周做好，完成生产流程的优化，然后根据推进的效果和过程中的问题，再来策划合适的改善周主题。

④ **控制好改善周的数量**。改善周模式的文化打造需要一定数量的活动来支撑，但改善周的数量不是越多越好，不同规模的企业有不同的合理承受能力，而且，数量太多容易形成运动模式，再好的模式，频率太高了也容易产生审美疲劳。表 54-1 可以作为一般企业的参考。

表 54-1　改善周数量规划

企业规模	<1000 人	1000～3000 人	3000 人以上
标准改善周数量（外部顾问）	4～6 个/年	8～10 个/年	12 个以上
标准改善周数量（内部 KPO）	6～8 个/年	10～12 个/年	15 个以上
标准改善周总数	10 个/年	20 个/年	25 个以上

⑤ **一定要让训练合格的 KPO 来组织改善周**，特别是不要轻易安排一个未经训练合格的 KPO 来充当改善周导师的角色。一个粗制滥造的低质量的改善周反而是一种伤害，输出不好且不说，对改善周套路的不熟悉反而会伤害团队的激情和信念。

第 55 章 改善周一定是一周吗

> 改善周并不完全是绝对的一周。受一些客观因素的影响,改善周也可以有计划地分成两个阶段来实施。第一阶段完成方案设计后,中间暂停一段时间,准备相关的必要事项,再进行第二阶段的实施、改进和标准化工作。

一个标准的改善周是一个星期连续 5 天完成改善过程,故而称改善周。现实中,改善周也可能不是完整的一周。

一方面,既有 5 天的标准改善周,也有 2~3 天的小型改善周,对小型改善周来讲,其中改善范围、参与规模较小,工具手法也比较简单,可以 2~3 天内快速完成一次改善活动。

另一方面,在实施标准改善周时,可能会碰到一些情况,改善周不得不被中断,或者有计划地分两个时段来实施。

一些大的流程或布局改变需要外部资源支持,或者实施的周期比较长,而这个事项恰恰又是改善方案中必要的前提。比如,实现连续流的方案中涉及大型设备搬迁,地基建设的周期一般需要 10 天左右,在这种情况下,改善周组织者不妨考虑把改善周分成两个时段来实施。

表 55-1 是改善周分两阶段进行时的工作规划。

表 55-1 改善周两个阶段的工作规划

阶　　段	主　要　工　作
改善周第一阶段	❖ 第一天:完成培训和定义工作 ❖ 第二天:完成测量和方案设计工作 ❖ 第三天:实施部分改善措施,制订中间暂停阶段的实施方案
中间暂停阶段	❖ 改善周中断 2 周左右,不宜中断太久 ❖ 实施第二阶段必要的任务,比如设备基础建设、外部供应商配合等 ❖ 继续实施其他改善措施,比如工装制作、设备改进、物料采购等

（续）

阶 段	主 要 工 作
改善周第二阶段	继续实施改善周后续的计划： ❖ 第四天：延续第一阶段中第三天的工作 ❖ 第五天：执行标准改善周中第四天的工作 ❖ 第六天：总结及发布会

唯一要提醒的是，中间的暂停时间不能太长，中断太久激情会淡化，而且，团队成员的稳定性和工作安排也可能变化，一般控制在 2 周之内。

第 56 章 项目制与改善周是完美搭档

> 项目制的系统改善聚焦于隐性问题做深度分析后识别症结并采取行动,而改善周聚焦于显性问题的快速突破改善,两者互补。如果在项目前期结合改善周模式,消除项目前期在测量和分析阶段平淡期的风险,可形成一个完美的配合。

部分人可能有一些疑虑,在企业中如果以改善周为主要模式,但很多改善是以项目制来进行的,两者之间有没有矛盾?

改善周和项目制之间,在本质上是没有任何矛盾的,而且如果把两者结合起来,它们会成为一对绝佳的搭档!两者并非完全对立的关系。

项目制遵循 PDCA 或 DMAIC 的工作流程,聚焦于隐性问题的深度分析,识别症结后,采取根本措施,实现目标。但是无论是 PDCA 或 DMAIC 流程,都有一个共同的特征,如果以 6 个月为一个周期,前面 2~3 个月内的主要工作是定义、测量和分析,这个阶段并没有太多的实质性改善呈现。这时,企业内部的感觉是项目没有进展,进而产生质疑,甚至影响项目的进一步开展。

改善周聚焦于显性问题的快速突破改善,短期内即可见到成果。在项目初始阶段,可以对显性的机会采取改善周模式,快速取得突破性改善。这样的话,项目的中前期,以改善周的快赢改善为主,可以消除初期的项目风险。

二者结合起来,可形成技术和流程的完美配合,如图 56-1 所示。

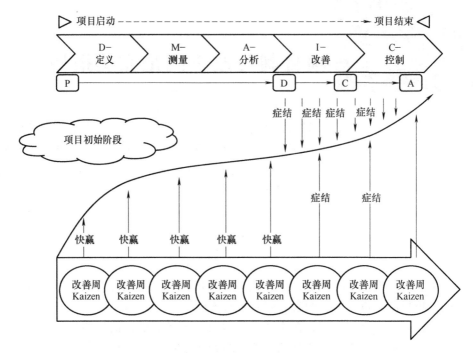

图 56-1 改善周与项目制的结合

附　　录

附录 A　KPO 谈改善周

附录 A-1

改善周，改变我对周的体验
秦雪辉

> 周，不再仅仅是时间的概念，而是一种有目标的聚焦改善。
> 周，不再仅仅是周期的轮回，而是一种突破性的改善循环。
> 周，不再仅仅是平淡的工作，而是一种精益变革的激情节拍！

我们公司专门生产汽车离合器。为配合整车厂 JIT 模式的运作，汽车零部件厂家一开始往往都采用传统的备货型生产方式，供应商承担了高库存和资金占用成本。为保持企业持续竞争力，缩短生产周期和降低库存周转天数成为公司高层关注的重中之重。为此，公司在 2014 年启动精益生产项目，以改善周为主要模式，改善生产效率和库存周转率。

通过改善周的推进，效果是非常显著的，表 A-1 为 2015 年的改善成果。

表 A-1　2015 年的改善成果

指标	改善前	改善后	改善率
库存金额	800 万元	360 万元	降低 55%
人员编制	120 人	86 人	减少 28%
人时产值	0.92 万元	1.25 万元	提升 36%

推行改善周模式，除了经济收益之外，最关键的是为企业培育了一批懂得精益思维的人才队伍，为后续持续改善埋下了种子。经过改善周的洗礼，带来了一种解决问题的新思路，一种科学高效的工作方式。活动中大家对解决各种难题充满了乐趣。通过解决问题，培养了人才，而培养更多更好的人才，又能给企业解决更具有挑战性及复杂的问题。

之所以改善周具有这样的魅力，能给企业带来人才培养、经济收益及现场改善如此大的变化,源于改善周的创新。

那么,如何理解改善周的创新呢?个人感受,它很好地整合了三个维度:时间维度、逻辑维度和知识维度(图A-1)。

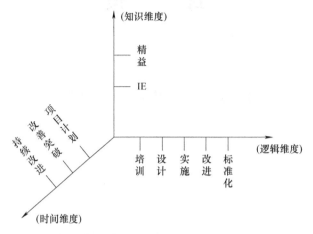

图 A-1 改善周三个创新维度

如何理解这三个维度呢?

总的来说,通过这三个维度,即使从未参与过精益改善的人,也能轻松地开始精益改善周之旅。

为什么它能做到呢?

1. 问题聚焦:项目开始前,便在项目计划阶段把项目的问题确定下来,并设立改善目标,聚焦于一个特定的对象和范围,针对聚焦点集中发力。

2. 高层支持:项目的宣讲会、总结会,要求总经理都必须参加。让高层参与进来,获得资源支持,以及让管理层及员工感受到公司对项目的重视。

3. 团队合作:改善周团队是跨部门建立的,不仅有生产部门、计划部门、设备部门,还有工艺部门、财务部门及采购部门等。

4. 学习实践相结合:第一天进行精益和IE基础工具及知识的培训,再通过在现场实践,顾问老师指导让学员快速掌握现场改善的方法,既有方法又有实践。

5. 马上行动:不追求100%的完美方案。有了想法,马上行动!在行动的过程中,边实施边改善。

6. 系统改善:先从流程出发改善,再到作业和动作,综合地运用了多个方法,所有的改善都能串联起来。

7. 持续改进及标准化:有些问题不是5天改善突破就能落地的,这就需要后面30天的持续改进来解决,通过标准化对改善成果进行巩固。即使顾问老师不在现场，改善成果也不会有所影响。

改善周三个维度的完美结合，成就了一个高效的改善模式。在此之前，我从来没有体验过这种改善活动，改善周在短短的一周内即可实现突破性的改善，让所有参与过改善周的人都体会到了一种淋漓尽致的改善突破，也让公司焕发了新的生命力，更着实让我重新认识了"周"的内含。**在我们的日常工作中，很多时候，一个星期在我们的不经意间就毫无作为地、平平淡淡地消磨掉了，而改善周严密组织、快速行动、五天见效的模式给了我们对"周"的全新体验！**

附录 A-2

浅谈 JIT 改善周实践对制造业的意义

彭平华

时光荏苒，白驹过隙，看着如今干净整洁的车间，自动流水线，有节奏的产品流出，回想这几年来公司改善周的实践，思绪万千，深有感触。

我们是一家生产服装的企业。在导入改善周之前，车间杂乱无章。半成品、成品四处堆放，每条生产线库存都堆积如山，少的库存总数有 500 多件，多的高达 1000 多件，班组长整天忙得焦头烂额，极大地影响了工作质量和效率。但经过两年多的持续改善，尽善尽美的理念已然变成清晰可见的图像。现车间全部实行有节拍的单件流，拉动式生产，各小组库存全部降到 200 件以内，车间整齐划一，各类管理看板数据及生产线流向一目了然。

车间的库存居高不下，货期达成率不足 70%，生产线返修率高至 20%，制造利润年年亏损的情况下，公司上下都意识到了改革势在必行。针对车间现状的调查分析，经过一段时间到各地先进工厂参观考察后，一致认同导入精益生产模式的必要性。作为生产经理的我既觉得兴奋同时又深感责任重大。

顾问老师到来后先对生产现场进行了了解，详细记录现行工作方法和生产流程现状，找出存在的问题及其影响因素，并指导成立精益生产改善周项目小组，明确改善目标。

第一，在人员配置方面，项目小组由三分之一的直接生产人员、三分之一的生产相关人员、三分之一的生产无关人员、基层管理人员、主管经理等组成，这些成员都有自己的工作，但在这一个星期内都需要放下自己原来的工作。这样的模式及人员安排是我闻所未闻的，特别是让和生产无关的人员参与更是让我感到怀疑。

第二，在改善目标上，提出效率提升 20%、生产周期缩短 20%、库存减少 20% 的指标。在此之前，我们都曾尝试了无数方法也无法达到这样的效果，这一切都充满着不确定性！

不过在经过老师深入的培训后，以上所有顾虑就全部被打消了，完全相信一切都是可行的！老师讲到我国现在的高铁和之前的绿皮火车变化史时，与生产相联系，将动车、高铁比拟小批量快速流，正是这一点解除了我的疑虑，使我茅塞顿开，因为是自己亲身经历过的，所以理解特别深刻。

记得 20 世纪 80 年代末 90 年代初我们南下打工时，九江瑞昌到厦门、福州都是中途站，一般买不到坐票，所以大家都会背着沉重的行李，提前一两天到火车站排队买票，好不容易进了站台却根本不知道车会停在哪，开哪个门甚至哪个窗户，所以火车一进站台还没停稳，就见有人肩挑背扛跟着车跑，但运气不佳的最终还是上不了车，上了车的也是连站脚的地都没有，咣当咣当要二十几个小时才能到达目的地。现在动车高铁好了，网上买票，提前半小时进站，进入站台只要按照车票座位信息站在对应的停靠点就行，车停稳门就对着自己，上车后一般几个小时就可以到达目的地。这正对应了传统流程批量生产和现在的精益生产小批量单件流，形成了鲜明的对比。国家都在如此进步，我们生产却还是如此落后。所以老师讲完后所有人都相信了，而且每个人都激情澎湃，信心满满！

  培训之后，一切按照计划井然有序地进行。改善的第二天、第三天是最关键的两天，也是最让人难忘的两天。因为我们尝试着打破了以往的工作习惯与方法，使来自不同岗位的人员完全放下手上的工作，按照老师的指导分工合作。对改善班组生产的产品绘制价值流程图、现场观察可改善机会、绘制 OCT 柱状图、节拍分析、计算平衡、产线重新设计、确定理想作业人员、绘制新产线图，大家采用头脑风暴，群策群力想方设法改善每一个点。连着两天都忙到零点以后，但却没有一个伙伴喊苦喊累。在这期间，我们总共发现 53 个问题点，其中可立即改善并得到实施的有 36 个。改善的问题有现场环境、品质、工装夹具、流程优化等各种平时视若无睹的问题，这在以往是不可能发生的，也正是到这时大家才真正体会到《精益思想》里面的那句话，"现场管理存在就是不合理！"新的流程还没实施大家就已经有了不少成就感！印象最深就是在新产线设计上，为了尽可能杜绝物料搬运上造成的时间浪费、实现专机设备的整合，以及对员工原先工序进行调整，我们先后做了大量的协调工作。其中包括集中对员工进行思想动员，现场解答员工心中的疑惑等。因为这是第一次做这样大的调整，为了保障员工的稳定又能开心地配合工作，还单独找个别有想法有顾虑的员工做思想工作。记得顾问老师还特地为一个爱睡觉的员工买了一个漂亮的闹钟作为礼物激励他。这对我的触动非常之深，让我体会到了作为一个现场管理者不仅是需要技术，而且还需要技巧，管理员工真要做到因人而异！

  接下来的第四、第五天就是按新的流线生产方式进行试产，继续观察并进行测时记录和观测可改善点，及时进行现场改善并对工序、流向进行重新平衡。项目小组集体对改善项目进行评审、编制爬坡及 30 天跟进计划表，到了第五天就已经超出了改善前的产能。生产线也平衡了，再也看不到以往的半成品积压。

  改善周有一个重要环节是对员工的培训，让员工感受改善周所有项目组人员付出的点点滴滴，同时也让他们了解精益生产的意义，激发他的参与热情，实现上下同心、全员参与持续改善，最后做到尽善尽美！

  经过两年多来改善周模式的应用，精益生产的持续推进对所有生产班组都进行了改善，为车间精益生产的持续性打下了坚实基础。现在的车间和两年多前已经发生了根本性的改变，从硬件设施到管理体系都彻底改变，截至

2018年底，货期从以前的不到70%达到现在的98%、员工月平均工资从以前的3500多元跃升到了现在的5700多元。

我从事制造业20多年，深感改善对于企业的迫切，但比改善本身更迫切的是用什么样的模式来组织改善活动，而改善周模式，为我打开了成功之门！我想，改善周的工作模式对任何制造型企业都是非常有应用价值的。希望有更多的企业能从改善周的实践中得到实惠！

附录 A-3

改善周，我欠你一个浪漫的"约会"
周冬

一天会后闲暇之间，董事长突然发问：我们今天总结的阿米巴管理报告数据是上周的结果，本周数据要到下周，甚至是下下周才能看到，这样，经营决策会滞后，如何能让经营决策数据清晰且高效呈现在我们高层管理面前？最好是今天的成果，明天上午下班前能看到报告。

当场无人回应，我暗想，一场管理水平提升的"战役"即将打响，"精益生产"一个词如精灵一般，跃入我的脑海。

此刻深知，我应该和"改善周"有个约会！

2014年1月，经过多方面考察，公司最终选择牵手广东博凯企业管理有限公司，共同开展深圳观达眼镜精益生产合作项目。一场只有开始，没有结束的旅程，我们准备好了，我们来了。

怎么干？改善周，一套武功秘籍打出去。

改善周，顾名思义，现场快速改善突破，是利用IE的现场改善技术，对特定或选定的目标或任务线，创建和实施快速的、可行的方案并达成改善目标。通过改善活动创建一种成功的模式，再由点到面推广应用。

接下来，在顾问老师的策划指导下，便是一个接一个的改善周，一个又一个的"大战小捷"。

一年之中，我们总共进行了18个改善周，频频突破我们的预期，各项指标数据大幅度改善提升，硕果累累。

这是一次淋漓尽致的约会体验！

1. 为什么改善周是一个成功的改善活动？

改善周是一个自上而下，自下而上的活动，强调真正全员参与，不分职位级别高低，统一着装，统一上下班，统一就餐，统一思想，统一行动，高层管理人员参与动手，能够最大限度地鼓舞员工士气和积极性。公司总经理陆总全程参与了14次改善周，亲自领任务，动手干活，搬机器，扎电线，清油路，甚至进行焊接等，其他小伙伴也献计献策，出人出力，全力以赴。

2. 改善周的最大亮点是什么？

改善周里有句话，"我来干！我来做！"

改善团队里有总经理，部门经理，也有保安，清洁工，有高学历，也有初中生，有经验丰富但心态懈怠者，也有心态积极的新手，面对各种非常熟悉而又非常陌生的问题，每个人的反应反馈，信息频率带宽不一样，思考者，永远都是积极主动，都在寻找解决办法；懈怠者，永远都是消极被动，都是"没必要做，没人帮我，以后再说吧，我心情不好，做不到，做不了"。所以，改善现场要求不允许直接表达否定意愿。

改变人的行动，必须先要改善思想，即使真的做不到，也要坦然表达出你已经尽了全力。请用积极的方式表达否定意愿。

3. 每一次改善周，我们期待邂逅点什么？

改善周每次招募人员，总有很多人提前报名。大家都知道，改善周意味着每位参与者都必须全力以赴地单独或协助完成各种各样的任务。有些在能力范围之内，有些也是望尘莫及，确认过眼神，都愿意去撸起袖子加油干。

既然都知道要干活，为什么还愿意多干本职工作之外的工作呢？

改善周是面向思想、心态、技能、语言表达等各种能力的综合体，都是新的内容，新的方向，新的工具方法和技能，更重要的是学习、成长。

越来越多的人都希望能够穿上精益文化衫，我们把观望的、看热闹的员工吸引进来，变成改善周的粉丝。我们提供一张通向"改善达人"的船票，在瑰丽的精益海洋中，邂逅奇珍异宝，来一段奇妙的精益之旅。

从事精益生产实施与项目管理这么多年，此刻我认识到，改善道路漫长，改善大军厉兵秣马，改善周，我依然还欠你下一次浪漫的"约会"！

附录 A-4

改善周，没有无缘无故的成功
张义盟

在认识和实践改善周之前，一般采用提案、课题、项目等方法推进精益生产。当我参与到改善周的过程中，跟着顾问专家一步一步地完成改善周项目后，使我对改善周这种推进方法产生深深的迷恋。改善周是一个有效的改善方法，但从来没有无缘无故的成功，也没有无缘无故的失败。经过多年的改善周实践，有一些心得和感悟，与大家共勉。

一、准备不充分，失败徒伤悲

要保证改善周的成功推进，前期的充分准备必不可少。在我参加推进的改善周中，有效果显著，也有效果一般甚至不理想的。这些效果一般甚至不理想的改善周项目，往往都是前期项目准备不充分，比如，前期调研不充分、策划课题范围和改善对象选择不合适、推进过程中发现相关人员缺失、资源（设备、场地、物料等）协调不到位、甚至改善区域负责人不认同开展方向等，可能导致改善周最终夭折。

以 JIT 改善周为例，前期需要做产品的 PQ-PR 分析工作。对于工艺路线的梳理很容易被忽略，然而，如果没有工艺路线的梳理，流水作业很难真正实现，即使短期实现，随着产品的变化也可能会回到原样。做工艺路线梳理时，要先从产品族定义做起，选取代表产品，根据代表产品做基本分析，在代表产品的基础上再做差异分析，才能更好地识别改善机会。一个重要的原则是：尽可能地把所有工艺列举齐全，充分打开工艺路线才能更好地找出差异点。不仅要明确加工工序，还包括加工方式，工具工装、设备等也要列举出来。

二、从专职到专注，人在心也要在

专注产生爆发力，这是余老师一直倡导的思想。一个专职的团队，一次专注的改善，这是改善周区别于其他改善推进方式的成功之处。什么是专注？如何做到专注呢？

首先是人员时间的专注。在改善周开始前，根据改善周项目前期调研的情况，从现场和相关部门邀请相关的人员参加改善周，并与领导沟通参加人员在改善周期间的工作交接安排，做到参加人员在改善周推进期间不受到影响。

其次是心理上的专注。要避免成员"打酱油"式的参加改善周。在改善周第一天的培训过程中，要着重强调改善周的纪律及相应的激励方案，让参加改善周的人员在心理上专注，积极支持并主动参与改善周的全过程。有些成员，身在改善周，心不在活动中，像一个观望者一样，或者精神涣散，或者不太配合。有些成员，身体在活动中，心思不在改善中，所言所行的负能量多于正能量。比如，某些人喜欢总喜欢说不行、只喜欢提问题，但是，又不提出解决方案或建议，或者总认为没必要……这些都是一些"人在心不在"的表现。要引导和管理成员形成共同的改善语言和行为，只有团队成员的身与心都专注在改善的目标上，说精益的语言，做精益的事，才能真正实现团伙到团队、专职到专注的转变。

三、约束出效率

我们在普通道路上开车都慢，因为大家开车比较自由，不敢开快，在高速公路上开车就快。其实在高速公路上开车很不自由，不能太快，不能太慢，不能随意上下，不能掉头倒车。减少了随意，却换来了速度，失去了自由，却得到了效率，效率原来是从约束中来的。在改善周推进过程中，约束必须始终贯穿于全过程：

① 对成员的工作时间、准时出勤进行约束，严格遵守纪律；
② 对每日工作的完成情况要进行约束，真正做到日清日毕；
③ 对改善任务和行动实施时间和验收标准进行约定和管理；
④ 对作业人员的作业方法、物料放置、工位布置进行约束；
……

改善周鼓励变化和创新，但必须有必要的原则和约束，才能较好地维持团队的精神面貌，确保高效的改善效果。那种放任团队的做法，只会导致一种散漫的组织和无法预知的结果。

四、没有完美的方案

精益改善十大原则里面有一项：不要力求完美，50 分也好，马上实施。在改善周推进过程中，不要因为过多的顾虑犹豫而浪费时间，不去实践永远也无法知道行还是不行，或者还有哪些地方存在问题。

例如我们在某次改善周过程中，对生产计划的方案有多个方面讨论激烈，有人担心 ERP 系统修改不了，有人担心即使修改了系统，计划员也不喜欢操作，还有人担心即使执行了新的做法，效果不一定好。经过漫长的讨论，顾问老师过来了，就说把 IT 的人叫过来，IT 的人员过来后，确认修改没问题，但也担心后面的两个顾虑。顾问老师就说了一句话"能否现在就修改系统流程，我们试运行一下？"接下来的事情，居然出奇地顺利，计划员喜欢新的做法，效果自然也非常好。

五、勿因局部不便，否定对总体有利的方式

在改善中，可能有一些变化对作业者来说并不是最方便的。比如，我们要求员工按照单件流操作、工位的物料要规范摆放、执行拉动时要可能根据库存或看板停止作业……，我们不能因为这些局部的不方便而否定整体的改善方向。

以上是在改善周推进过程中的一些感受，分享给大家，希望能给大家带来帮助。

附录 A-5

改善周 10 年
夏宗保

2010 年，公司在精益顾问的指导下开始导入精益生产，我在这个过程中学会了改善周的运用，改善周的功能是在短时间内集中相关资源、借助团队的智慧合理发现局部到整体的改善机会，并快速拿出高效的改善方案，集中团队的力量快速实施改善，从而达到提高效率、降低成本、改善质量等目的。改善周相对我们传统的 QC 改善活动，有着快速、专注、高效等优点。

为了在日常工作中能够不断提高我们的产品质量、降低产品成本、提高交付能力，我们将改善周的运用范围大幅度扩展。在 2010—2012 年，改善周主要运用在 TPM、OEE、5S 改善、SMED 快速换模，通过不断降低设备故障、减少切换时间，PVD 工序的设备 OEE 从 48.6% 提升至 61.6%，电镀设备稼动率从 82% 提升到 94%。

在这两年的实践运用中，我们逐步发现，改善周其实是一种快速改善的系统思路和工作流程，只要在方法上做一些针对性调整，就可以运用于各个领域及各个职能模块。于是从 2012 年起，我们开始扩大改善周的应用领域，从原来的现场改善逐步应用到业务流程的改善，比如安全改善、品质改善、订单交付改善、库存降低改善等各领域。2018 年的改善周活动有 11 个项目被公司评为季度优秀项目，如订单交付改善中半成品中转改善，获得公司三季度一等奖。通过改善周的方法，集合管理人员、订单专员、工艺人员、作业人员、非相关人员共同的智慧，集中突破了困扰企业的众多现场问题和流程问题，大大提高了企业的订单交付能力。

最初大部分主导改善周的人员是以前期参与公司精益生产的专员为主，为了让更多人员参与并推广，我们一直坚持每次改善周实施前，先进行改善周方法培训（即 KPO 训练），让更多的人掌握改善周这个方法，目前不仅主管能主导改善周，大部分专干都能主导改善周，如辅助主导的废水车间可视化改善、PVD 主导的各线可视化改善、电镀主导的辅助时间缩短改善、烧结水滴污染改善等。电镀辅助时间缩短改善周，通过改善团队罗列举措后，进行 D/I 分析，立即实施了钛兰布材质更换、钛兰倒角等举措，延长了钛兰布使用寿命，降低了辅助频次，提升了电镀产能。

通过全员参与改善周，提升了所有人的改善意识，通过对运用范围进行扩张，近些年，生产制造部的安全、产量、质量、成本等各项 KPI 指标均取得突飞猛进的成果，为公司利润增长做出了突出贡献，这些成果的实现，"改善周"做出了显著的贡献。

附录 A-6

改善周保驾护航的十大要素
邵正兵

从首次参与改善周 KPO 训练到改善周推进近 100 期，在这过程中。有成功的改善周，也有失败的改善周。反思失败根本原因，总结成功改善周的经验之十大要素，便于沉淀与传承，避免落入失败陷阱！

一、KPO 角色定位

改善周成功的要素之一就是要有一个合格的 KPO。作为 KPO，在工作过程中有很多不同的角色：组织者、推动者、带领者、审核员、协调人、引导者、顾问、教练等。在改善周过程中，对于培训老师讲的避免掉入纯粹组织者的陷阱，深以为然，这也是曾经看到的一种不良情况，原因也许有多种，譬如对流程不熟悉、对改善思路不清晰等。作为改善周的组长和指导老师，对所带领和辅导的项目要或多或少会有改善的思路和方向，但仅有这些是不够的，必要的现场实操、现场辅导是必不可少的。以引导者的角色帮助观察、帮助思考；以顾问的角色给技术、给方法、给答案；以教练的角色调状态、提出挑战。有时候多走一些弯路，也是难以避免的一个过程。

在改善周实施前，必须定位好 KPO 的角色。精益人才培养要做到知行合一，如果角色能力不强，就谈不上角色定位。只有再经过大量实践与理论相结合，才能避免掉入纯粹组织者的陷阱。

首次推进改善周的 KPO，培训是必不可少。精心准备好培训课件，但并不代表你能讲好这次培训。培训技巧不专业，可以通过非常熟悉课件来弥补，或参加一些专业的 TTT 训练。开场培训必须成功，也是受到改善周成员尊敬的第一要素！

二、改善周课题选择

课题选择首先要保证方向正确，否则，只能是南辕北辙。课题选择上有领导指令型、现场改善型、创新攻关型三种形式。第一次改善周优先选择领导指令型，其次是创新攻关型。

领导指令型改善，首先是领导最想要的。领导认为是重要的，可能有难度，正好通过改善周的集体力量与智慧来完成。此类课题最能得到领导的支持，无论从资源上、言论上、精神上都会给予支持。在改善过程中遇到的阻力就会小很多。

创新攻关型，这个需要精益推进或 PE/IE 专业的人员提出。从专业角度出发，一旦突破最能解决现场实际问题。又有具体的可执行想法，且成功率较高。只有从来没有做过的，才具有轰动的效果，为后续改善周推进奠定基础。

现场改善型改善周，原则是现场负责人主动提出，解决一些生产过程中的异常和问题。这类课题主动提出，改变的动力比较好。

无论哪种类型的改善周，与被改善现场的负责人或其上司达成共识非常重要。没有共识常常是改善周失败的重要因素之一，努力很重要，但方向更重要！当然也要小心改善周的指令是为了改善而改善，例如：为了将闲置的设备再利用起来。应当从价值链的角度来审视，避免落入为了改善而改善的陷阱。

三、前期调研与可行性分析

调研就是诊断和分析，只有诊断正确，才能事半功倍。根据领导指令或现场的改善需求，开展现状调查，调查原则符合下列要求。

1. 对设定的改善目标，调研改善前状态，初步分析改善目标的可行性。
2. 必须量化诊断结果，调研要从多个角度出发：人、机、料、法、环；调研数据来源必须要全面、准确、及时、有效。
3. 必须保留改善前照片，用于效果对比，提升团队成员成就感。

KPO要保证数据的准确性，必须要亲临现场，才能真正地熟悉现场，把握改善。只有对现场有了全方位的认知才能够捕捉到更多有价值的改善信息。并对收集到的数据进行梳理和分析，提炼本次改善活动有用的信息，以准确指导改善，提高改善周的效率。

KPO在收到现状数据后，有几项重要事项必须做到心中有数。

1. 一定要展开可行性分析，特别是对照目标能否完成。在未开展改善周前，要做好改善方案的预演，思路与目标在改善周前已经很明确，这个方案是保底的。
2. 根据改善需求，初步预知改善周参与人员的相应能力。
3. 是否有特殊设备或资源需要提前准备。
4. 改善前工艺突破、改善阻力确认等。

基于前期调研与分析，改善周当天的目标设定要符合SMART原则。避免过高或过低，改善范围要聚焦，不要过大。

切记：定目标不是定梦想，而是通过我们的努力可快速地达到下一步的彼岸。目标过高，本次改善周会可能面临失败，这样不仅会挫败改善人员的意志，这样还会降低我们的要求，逐步会演变成不断地为自己的目标打折扣。其次，这样会影响我们改善团队在别人心中的认可度，觉得我们做不成事情。若定的目标过低（比如，效率提高5%，库存降低10%等），缺乏挑战性，也容易遭到质疑。

四、改善周成员选择

选择好合适的改善周成员是改善周成功的要素之一，本书的其他章节有详细的介绍。在此我想补充一个重要原则：强相关的人员必须全职参加，如果不能参加，此次改善周就要取消。强相关人员包含改善区域的负责人、特殊工艺改善的技术人员等。

五、改善周造势

首先是高层关注。首次推动改善周活动的公司，一定要请公司高层领导站台，这是体现高层领导支持的决心，碾压阻碍改善活动正常进行的精神力量！必须要有，而且越隆重越好！例如：活动开始，领导的启动发言，承诺谁阻碍了活动的开展要追究责任；培训过程中的高层参与等。

其次要有仪式感。KPO一定要营造出隆重和严肃的氛围，让改善周成员签订承诺书、并宣读和公示，让参与改善周的人员有一种使命必达的改善压力。这样才能让团队的力量发挥到最佳。

一定要及时宣传。首次引入精益生产理念的企业，宣传更重要！首次改善周活动的启动会要越隆重越好！及时、乘势的宣传，让不能参加首次改善周活动的人也能接感受到改善周的力量。有些务实的人会觉得这没必要，宣传是让所有的人都有这种精益改善的理念与意识。让积极的人跃跃欲试想参与改善，让墨守成规的人默许被改善。

六、过程中的团队管理

整体团队必须保持一种开放思想，特别是不要落入经验主义的陷阱，所谓成也萧何（经验），败也萧何（经验）。为什么有外部人员或第三方人员加入改善会更有突破的可能呢？在改善时，有经验的人身上往往背负着一些过往的惯性和约束，然而，当有经验的人一旦突破这种束缚后，再结合经验，那改善的正能量和效果是非常明显的。

第一时间纠正犯规最重要！

明确规则，当团队成员出现不符合改善原则的行为时，应在第一时间纠正。纠正时要在和平友好的氛围中进行，避免在针锋相对的情况下纠正，因为你不是别人的领导，别人不一定会听你的，尽量在借助团队的共同施压影响且在气氛友好的情况下进行。处罚了第一个犯规的人，其他小组成员就不会故意犯错，把团队管理成讲纪律、讲团结的临时组织，从而保证团队纪律性和共同行动。

积极改善的气势不能丢！

改善周开始，要调动团队激情和智慧，建立一个与改善目标相结合的团队口号，每次团队集合或者士气低迷时，吼一吼，看似小事，其实不然，这非常有利于团队士气的激发和活跃氛围。

七、快速行动

快而粗好过慢而细。

快速改变，让复原的速度低于改变的速度才能有进步，只有在尝试改变之后才会有下一步再优化改善的机会。任何改善方案在执行时，不可能所有条件都具备，如果等到所有条件都具备，就会错过改善的最佳时机。在改善周期间，无论是资源、士气、激情和意愿都是最高的。在此时不迅速改变做出尝试，改善周之后更难有这个气势，改变起来更难！

八、及时修正

改善本来就是不断地修正错误的过程，当认识到存在不足时就应立即采取改善措施，改善不分大小，改善周期间发现问题都应将其解决，如解决不了就应列入30天行动计划，或者针对关键问题再组织一次专项改善周，这也是大PDCA循环与小PDCA循环的交互改善。改善活动的过程可能存在变数，要求KPO要时时把控改善进度与现状，为避免结果低于预期目标，造成改善周的失败，要根据变化及时修正改善周的策略和行为。

九、及时总结，价值体现

通过几天的改善后，要让每个改善周成员都有上台展示的机会，体会到改善成果与自我价值。很多点点滴滴的小改善，平时不注意，但累积起来对整个制造体系的影响却是很大的，及时总结这些改善，保留改善的历程并细细品味，本身就是一件非常有价值的事。

十、耐心的成长

好的改善周培训是改善周成功的前提。除了平时的交流、积累和深度思考，还要自身持之以恒地实践。台上一分钟台下十年功，据闻丰田老专家评估要成为一个合格的精益顾问，即使非常努力，在专家带领下也需要11年的时间。知易行难，从知道到做到、再到教会别人，只有多实践和多积累。保持专注与定力，多学习、多实践、多总结，才是通往成长的必经之路！

谨以此与大家共勉。

附录 A-7

改善周的快、准、狠
陈炜城

中国制造业经过了几十年的快速发展，取得了举世瞩目的成就，但是，传统制造型企业的生产效率总体比较低下，大部分制造型企业的生产管理比较粗放，工厂改善意识不强，改善技术落后，改善手法单一，导致改善无法取得突破性进展。因此，对快速见效的改善需求，就显得非常迫切。

珠海某厨卫设备有限公司也就是在这样的背景下在 2013 年开始导入精益生产变革，并积极实践精益改善周活动。通过亲身参与重点区域的改善周活动，在顾问老师的指导和团队的协同努力下，短短一周内，对生产流程进行了彻底改造升级，并达成预期目标，让我对改善周活动有了更深的理解。

我对改善周感触最深的是三个字"快、准、狠"！

首先是"快"。选定改善项目后，短短的一周时间，就完成培训、测量、设计、实施，改进以及标准化。精益改善周颠覆了传统按部就班的改善思路，排除其他一切干扰，组织改善团队实施突击，快速完成。

其次是"准"。改善周活动需要抓住改善重点，实现精准改善，避免偏离目标甚至失败，这就要求改善团队不仅需要有改善思维，还需要有改善理念，同时还需要接地气的方法。改善团队通过参加第一天的培训，改善思维和理念快速提升，掌握改善核心原理与方法。通过 VSM 分析、OCT 测量、TT 设计、产线平衡等技术应用，重新设计产线的现场布局，让新的产线布局得到精准优化，这是改善周实施成功的基础。

最后是"狠"。一是利用 ECRS 等手法，改善团队遵循简单、科学、实用的原则，以万事皆有可能的思维，摆脱经验束缚；二是在改善周整个过程，长时间高强度的脑力和体力活动，类似魔鬼训练，最终让改善团队只有一种想法，那就是一周内任务必完成，目标必达成。因此，改善周活动是颠覆改善团队认知、挑战心理生理极限的一种活动。

正是改善周这"快、准、狠"的特点，让企业在追求变革的同时，能实实在在享受到改善的好处！正如我们的口号一样：学精益，做精益，实实在在创效益！

附录 A-8

初恋即定终身，经历了一次有故事的改善周
邵正兵

2017年5月22日，是我第一次接触到改善周这种方法。之所以改变对改善周的态度，也是从这次开始的。第一次改善周课题的选定，经过与顾问老师和领导沟通评估，选定功能沙发包制线，之所以选定这个课题有二个目的。一是想借外来的力量推动产品真正地流动起来；二是也是想学习改善周这种新的改善组织模式，看看改善周是否真有那么大的魅力。JIT流动生产这个工具大家都知道，关键是很难改变现场员工的生产陋习，也是想看看顾问老师有什么绝招。选定课题后，余老师对我们的现场进行了细致的调研工作，安排我们收集改善周的数据和资料。

改善周开始实施，过程中的培训、测量、设计、实施和验证等工作我就不过多讲述，在本书的实施指导篇章中有详细说明。我在参与过程中一一做了详细记录和整理，便于后期学以致用。在整个改善过程中，还是很痛苦的，但结果让人震撼。这是一次有故事的改善周

❖ 生产效率明显提高了！
❖ 流程中的在制品消失！
❖ 空间利用率大幅提升！

迅速推广后，节约现场生产面积约2500m^2，迅速消除所有人的观望心态，让整个工厂上至总裁，下至员工都知道这件事。让人看到了希望，充满信心！

接下来，我就说一说这个改善周的几个亮点吧（图A-2）。

在制品的消失有何妙招呢？有一个小插曲，在开始设计方案时余老师安排我们做一个齐套屋，我们经过讨论，最终余老师定稿。做完成后，余老师再三要求我们做漂亮美观一些，也经不住老师的唠叨，就按要求不折不扣地实施。在贴目视化标识时，我们现场的负责人说了一句："别贴了，这种搬上搬下的动作，多累啊！老师一走，立马给拆了"，当时我在现场心都凉透了，尴尬地站在原处纠结：贴还是不贴呢？从事物的本质出发，目视化标识绝对有利于现场的管理。短暂的纠结后，我还是硬着头皮把标识贴好。经过现场的验证使用，结果惊人地发现，把这个齐套屋用起来后，现场山一样的在制品消失了。从这件事告诉我们，搬上搬下或乱放都是一个动作，但我们一定要认清事物的本质，什么问题才是我们的主要矛盾。有了第一次带来的好处，接着发生了正面的连锁反应。那位曾经要求预言要"拆掉齐套屋"的兄弟，结果一声不响地迅速地把所有产线都实施了此类改善。

此次改善周的深刻感悟是：改善工具还是那个工具，学过IE的人都懂，

改善前	改善后(齐套屋)

❖ 工序之间采用3~4米的流利条连接，3~4米的长度，空间浪费大 ❖ 产品相互挤压碰撞，后工序拿取困难，亦影响品质 ❖ 流利条变成了产品堆积的物料架，库存量比较多，5S也不好 ❖ 产品不配套，前工序生产三大件不配套，三大件的左中右也不配套，包制工序生产时更难配套，导致组装时常常待料停线 ❖ 容易形成混料：靠背提前做完，接着做下一型号，而扶手与座垫还在生产前一型号，各型号就混在一起，很难分开	❖ 每格只能放一个对应的零件，不得重叠，严格按照左、中、右（或左、右）交叉生产，确保配套超市中的零件配套 ❖ 以硬件的形式，从物理上实现视觉化的齐套管理，可以一眼就看出齐套的状况，决定生产的顺序，同时，大大简化了现场管理的难度，管理者可以快速识别现场的异常情况 ❖ 以防错的方式，实现产品隔离，不相碰，不仅控制了工序间在制品数量，降低库存，减少空间占用，也改善了现场5S ❖ 以拉动的思维，引导前工序生产顺序和配套管理，使前工序员工同时关注后工序的生产需求

图 A-2　改善周亮点

但结果差异巨大。

感悟一：好的造势和严格的团队纪律是保证

改善周活动通过高层的支持与造势，很好地约束了现场的反对声音，很强的纪律性，让改善活动得以顺利地开展。

感悟二：好的专家顾问或 KPO 是成功的动力

有经验的顾问老师和 KPO 能很好地调动现场参与成员的积极性，群策群力，得到了更多人的支持。积极的改善声音让不支持的人最起码此时不会反对。做出好的结果后，任何人也就没有反对的理由。反思我们日常改善活动中进展缓慢。不能迅速改变现状，进一步退两步。而改善周正好利用组织更多的人参与和造势，声势浩大，反对的阻力小了，迅速地改变现状。成功的概率也就大了！改善周重要特点是让反对的人失去气势！

感悟三：好的改善周课题是非常重要！

初次改善周课题选择上，要遵循一些有助于成功的重要原则：①要充分调研了解现状，选择成功概率大的课题；②选择改善后能预估效果显著的课题；③一定要请高层领导助威造势，让反对的人势微！

经过这次改善周的尝试，我们庆幸找到了一种适合我们公司的改善组织模式，更加坚定了在全公司范围内普及和推广改善周的决心和动力。在后续几年的改善实践中，改善周一步步形成了企业改善文化的核心。

正所谓是：初恋即定终身！

附录 A-9

改善周，快速突破助力企业的精益变革
贾玉龙

随着经济的发展与全球化，客户的需求结构发生变化，市场竞争日益激烈，中国企业的温室已经不复存在。精益生产是中国企业管理转型和提升的必经之路。改善周是快速有效地导入与实施精益生产最有效的方法之一。

改善周是一次快速的改善活动，综合应用精益西格玛和 IE 的改善技术，由 10～16 人，按照 1/3 原则组成的改善团队，对特定（或选定）的目标或任务创建和实施快速、可行的方案，在一周内完成改善并达成改善目标，在一周内快速密集式突破改善，快速达成改善目标，提高企业的整体竞争力。

格力电器早在 2009 年就开展了改善周活动，但武汉公司却是在 2018 年 3 月才正式引入改善周活动（图 A-3），通过改善周的推进，整体生产效率提升 10%，培养精益生产推进执行官（KPO）30 余人。改善周通过理论培训加上现场指导、实践的模式，让参加的成员都能将学习到的理论知识快速地进行实践运用，能快速有效地将精益生产知识与方法植入成员心中，培养出精益生产骨干人员，同时打造样板区域/线体，给企业持续改善提供蓝本。

图 A-3　改善周活动

星星之火，可以燎原，通过一批批的精益生产骨干分子（KPO）将改善周复制到公司各个区域和线体，以点带面，扩大了精益生产导入与实施的成果，也增加了精益生产在公司的影响力，营造了全员做精益改善的氛围。2018 年，除顾问老师辅导的改善周以外，企业内部通过 KPO 的组织，自主开展改善周 22 次（图 A-5），累计参与 155 人次，共识别和实施改善机会 516 项，总装外机线体整体提升生产效率 13.4%，切换损失减少 30%，培养精益生产骨干人员 100 人，取得相当不错的成果。

精益改善周活动成员采用 1/3 原则选取，1/3 来自改善区域生产人员，1/3 来自改善区域相关人员，1/3 来自改善区域不相关人员；1/3 是基层人员，1/3 是中层骨干，1/3 是高层管理，通过组成一个多功能复合的团队，坚

持着"改善"的信念，以积极主动、乐于改变的态度，立足现场，团队成员相互配合、相互鼓励，一起进行现场寻宝、头脑风暴，明确改善措施，统一思路，调动一切可实现的资源，放手去做（图 A-4），不达"改善"的目的誓不罢休！

图 A-4　改善周现场行动

精益改善周让员工坚定了始终改善的信念，提升了员工积极主动、乐于改变的激情（图 A-5），给员工营造了一个无过失和责备的环境，鼓励员工放手去做，使员工能充分发挥自身才能，合理运用团队综合力量，盯死目标，完成突破改善。公司提供平台，让员工自力更生、艰苦奋斗，不断摔打锤炼，百炼成钢，给企业培养一批批精益生产的骨干人才。这是改善周的特征与企业追求的完美结合。

图 A-5　改善周团队风采

在改善周实施的过程中，也逐步识别到一些不足和需要完善的地方，在持续推进的过程中，有针对性地完善改善的制度与文化。

首先，改善周进行了快速改善，现场也达到了明显的改善效果，但是基于一周时间的改善，改善暴露出来的深层次问题还需要进一步跟进和突破（比如针对暴露的问题可能需要单独策划一个改善周来解决），流程的标准化和成果巩固也需要较长的时间来维持和呈现，企业将改善成果纳入自主管理体系还需持续推动及跟进，特别是要重视后续的"30 天行动计划"。

其次，改善周的成功是基于企业从上到下能统一认识、充分配合，成员要全职脱岗参加，严格遵守改善周规则。在企业实际推进的过程中，如果是外部顾问辅导的改善周团队纪律都控制得比较好，但内部组织的改善周就相对要弱一些，这对我们在推进改善周模式时提出了更高的管理要求，一方面，我们要企业的高层领导重点关注，甚至挂帅推进；另外一方面，企业的改善组织（改善推进办公室）需要创建一种机制，能积极主动推广（图A-6），高要求、高标准，严格按改善周的流程开展执行。

图 A-6　改善周自主推广

作为企业的管理人员，将始终牢记企业经营目标，在市场竞争日益激烈的今天，作为制造企业，只能不断地提高自身制造水平，降低企业生产成本，以提高企业竞争力。精益改善周是企业实现不断改善，提升制造水平最有效的方法之一！

附录 A-10

无问西东，改善周践行如初
秦浩辉

改善周利用精益和 IE 改善技术，采用跨部门的临时小组，在一周时间内，对特定或选定的目标区域创建和实施快速的、可行的方案并达成改善目标，以点带面，从样板到全面推广的方式实施。从改善周实施后取得成果及经验来看，这种方式在短期内取得的突破性效果是非常明显的，但长期效果或持续改善的动力还需要做进一步的体系和文化建设。

经过多年改善实践后，对改善周的实践和应用，有一些感受比较深刻，今提炼几点与大家分享和共勉。

心得一：改善氛围的营造

改善周活动在一般公司里都是在公司高层甚至是最高领导要求下开始进行，这种自上而下的开展形式，还不足于营造深度改善的全面改善氛围，对公司来说由于投入了巨大的资源与期望，希望整个公司得到提升，但对基层班组来说，前期参与程度、心态都很好，也会取得一定成绩。但随着时间延伸，持续改善的激情可能会有所淡化，甚至倒回改善前的状态。而公司管理部门为维持改善成果，会组织定期常规检查、评比和考核，可能会导致主导部门与执行部门矛盾冲突。经过多年实践，个人认为在改善中必须引入压迫性任务方式，创造一种危机和动力，将改善周活动延伸到各个部门和组织！持续地倡导改变甚至强制要求必须改变，如果改变是必需的，那么，改变就必须成为我们的日常管理行为。如果不参与创新或改善，将无法持续生存下去，否则，可能无法得到订单或生存机会，个人和公司利益会受到严重损害。这样氛围下，消除大家不参与、不重视、不推进的隐患，提高全员参与危机意识，提升改善的效率，从被动改变逐步转变成主动改善和主导改善。

心得二：改善团队人员选择

通常改善周组建项目成员时，是由各部门抽调相关人员组成，参与期间的人员技能、相关工作经验可能与要开展的改善项目联系不大，为了短期改善周项目而聚拢在一起，因此在实践中容易出现改善周时非常激情，在后续推广及持续改进时就动力不足了。个人认为，在改善人员构成上，作为 KPO 或改善周组长，要有目的地指定合适的人员，而不仅仅是单纯地由各部门负责人随意地推荐一些不合适的人员来参加改善周，比如，即将要离职的人员，或者在工作中表现比较松散的人员，或者刚刚毕业的学生等。改善周的成员必须是项目的实操人员，必须具备相应专业知识，辅之以培训和指导，提升了改善技能，又通过改善活动提高后续改进的潜力，成为改善活动坚定的支持者和参与者，因此在人员选择调配上必须要充分考虑。

心得三：项目选择前方向性思考

在选择项目上，改善周一般选择相对有代表性、见效快的改善对象，在推广时可能有困难，或方案全面普及的可行性不足，后续要重新设计，造成一些不必要的浪费。作为一个有经验的 KPO，在改善项目选择之前，有必要组织相关人员讨论一下系统性的方向性问题，特别是涉及整体布局、设施投入的一定要全局性考虑，比如为了满足单件流的生产模式，某些设备的利用是否可以降低？或者增加设备数量？对于可能出现的瓶颈，是否需要预先有相关的处理预案？……这些因素在前期选择项目时，可以提前做一些预见性的讨论和方向性共识，以减少改善周期间的一些不必要的偏差和浪费。当然，所有的这些讨论，都是在改善周之前的思考，并不能代表或代替改善周期间实际的决策。我们需要做的是，尽可能提前为可能面临的决策做一些预见性的准备，提高改善周的工作效率和成功率。

关于改善周，本人有太多的体会。本人是一个彻底的改善周推崇者，也是一个不折不扣的改善周践行者。十多年来，伴随着改善周实践的导入、推广和普及，它已经在我的职业生涯的成长过程中留下深深的烙印，成为了自己的工作习惯和思维模式。

无问西东，践行如初！

附录 A-11

让改善成为一种持久的能力
黄智峰

2002年大学毕业后就来到格力电器从事生产管理工作。一直以来，公司都会有计划地对组织各类管理工具的培训，包括QC、IE、6西格玛、精益生产等。但绝大部分培训都像那些在大学里学到的专业知识一样：学得来劲，用得带劲，过了忘净。

直至2012年，我有幸参与"改善周"活动后，才终于找到一种能让改善成为能力的改善工具，改善周的理念意识、工作流程和工具方法，一直深深地扎根到我后续职业生涯的各项管理工作中。

作为总装分厂厂长，是"改善周"项目实施的第一个"受害者"。改善周的策划师——精益顾问余伟辉老师一眼就盯上了我和我那条忙碌不堪的空调扇生产线。

经过简单的沟通，初步明确了"改善周"的范围、目标和团队。然后暴风骤雨般的项目实施就开始了——从培训、测量、设计到实施、改进，最后标准化。前后就一周的时间，包括我在内的团队都异常忙碌，而且最"痛苦"的是，改善周像"刮骨疗伤"一样，快准狠地将我们坚守的老旧思维和方法一一根除。

记得才开始两天，就有同事私下讨论："以往都没有这样干的，改了有没有什么问题啊？""这是从来都不敢想的效率目标，搞不搞得定？"其实，我也很纠结，但作为团队负责人，也只能硬着头皮鼓励团队。但到了第四天，事实的改变令团队的困惑一扫而空：生产效率从原来的95台/h提升到140台/h，人均产量提高37%，平衡率从66.70%提升到91.02%；再经过后续的作业标准化，产线连续一月的平均产能都维持在120台/h的水平。

所有团队成员都为惊人的改变而感到鼓舞，随之而来的就是该线员工计件工资和计划完成率的全面提高。

后来更让我们喜出望外的是，以往难以让员工接受的改善活动一下子变得自动自发了。厂内其他班组也纷纷主动提出要实施"改善周"活动，其实都想通过改善周脱胎换骨，提高效率和效益。

于是我们把先遣部队化整为零，分派到各个班组成为他们的改善团队负责人，在顾问老师的指导下，改善周的种子逐步生根发芽。

得益于改善周，2012年，我们厂的产量、产值、效率达到了建厂以来的最高值。

现在，我已经到其他制造单位工作，而且生产模式也不再是装配。以往的工作经验可借鉴者甚少，唯有改善周的经历一直在影响着我的思维方式和工作模式。我觉得"改善周"并不像其他改善工具，它是通过共同参与形成共识、让现场实践化作真知；它通俗易懂，从管理员到一线员工都能接受；它并不只是知识，而是转化为习惯和能力，就像游泳一样，一旦学会，不可能忘掉。

附录 A-12

如何在改善周中做好组长
崔云鹏

改善周,是支撑公司改善文化重要的改善模式之一。而改善周的成败很大程度上要取决于组长的统筹安排。现在基于本人多年的实践经验跟大家分享一下自己对改善周组长的些许认识。

如何才能做好一个组长呢,这里分改善前、改善中以及改善后三块。

一、改善前做好准备

1. 项目的准备

❖ 改善周的项目往往来源于战略部署(PD)或价值流爆炸点(VSM),是支撑经营指标提升的关键节点。组长要提前了解项目的背景以及目标,便于框定项目范围和方向,避免走弯路。

❖ 项目组长根据改善周项目的范围和方向,大概率框定改善人员的能力需求,改善工具的需求,以及改善项目所需的材料、设备等相关内容。

2. 人员的准备

❖ 组内人员不能仅有本单位的人员,还要有跨职能的组员,这样可以给我们提供观察问题的新鲜视角和眼光。

❖ 组内人员不超过 15 人,人在精不在多。

❖ 改善周的改善对象,不是培养新员工的线体,需要对作业员进行挑选,要选择有经验的员工。

3. 订单的准备

❖ 改善周只有短短一个星期,可以先做一个产品族,做完后再做其他产品族的复制推广。

❖ 要与计划协调好订单,不能只做一次就没订单了,要邀请计划的同事也参与进来。

❖ 根据改善周套路,"现场观察测量—方案设计—现场改善—现场验证—持续优化",这个改善循环往往要有两到三个才能达成改善目标。组长要协调计划模块同事,在不影响交付的情况下,预先调整排产,同时根据排产计划来安排改善循环的工作,确保观察测量和验证时,现场有实物可供实操。

二、改善中,坚守套路,不搞小聪明

❖ 改善过程中,在工具、工装等方面提倡创新,但改善周的套路方法上并不提倡去做一些不必要、无谓的"创新",要相信前期改善人员的沉淀,可以完善,但不要搞小聪明。

❖ 以新建一条精益线的标准化改善为例,纵观整个五天的改善周,任务和时间安排非常紧凑。

周一，白天做培训，晚上分小组完成 PQ&PR 分析及 TT 的明确，同时做现状观察及浪费点观察，明确改善具体内容。

周二，分组明确 QEP 防呆及 QEP 地图输出，同时输出 LCIA 降低作业 OCT 及提高防错等级。在明确线体设计原则及评价标准后进行"9-3-1"方案的检讨，即项目组分三个小组输出设计方案，每个小组输出 3 个方案，并选择出组内最优方案。最终三个小组的 3 个方案互相取长补短，明确最终的改善方案及具体的工作站布局。接下来输出各工作站，包含工作台、工位工装、使用工具、标准小件、LCIA，以及工装回传方式的工位具体设计方案。明确最终的改善方案及物流配送规划，并进行 1:1 的纸箱模拟，并进行实际生产模拟，并根据模拟情况进行第二轮的改善。

周三，落实模拟方案，分组进行工装制作，同时邀请员工对工作站进行验证，并完成第一次实际试线。根据试线情况，进行第三轮改善。

周四，进行改善落实，同时训练员工，下午进行第二轮试产，同时进行新一轮的现状观察及浪费点观察。根据试产情况进行固化及第四轮的改善。

周五，进行标准化工作的落实及标准化文件的输出，下午进行汇报展示。

❖ 在实施过程中，有些"聪明"的团队往往会出现跳步骤的情况，这样在后面的改善中往往会出现各种各样的问题。例如不做工作站布局模拟就直接跳到纸箱模拟，这样往往会出现在纸箱模拟时，突然发现某样物料或工具放不进去的情况；又或者不做纸箱模拟直接就用材料搭建产线，这样往往会出现工作站之间的配合不好等等。这样都会导致改善的返工，以及公司改善材料的大量浪费。

三、改善后，要对未完成事项进行管理。

组长要跟进后期的改善计划，例如不同的产品族的推广；30 天行动计划需要继续完成；留下 3~5 人继续在现场协助班长稳定新的流程。

改善推进单位后期可以形成改善周的沉淀或工作流程，类似《组长手册》等，协助改善成员能更好地充当组长的角色。

附录 A-13

赢在改善周，企业可以得到的赏赐
邱小江

自 2009 年接触改善周，转眼 10 载！

10 年间，历经各类课题的改善周 50 余次，改善周的主题涉及 VSM 改善周、JIT 改善周、TPM 改善周、OEE 改善周、SMED 改善周、BPK 改善周、Poka-Yoke 改善周、品质改善周、Kanban 改善周、5S 改善周、目视化改善周、库存改善周、配料配送改善周等。在这些各种形式的改善周实践中，其模式也发生了发展和衍变，衍生出来了"改善天""改善月"，改善周的周期会根据改善的任务量进行定义，但无论是"改善天""改善周"或"改善月"，都是遵循改善周专职、专注、聚焦和快速改善的特点。

10 年间，本人也经历了三家不同类型的企业，有国有大型企业、民营大型企业和私营小型企业。虽然这些企业的文化不一样，但改善的诉求一样，改善周的模式也是适用的。企业要生存和发展，必须不断地快速改善，提升企业的流程速度和产品的竞争力。我们常常说"不进则退，慢进也是退"，不改善必然会落后，改善慢了也是跟着别人屁股后面跑，跑着跑着可能就掉队了。而改善周模式的最大特点就是快，每次改善周运用起来都能快速地收到成效，这种方式在我经历的三类不同企业中都得到了很好的应用。

在 10 年改善周生涯中，对改善周有过困惑，有过迷惘，也有过无助，但随着实践经验不断的积累和突破，收获的喜悦也足以补偿过往的困惑、迷惘、无助。

改善周是精益导入阶段最好的破冰！一个成功的改善周，它的组织者和导师很重要！2006 年我入职凯邦电机，还是一家不知名的小电机厂，年产值不到 1 个亿。2006 年获得了一个契机，被格力电器全资收购，之后的短短三年内，一跃成为年产值 30 亿的大企业。在企业快速扩张时期，公司管理比较粗放，扩张的动力和改善的内部技能已经明显不能满足公司发展的需求。公司不断地探索先进的管理方式，推行过卓越绩效管理、六西格玛和 QC 方法，但由于企业的基础薄弱，收效甚微。2009 年公司领导韦青松决定引入精益管理，引进咨询公司来帮助企业变革，在公司内部抽调乐于接受挑战的人员成立"革新管理办公室"，负责内部推行的组织者，外聘咨询公司的专家作为导师。随后，第一个改善周在中国改善周实践大师余伟辉老师的辅导下大张旗鼓地开展起来。这个改善周在一周内即快速实现了精益样板线的建设，运行 1 个月后，产线效率实现了 50% 的增长。全公司上下，包括格力电器的领导皆为之振奋，这种改善周的模式快速拉开了精益的序幕，从过程和结果，以及后来 50 多次改善周的实践来看，改善周导师的引导作用是成功的关键，可以说，好的改善周导师是成功的一半。

改善周的团队基本上是从各个部门抽调来专职参与。随着改善周开展频率增加，各个部门负责人或参与人会有所抱怨，最常说的一句话就是"我们部门人员配置都是一个萝卜一个坑，抽调人员参与改善周，我部门的本职工作就不要开展了？"如果没有采取合适的措施，久而久之，改善周的开展可能会成为一种强制性的活动或各部门的"累赘"；经过老师的指导和多年实践经验，找到了一些行之有效的应对措施，其中一个最重要的做法就是给每个部门制定一个目标，评价其参与改善周的比例（包括参与人员比例和参与数量比例），这个 KPI 可以作为该部门参与或支持精益变革管理积极程度的指标；虽然这个指标是带有强制性的，但是各个部门会在参与改善周的过程中，使其部门的 KPI 或绩效得以改善，就会有动力去参与。事实上，大部分企业在推行精益的时候，都很难评价相关部门参与精益的程度，导致各部门对精益的支持停留在口头或口号上，而"改善周参与率"这个评价指标则很好地解决了这个问题。慢慢地，安排部门人员参与改善周或主动参与改善周就成为了大家的日常工作，变成了企业的改善文化。

多年的职业生涯和改善历程中，让我深深地领悟到了"大河没水小河干"的道理。只有企业发展了，利益相关方才会水涨船高。精益本质上是一种有方向的信仰或信念，是中国企业从粗放式的农业文明到精细化的工业文明发展过程中的必经之路。而改善周，既是精益破冰的利器，也是企业可以实践的、非常高效的改善组织模式，坚持精益信念，持续开展改善周活动，建立改善周为核心的改善文化，助力企业打造新的核心竞争力，是每一个坚持实践精益的企业可以得到的赏赐！

附录 A-14

浅谈作业标准化改善周
贾文杰

改善是企业对已有的标准进行检讨和提升的过程。改善周，明确了行动计划以周为单位实施效果确认，对特定的目标或任务实施快速的、可行的方案并达成改善目标，但并不代表行动结束。每个改善周都是改善机制当中的一个组成，必须遵循"SDCA"标准管理三原则和"PDCA"持续改进形成循环精进！改善周的特点一是专注、聚焦，集中团队的智慧和影响力；二是任务导向，日事日毕；三是立即行动，有了想法，马上实施；四是立即见效，一周之内必须看到变化和成果！

展开改善周活动前要明确本次纳入改善的对象、范围以及目标。只有对象范围清晰、目标量化明确，团队的图像一致性才会更好。目标没有度量，就无法改善，更无法评判成果，导致团队成员不但没有成就感，反而有挫败感，不愿参与其中。

以生产制造部门作业标准化改善周为例，一般需要经历从无到有、由简到繁、化繁为简的过程。这个过程本身就是组织能力提升的一个过程。启动一轮标准化改善周的几个关键要素如下。

1. 事先需要确定好作业标准化改善的输入，可能包括生产线、产品族、人员、机构、职责、制造试样书、PFMEA、QC 工程图、安全风险识别要素表及企业依据自身需要衍生的特殊要求等。

2. 作业标准化模板的确定并培训参与人员，作业标准必须涵盖精益四大要素及其他相关要求，包括工序名称、作业名称、作业次序、生产节拍、周期时间、标准在制品、作业人数、品质控制要点、安全控制要点、劳动防护要求等。

3. 制作标准作业要领书确认表，按照操作岗位（熟悉并运用）、直接管理岗位（了解）、其他岗位（不了解）分别对照要领书进行操作，确认输出作业实现困难点（动作窘迫、可视化不足、工具配置不合理、工装夹具定置位置影响效率、作业安全存在风险）

4. 将输出的改善清单对标制造试样书、PFMEA、QC 工程图、安全风险识别要素表查漏补缺，修正、完善不同层级文件并进行实操培训，作业熟练度确认！

5. 针对目前作业过程的偏差进行纠正或改善，比如员工操作方法、系统测量要素、控制标准、工装夹具、过程变异等。

6. 在改善周设定的时间内，有步骤地完成以上标准化作业的系统工作要素，形成一个完整的 PDCA 和 SDCA 改善循环。

标准化作业改善周的关键输出并不在于仅仅是作业标准的文件输出，更重要的流程的作业过程是否最终按照作业标准要求的控制要素在作业，达到作业标准（图A-7）。严格意义上来讲，它是一次标准为导向的优化和改善过程。

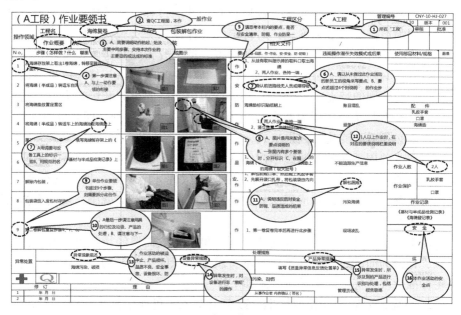

图A-7 标准作业要领书

特别提示，不要试图用一纸行政指令或动员口号就达到调动全员参与改善的积极性！改善无止境，改善周模式也必须植入管理循环机制中，形成常态化的日常工作。

附录 A-15

积跬步至千里，积小流成江海
董军华

改善周是一种利用精益思想和 IE 技术的现场改善快速突破模式。具有科学的工作逻辑、严密的组织路径、严格的工作纪律、高效的成果达成等特点，手法灵活、适用范围广。充分发挥团队智慧，对特定目标或任务创建和快速实施改善突破达成目标，并取得团队能力提升、增强团队自信与成就感的无形收益，是企业推行精益、树立标杆、打造样板和锻炼队伍的管理利器。

改善周策划初期，需要根据企业痛点，收集发掘快速改善突破点，进行立项准备。同时就立项、资源需求及预期达成目标进行策划，并与企业决策者达成一致，以便更好地获得资源支援及授权。成立改善小组的成员确定非常重要，要考虑资源获得、团队成员能力及与项目的相关性。组织模式打破部门壁垒与工种限制，统一指挥、共同参与。由专业的顾问进行培训和全程辅导，以确保组织过程针对立项课设计出科学的工作步骤、适宜的管理工具。

为使活动推进快速高效，活动实施阶段应首先对活动成员进行有针对性的专业知识培训，就小组成员针对改进方向所收集的改善点进行统一的收集整理，并根据问题点的影响度与改进难易程度进行科学划分，确认改善进程后进行小组成员分工，明确具体实施内容，每日完成标准，并控制实施进度保持日清日结，日清日结是小组活动取得突破性成果的关键点，务必保证活动中的执行纪律。在规划日程内改善项目完成后，小组及时组织相关标准化的制订与发布，以固化活动成果。组织总结及成果发布会，以提升小组成果对活动方法的认知，并获得成就感。对困难度较大的改善点制订 30 天改进计划，以使项目达成最终效果。

改善周作为一门高效的精益改善手法，因其广泛包容性，可融合应用 JIT、OEE、SMED、Jidoka、IE 等改善手法，故最常用于制造企业的生产现场问题点的攻关解决，作为制造企业管理者，我受益颇丰。从十年前首次接触改善周，就充分感受到其作为一种高效的改善模式和管理手法在企业管理中不可或缺的作用。在接触改善周初期，公司全员快速感受到改善周这一精益手法给公司带来的高效变化，各种形式的改善周活动，均取得令人称奇的改善成果，形成了以改善周模式为核心的全员改善精益文化。

企业的可持续发展是一个长期的过程，作为一名企业管理者，要带领企业跟上社会的潮流，路途既险且艰，但不积跬步无以至千里，我们要合理地运用各项基础精益和 IE 的改善方法，专注于当下，踏实每一步，以一个个 PDCA 的改善周环为齿轮，持之以恒地开展改善周活动，为企业不断前行提供长久驱动力！

附录 A-16

改善周，毕生难忘
邹来萍

初次接触改善周是 2009 年末，公司在前期经过多年的传统 IE 改善后，无论是改善技术还是改善模式上均遇到了瓶颈，公司决定导入精益生产，这个任务自然落到我负责的革新办。于是，在 2009 年下半年，我随公司老总到处奔波寻找合适的精益顾问，寻找了半年多，做了大量的比较后，最终选择了以改善周的形式来推进精益，也选择了精益顾问余伟辉先生。

为什么会选择这种模式来推行精益生产？这个问题，我们在选择合作的专业顾问时，也与当时众多来我司参观、交流的同行们对精益生产的实践进行了反复探讨。总结起来，主要原因有三个：①改善周能快速见效；②改善周能培养精益人才；③改善周的套路比较标准化，能快速推广、复制。

2010 年 1 月即正式启动第一个改善周。这一年，我们在顾问老师的辅导下开展了 8 个改善周，涉及 JIT 现场改善、TPM、OEE、布局优化、生产线平衡等改课题，在后期，顾问老师培养的精益黑带、绿带开始显现效果，改善呈现星火燎原之势，在顾问老师的指导下，全年自主开展了几十个改善周。整体来说，改善周在生产提效、精益人才培育上起到了显著的作用，是公司 2010 年最主要的提效组织形式，最直接的效果是运用这种改善周方式，当年助力公司取得了整体生产效率提升 25.5% 的成效。

万事开头难，第一个改善周是对一条 28 人的总装流水线进行提效，当时的提效目标是 35%，对于我这个有 IE 基础的人来说，脑子里也想过 N 种方式，私下也问顾问老师到底怎么干，但当时余老师并没有给出明确的方案，让我们简单一点，跟着改善周的节奏和流程往下走就好。

于是按要求开始组建团队，当时要求团队按三三制来组建，意思是直接生产线人员 1/3，相关职能支持 1/3，非相关组织 1/3。我也不太理解，反正不会就跟着学，全套照做，一部分参与的人当时也不理解，难免有些牢骚，时不时想请假要处理自己的工作事务，好在当时分厂领导态度非常明确："你们不懂就不要乱说，照干就是，反正也不准请假。"于是，改善周就在老师要求的节奏下，强力的纪律保证下，热烈地开展了 5 天，从第一天的培训、第二天的测量、第三天的实施到第四天的持续优化和第五天的标准化，最终顺利完成。

报告及彩排实际上第五天已完成，但为了更好地向领导汇报，特意选了一个好日子。汇报当天，所有成员都参与了汇报，每人讲一二张 PPT，并讲了自己的感言，讲到激动处有不少成员忍不住哭了起来。我相信这是改善周这几天辛苦的泪水，是成功喜悦的泪水。汇报很成功，不但完成了既定的样板线提效35%的目标,而且新流水线现场也在短短的5天内初步形成,长期措施也落实了责任人及时间。带队班长眉飞色舞、很有成就感,说一定保持并持续改善下去,分厂领导也迫不及待地在策划推广计划,准备大干一场。

有了好的开始,一切问题就迎刃而解了,质疑声小了,大家更愿意配合了,于是精益办也开始在顾问老师的指导下推广改善周。这一年,大大小小的改善周共搞了将近50个。回顾这个过程,外部顾问的作用是非常显著的。如果没有专业的改善周专家,也就没有改善周的开始。如果没有好的外部顾问参与,改善周也不会产生那么好的效果。

由于工作性质在变,现在参与和组织改善周的频率少了点,但当初一起参与改善周辛苦的兄弟及过程非常难忘,改善周的一些精髓我也拿来用在其他的工作上,比如项目管理思维、目标导向、三现主义等。

在我看来,改善周永远不会过时,它既是一种方法论,也是一种精神,代表着有勇有谋。谋划时要找主要矛盾,攻坚时要迎难而上,永不放弃!改善无止境,我们必须一直努力!

附录 B

附录 B-1　某公司改善周管理办法

1. 目的及范围

1.1　为加强制造本部改善周项目准备，过程实施及日常维护的规范性，进一步确定各精益革新办和各工厂/职能部门的职责，确保改善周按照套路有序开展制定本管理办法。

1.2　本管理办法适用于集团下属的各工厂/职能部门。

2. 定义与分类

2.1　改善周是利用精益六西格玛改善技术，结合 PDCA，DMAIC 改善流程，对特定或选定的目标或任务线创建和实施快速的、可行的方案并实现改善目标。一次改善周活动一般由 10~18 个全职脱岗团队成员组成，有指导老师培训和全程辅导，由项目组长组织在 1 周内完成。

2.2　改善周按照组织部门的不同，分为内部改善周和外部改善周。其中，外部改善周由精益革新办负责统筹安排，改善实施的各工厂/职能部门任命改善周组长的模式运作；内部改善周由各工厂/职能部门负责统筹安排，统一报备精益革新办备案管理的模式运作。由精益革新办在各工厂/职能部门组织的改善周，按照内部改善周管理。

2.3　改善周按照改善目标和范围，可进行不同时间，分为 5 天标准改善周（本办法如无特别说明均指 5 天全职改善周）和小型改善周。其中 5 天改善周必须符合公司长期发展战略，且与改善区域发起人和精益革新办达成一致意见，需要做前期的准备和系统的改善周培训；小型改善周一般控制在 3 天内，改善目标和范围相对较小，同样也是公司发展所需要的，改善成员也必须全职参与，培训可以简短一些。

2.4　KPO- Kaizen Promotion Officer 改善推进执行官

KPO 是指工厂内部的精益改善推进负责人，专门负责本区域精益改善活动的组织与实施，对本区域的精益推进与改善成效负责，原则上要求 KPO 是专职人员，具备较好的精益及 IE 专业背景和较强的推动力。

3. 管理原则及职能定位

3.1　集团按照"统一管理，分级主导，以项目促改善，以改善培育人"的原则建立改善周管理体系。

3.2　集团各工厂/职能部门开展的改善周统一纳入精益革新办的管理，精益革新办对各改善周的立项、项目准备、开展的形式和套路、过程人员评价及后期日常维护等进行指导和管理。

3.3 分级主导,外部咨询辅导的改善周由精益革新办负责统筹安排,主要是针对重要模式探索及新的改善周科目引入等;内部各工厂/各职能部门开展的改善周由各工厂/各职能部门负责统筹安排,纳入精益革新办统一管理;各工厂/职能部门的改善周由精益模块负责对接管理及推动。

3.4 建立以改善周为主导的自上而下的改善体系,以改善周项目推动各工厂/职能部门的改善活动,提升公司的整体精益水平;通过改善周的开展培育一批改善人员,为改善的进一步提升打下坚实的基础。

4. 改善周准备(立项阶段)

4.1 改善周组织架构:由指导老师,组长和改善周成员组成,人员数量控制在10~18人左右,依据项目的大小可做适当的增减。

4.2 改善周的指导老师由外部专业顾问或内部训练合格的KPO担任。

4.3 指导老师(内部KPO)必须参加过改善周专业训练和改善周活动,并且成功主导至少二次以上的改善周;负责改善周的理论培训,改善周套路和方法的指导,对项目开展的方向和方法负责;对改善周的改善范围和目标指出建议和意见;对改善周参与人员评价等。

4.4 组长原则上是改善区域的负责人,要参加过改善周。组长负责改善周人员组织,活动期间改善成员管理,方案讨论及组织实施;对改善周参与人员评价;对改善周的成功与否负责等。

4.5 改善周成员要全职积极参与到改善周活动中去,服从指导老师和组长的安排,参与指导老师的培训及过程中的时间测量、找浪费、出方案、方案的实施等。

4.6 改善周范围和目标的确定,需要明确改善周实施的区域及改善周的实施目标;开展的时间周期。

4.7 确定改善周参加人员,改善周参加人员必须是全职参与到改善周活动中,在人员确认时需要和参加人及主管领导说明并要求做好工作交接。同时人员的选择要尽量覆盖相关职能模块,同时要注意为后期改善周培养人才。

4.8 改善周场地准备:改善周实施区域建筑、水电气等现场确认;有特殊的要求等要提前安排;培训室和作战室的准备。

4.9 改善周预计(包含但不限于)使用到的设备,工装及精益管等,办公用品的准备等(具体见改善周准备清单)。

4.10 改善周启动会,分公司层面和项目组层面。公司层面(根据实际需要)由精益革新办组织安排;项目组层面由改善周组长组织,由改善周区域负责人和全体改善成员参加,由改善区域负责人做改善周启动动员(也可以放到改善周实施第一天的培训中)。

4.11 各工厂/职能部门的精益模块需要将改善周实施范围、时间、目标及组织架构等按照《改善周准备表》的格式在改善周实施前报备到精益革新办，否则精益革新办不予立项。

5. 改善周实施

5.1 每日进程管理：改善周实施必须严格按照改善周推进方法的要求执行。

5.2 改善周必须有培训，成员有总结（形式可书面，微信或现场分享等）。方案要有头脑风暴及分享的过程，严禁不经讨论直接按照原有的方案直接组织实施。

5.3 人员管理及评价：改善周成员必须全职参与，原则要求统一穿"改善"T恤或红马甲；改善周结束后需要对各改善周成员进行评价。

5.4 实施过程中要充分发挥各改善周成员的积极性，对于各改善周成员的意见和建议要给予正面积极的引导。

5.5 实施过程中要时刻关注各改善周成员的安全，可以在改善周内部设置一名安全督导员负责改善周期间安全培训、提示等。

5.6 需要与各改善周成员达成一致的改善周活动规则（方式方法不限，主要是各改善成员基本认可），以便改善周期间的项目和人员管理。

5.7 需要和各改善周成员明确每天集合和解散的时间，原则上每日下班根据当日的项目任务确定。制订改善周成员考勤表，精益革新办将对各改善周人员出勤做不定期的抽查，如果发现有弄虚作假的将提出批评并取消对应改善周的人员参评资格。

5.8 可适当根据当天项目任务给改善周成员准备小零食等，项目结束时可安排一些庆祝活动。

5.9 改善周项目实施的方案需要和改善区域负责人沟通，取得一致。

5.10 需要制订30天行动计划和产能爬坡计划（依据改善目标）并明确负责人和完成时间等。

5.11 需要制作改善周总结报告。改善周汇报会依据实际情况组织开展。

6. 改善周日常维持

6.1 针对30天行动计划，由各工厂/职能部门负责跟进。

6.2 改善周新建线（依据改善目标）负责人需要通报运作状况。

7. 改善周评价

7.1 人员评价：

7.1.1 由精益革新办统一归口管理。外部咨询辅导的改善周成员评价将参考外部指导老师的意见，内部改善周成员的评价将参考各工厂改善周组织人员的意见。评价主要是针对改善周成员在改善周期间的表现做非量化的评价。

7.1.2 评价等级分为A、B、C三个等级。

A：指在改善周期间乐于改变，主动参与到过程中的讨论和分享，可作为后期内部改善周的组织和推动者的。

B：指在改善周期间乐于改变，参与到过程中的讨论和分享，成为改善的积极参与者和追随者。

C：指在改善周期间不主动参与到过程中的讨论和分享，且传递负能量的成员。

7.2 项目评价：

主要依据改善周的实际达成改善目标。

本办法由精益推进办公室提出、起草、修订。

本办法由精益推进办公室归口管理。

附录 B-2　全景式精益改善周实训道场工作坊

如前所述，只有训练合格的 KPO 才能引导出卓越的改善周。一定要让经过训练合格的 KPO 去承担改善周导师（内部顾问）的角色。优秀的改善周导师需要高质量的系统训练。那么，如何训练一个合格的改善周导师呢？其中一个重要渠道就是参加系统的 KPO 训练！

在多年的改善周实践中，我们深感通过"KPO 训练营"培养企业内部合格导师的重要性。为此，我们联合马志斌博士专家团队，经过几年的努力和实践，突破了传统 KPO 训练的弊端，终于开发出一个在模拟工厂中进行改善周 KPO 训练的全景式实训道场，以改善周工作坊的形式，培训出优秀的改善周导师（KPO）！

一、改善周实训道场工作坊概述

全景式精益改善周实训道场工作坊（又称 KPO 特训营）是以训-战结合为手段，创建改善周真实场景，以生产实战为载体，模拟企业实际生产运营和改善周实施过程（团队建设、订单管理、计划调度、质量控制、精益生产、绩效管理等环节），让学员深刻理解精益理念、应用精益知识并掌握精益工具方法，并深刻理解改善周的组织流程和具体手法。

精益改善周 KPO 实训道场工作坊是一种专业系统性特训模式，基于工厂生产的真实场景，植入改善周全流程的体验，帮学员深刻理解和应用精益生产、工业工程、计划控制、物流与设施规划、质量管理、人因工程等改善理论和工具，提高学员组织沟通协调能力、问题发掘分析能力、改善设计创新能力、精益工具运用能力等。并通过改善周步骤的实施和实操，强化学员掌握改善周工作方法的效果。培训结束后，通过严格的 KPO 训练考核，颁发《精益 KPO》证书。

传统的精益道场一般以积木为模拟生产过程，而改善周训练道场则是真实产品的全价值流生产过程。生产工艺过程涉及真实的设备加工，包括切割、钻孔等真实的加工设备和加工方法。涵盖了原材料到成品的加工过程、从供应商到客户的物流、从接单到交付的信息流。是目前国内最高端、最全面、最系统的面向先进制造的精益改善道场。

附 录

改善周 KPO 训练的全过程依托于道场的真实生产场景，将改善周每一天的工作流程与道场完美结合起来，学员在真实场景中，完整地学习和体验改善周全过程的每一个环节。实训结束后，学员将掌握改善周的全部技能和技巧。

二、改善周实训道场工作坊的基本流程

精益改善周实训道场工作坊以标准改善周的流程为基础，实战操作改善周的每一天的每一个环节，以 JIT-SKB 现场流程优化改善周的全过程为例，其工作流程如下图所示。

改善周道场实训 第1天	改善周道场实训 第2天	改善周道场实训 第3天	改善周道场实训 第4天	改善周道场实训 第5天
培训与定义	**测量与设计**	**实施与模拟**	**运行与改进**	**固化与报告**
实施精益改善周的理念工具方法 **(道场工厂创建)**	按精益方法进行测量分析和设计 **(道场沙盘第1轮)**	马上实施新的方案并模拟新流程. **(道场沙盘第2轮)**	按新的模式运行、验证与优化。 **(道场沙盘第3轮)**	实施标准化作业改善总结与发布. **(精益工厂总结)**
改善周道场启动 精益原理、概述 精益价值与浪费 VSM价值流分析 JIT及时生产 Jidoka/均衡生产 标准化作业 7S/目视化 改善突破法 道场工厂建立 改善周流程介绍 确定改善周目标 改善公报	批量生产(沙盘第1轮) 现场观测 视频拍摄(IE软件) PQ与PR分析 价值流团队组建/破冰 绘制VSM现状图 时间测量与分析 浪费/意大利面条图 OCT-TT 设计VSM未来图 头脑风暴 产线平衡/工序优化 产线布局/信息流设计 改善公报	方案展示/点评 调整工厂布局 拉动式生产 实施单点计划 表单系统设计 工装治具制作 模拟验证 新方案试模拟 培训工人 改善生产(沙盘第2轮) 改善总结与优化	进一步优化产线 实施拉动作业 精益生产(沙盘第3轮) 精益生产绩效分析 精益生产思路精解 节拍跟进 持续平衡 改善后OCT-TT平衡 优化物流与配送 确定SWIP/WS 目视化管理 改善公报	各阶段改善绩效对比 标准化作业 持续改善方案设计 《30天行动计划》 制作改善报告(PPT) 成果发布/颁奖与合影 庆祝活动
每日改善心得 导师评审	每日改善心得 导师评审	每日改善心得 导师评审	每日改善心得 导师评审	每日改善心得 导师评审

改善周 P-D-C-A 循环

改善周道场实训第1天：实战场景、培训与定义

第1天的主要任务是进行精益改善周培训、创建道场工厂。

[精益知识培训]：精益改善周导师要根据改善周的主题来设计不同的培训内容，针对 JIT-SKB 改善周，培训的内容包括精益概述、价值分析与浪费、JIT 准时化生产、Jidoka 自働化、均衡生产、标准化作业、5S/目视化、IE 改善手法等。

[道场工厂创建]：在正式模拟实施"JIT-SKB现场流程优化改善周"之前，为给改善设定一个改善前的真实"生产现状"场景，组建一个工厂。同时，定义本周改善周道场改善的目标。改善的目标是"门到门"的整体工厂。

[改善周道场流程]：介绍改善周的实施过程，以及对应改善周的改善周实训道场工作坊的基本流程。

[改善周导师评审]：改善周训练导师为学员梳理改善周第1天的实施要点和技巧。

改善周道场实训第2天：工厂运作，测量与设计

第2天的主要任务是工厂道场运作（第1轮）、现场观察与测量、改善方案设计。

[道场工厂运作]：实施第一轮的工厂道场生产运作，为给改善设定一个改善前的真实"生产现状"场景——"批量生产阶段"（沙盘第1轮）。

在批量生产阶段所有学员组建成一个工厂，宏观操作制造企业订单下达、采购、制造、交货的整个生产运营过程。工厂采用工艺原则布局，实行推动式批量生产。生产过程中，学员亲身制造大量浪费从而对其形成深刻认识。并通过质量、成本、交期等的统计和分析，使学员从糟糕的绩效数据直观感受生产管理不善造成的后果，切实感受推动式生产的机理及其弊病，激发学员改善欲望。

此阶段的理论知识涉及：推动式生产、MRP原理、制造企业组织结构和生产模式、工业工程基础、标准作业、现场观察等。

[价值流团队建设]：由精益改善周导师带领，依照道场沙盘训练的要求，组织价值流团队，将工厂分解为若干价值流小组。每个价值流小组对应实际改善周的改善团队，之后在批量生产的现状上系统实施改善周模拟训练。

[现场观察与测量]：价值流团队分组对生产过程进行观察和测量，收集方案设计需要的相关数据和资料。由于后续批量生产不再进行，要在批量生产过程中进行问题记录并进行宏观、微观的视频拍摄，为后续的软件分析提供素材。

此过程与本书前面介绍的第2天工作内容基本是一致的。

[改善方案设计]：各价值流公司成员按照分工，根据批量生产时的问题记录和视频，进行时间测量和相关数据采集，并应用价值流程现状图、意大利面条图等精益工具和工业工程方法，挖掘影响质量、成本、交期的问题，识别现场改善机会，梳理浪费和改善建议等。每个价值流公司各自依据客户需求的生产节拍划分工序，设计计划控制等信息流及相关表单，改善物料配送、在制品流转等物流方案，研发工装治具，调整生产方式及布局，制订质量控制方案，优化现场管理，设计初步平衡图和改善布局图。改善过程中，培养学员精益思维和素养以及组织协调沟通能力和团队精神。使学员体会各生产要素之间的制约，以及改善中的困难和阻碍。具体工作设计细节详见本书第30章的内容。

此阶段的理论知识涉及：精益原则、质量控制、设备布局、计划控制、价值流图、快速换模、工装设计等精益生产和工业工程的方法和工具。

[改善周导师评审]：改善周训练导师为学员梳理改善周第2天的实施要点和技巧。

改善周道场实训第3天：实施改善方案

第3天一开始，各价值流公司分别展示自己的改善方案，导师、助教对各公司的方案进行点评。各公司相互借鉴学习，再一次对方案进行最后优化，并做好准备工作。接下来是在相同订单、运营时间的情况下，各组开始实施自己设计的改善方案，即进行"改善生产阶段"的生产（沙盘第2轮）。改善阶段每家公司都进行绩效统计，从人均效率、质量、交期等绩效指标上直观反映相对于批量生产阶段的改善效果，并通过绩效PK，体现各公司的相对改善水平和差距。各公司再总结问题和经验，持续完善改善方案，并尝试不同的改善措施。

改善生产阶段相当于改善周的"实施与模拟"，具体细节详见本书第31章的内容。

[改善周导师评审]：改善周训练导师为学员梳理改善周第3天的实施要点和技巧。

改善周道场实训第4天：运行与改进

在第3天的基础上，对生产过程进行持续的优化和改进，实施工厂道场"精益生产阶段"第3轮（甚至更多轮次，对"精益方案"持续改善，提出进一步改善措施并验证）。各公司以优化好的精益生产方案作为固化的方案进行实施体验，实践精益工具。导师讲解精益方案的设计思路，包括精益价值流设计、精益物流、信息流、拉动式生产准则、精益布局、工装设计、快速换模、定置定位可视化等现场管理手段的实现，以及精益运营软件的设计原理，使学员深刻理解工业工程和精益生产的实际应用方法。最终，工厂道场理想的运行状态。

本阶段相当于改善周的运行与优化，具体细节详见本书第32章的内容。

[改善周导师评审]：改善周训练导师为学员梳理改善周第4天的实施要点和技巧。

改善周道场实训第5天：固化与总结

[固化总结与发表]：总结各阶段的改善绩效，通过绩效变化和对比，体现改善后的进步。进行标准化作业的制订，各小组再总结问题和经验，持续完善改善的"30天行动计划"。同时，制作改善总结的PPT，进行改善成果发布会。特别提示：如果是针对6天的改善周训练营，精益生产阶段后，可以模拟"30天行动计划"，对现有精益生产方案进行后续模拟优化实施，虽然可能无法得到实际验证，但可从理论上进行分析和评估。

[改善周导师评审]：改善周训练导师为学员梳理改善周第5天的实施要

点和技巧。

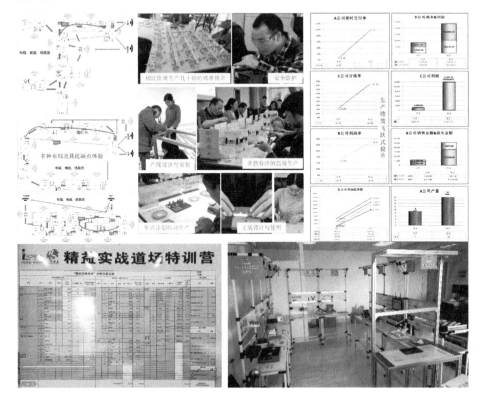